大数据应用人才能力培养
新形态系列

数据挖掘

原理、算法与应用

Python 语言描述

刘吉华 周静◎主编

李剑峰 杨艳玲◎副主编

人 民 邮 电 出 版 社

北　京

图书在版编目（CIP）数据

数据挖掘原理、算法与应用：Python语言描述 / 刘吉华，周静 主编. -- 北京：人民邮电出版社，2025.8
（大数据应用人才能力培养新形态系列）
ISBN 978-7-115-64196-0

Ⅰ. ①数… Ⅱ. ①刘… ②周… Ⅲ. ①数据采集－高等学校－教材 Ⅳ. ①TP274

中国国家版本馆CIP数据核字(2024)第071121号

内 容 提 要

本书系统介绍了数据挖掘算法、原理及基于 Python 的实现方法，将算法原理与案例相结合，帮助读者建立数据挖掘领域的理论基础，提升基本的实践技能。本书共 15 章，主要包括数据挖掘概述、Python 环境的搭建、数据预处理、数据集划分与交叉验证评分、回归、分类、集成学习、参数调优、降维、特征选择与特征联合、流水线、聚类、关联规则、PageRank 算法、人工神经网络。

本书可作为高等院校数据科学与大数据技术、大数据管理与应用等相关专业的教材，也可以作为数据挖掘、数据分析相关从业者的参考书。

◆ 主　编　刘吉华　周　静
　　副主编　李剑峰　杨艳玲
　　责任编辑　孙　澍
　　责任印制　胡　南

◆ 人民邮电出版社出版发行　　北京市丰台区成寿寺路 11 号
　　邮编　100164　电子邮件　315@ptpress.com.cn
　　网址　https://www.ptpress.com.cn
　　涿州市京南印刷厂印刷

◆ 开本：787×1092　1/16
　　印张：15.25　　　　　　　　2025 年 8 月第 1 版
　　字数：368 千字　　　　　　　2025 年 8 月河北第 1 次印刷

定价：59.80 元

读者服务热线：(010)81055256　印装质量热线：(010)81055316
反盗版热线：(010)81055315

　　随着互联网的普及，特别是移动互联网的崛起，全球数据量正呈爆发性增长。企业积累了海量的产品、运营、交易等内部数据，以及经济、政策、行业等外部数据。这些数据为企业决策提供了依据，使企业能够更有效地组织经营活动，真正实时地了解客户，及时改进和创新产品，甚至找到新的商业机会。数据挖掘是借助机器学习、深度学习等算法，从大量有噪声的、不完全的、模糊的数据中，寻找隐含在数据中人们事先不知道的、具有潜在利用价值的信息和知识，进而实现判断和预测的一种技术。

　　数据挖掘课程是高校大数据相关专业的重要课程。本书针对大数据相关专业建设的需求，基于 Python 语言讲解数据挖掘的原理、算法与应用。本书在介绍理论与算法的基础上，加入大量的数据挖掘案例，有助于学生理解算法原理，更能培养学生的实际应用能力。本书在案例的选择上结合了经济与管理领域的真实数据，帮助学生掌握经济与管理领域的数据挖掘方法。将经济与管理知识与数据挖掘目标的确定及结果的分析相结合，可培养学生的学习兴趣，同时也培养经济与管理领域学生在数据挖掘方面的实际应用能力。本书的案例代码也可为经济与管理领域从事数据分析与挖掘的从业者提供参考。

　　本书共 15 章，从基本概念、工具和数据集的介绍开始，详细讲解 Python 环境的搭建、数据预处理、数据集划分与交叉验证评分、回归、分类、集成学习、参数调优、降维、特征选择与特征联合、流水线、聚类、关联规则、PageRank 算法和人工神经网络等。每章都包含丰富的案例和难度适中的课后习题，旨在帮助学生将理论知识与实践操作相结合，加深对数据挖掘技术的理解。

　　本书注重案例的选择和设计，涵盖多个领域的实际案例，如房价预测、汽车满意度预测、鸢尾花分类、超市购物车分析、机场排名等，旨在让学生通过实际操作加深对数据挖掘技术的理解和掌握。

　　我们衷心希望本书能够成为读者学习数据挖掘的得力助手，帮助读者在这个充满机遇和挑战的领域取得成功。祝愿读者在使用本书的过程中收获知识、拓宽视野，并能够将所学知识应用于实际工作中，为数据挖掘领域的发展贡献自己的力量。

　　在本书的编写过程中，由于时间紧迫和编者能力所限，书中难免存在不足之处，同时，Python 版本更新频繁，书中示例代码和案例代码可能存在不适之处。我们真诚地希望广大读者在使用本书的过程中，对于发现的任何不当之处，及时与我们联系，共同提升内容质量。

此外，本书中的部分插图和内容参考了许多文献，包括但不限于图书、学术论文、互联网资源等，在此，我们向所有原创作者和贡献者表示衷心的感谢和敬意，您的工作为本书的编写提供了宝贵的信息和灵感来源，是我们能够完成本书编写工作的重要基础。

再次感谢所有读者和贡献者对本书的支持，我们期待您的宝贵意见和建议，以共同推动数据挖掘领域的发展。

编者

2025 年 3 月

目录

1

随着数据库技术的广泛应用、数据的不断积累，简单的查询和统计已经无法满足人们的需求，人们需要使用一些新的技术来发现数据中隐藏的信息；同时，计算机领域在机器学习、深度学习、强化学习等算法上取得了巨大进展。于是，人们将数据库技术和这些算法结合起来，用数据库管理系统存储数据，用机器学习、深度学习、强化学习等算法分析数据，挖掘数据中隐藏的信息。

学习目标

（1）掌握数据挖掘的定义。
（2）了解数据挖掘的目标。
（3）了解数据挖掘的相关概念。
（4）了解数据挖掘的流程。
（5）了解常用的数据挖掘工具。
（6）掌握常用数据集的获取方法。

1.1 数据挖掘简介

1.1.1 数据挖掘的定义与目标

数据挖掘是借助机器学习、深度学习等算法，从大量有噪声的、不完全的、模糊的数据中，寻找隐含在其中的、人们事先不知道的、具有潜在利用价值的信息，从而实现判断和预测的一种技术。

数据挖掘的主要目标是从已知的大量数据中发现潜在的规律，并以此为基础进行结构性决策、发现新的模式和结构、预测未知的情况以及建立复杂的数据关系，使用挖掘技术来提取高质量且相关的信息，帮助企业制定有效的发展策略，在洞察市场趋势的过程中尽量减少不确定性。

实现不同的数据挖掘目标所采用的数据挖掘算法不同。回归算法、分类算法的目标都是基于训练集数据建立数据的输入 x（特征）和输出 y（标签）之间的映射关系，即模型，两者的区别在于分类算法的标签是离散的，而回归算法的标签是连续的；聚类算法的目标是根据用户的要求为无标签数据集中的样本加标签，将相似度高的样本聚集到相同的类，将相似度低的样本聚集到不同的类；关联规则算法的目标是发现用户购物车中商品的关联性，实现商品的推荐等。

1.1.2 数据挖掘的应用

目前数据挖掘已经被广泛应用到各行各业，只要是具有分析价值或分析需求的数据，皆可利用数据挖掘工具对其进行有目的的挖掘、分析。

在金融行业，使用数据挖掘技术可以预测金融市场变化，结合实际情况把握金融交易机会；也可以建立风控模型衡量客户信用风险、违约风险，并对金融产品价格进行分析；还可以从众多金融市场信息源中收集和整理金融市场指数、走势等信息，结合官方数据，形成全面的金融市场信息系统。

在政府机构，运用数据挖掘技术可以分析目前的政策和政策执行效果，从而合理调整政策，提升行政效率；可以实现智能公共服务监督，以便及时发现和解决各类问题；可以提高政策决策的精度，有效预测未来可能发生的问题，为民众提供更全面、更准确的服务。

在销售行业，如商场，可利用数据挖掘技术从顾客购买的商品中发现一定的关联规则，通过打折、赠送购物券等促销活动，提高销售额。

在保险行业，可通过数据挖掘建立预测模型，辨别出可能存在的欺诈行为，避免风险，降低成本，提高利润。

在制造业，使用数据挖掘技术可对半导体的生产和测试数据进行分析，找出存在的问题，提高产品质量。

在电子商务行业，使用数据挖掘技术可以对销售数据进行分析，识别客户的行为模式，为其提供个性化服务。

1.1.3 数据挖掘的算法

数据挖掘的算法主要有传统机器学习算法、基于神经网络的深度学习算法、强化学习算法以及深度强化学习算法等。

使用传统机器学习算法首先需要对原始数据进行特征提取，提取有效的特征，然后训练模型。

基于神经网络的深度学习算法不需要额外的特征工程，神经网络在模型拟合过程中会自主完成特征的提取。

强化学习算法涉及决策的过程，通过过程模拟和观察来不断学习，通过奖励与惩罚不断提高决策能力。

深度强化学习算法是指运用了神经网络对强化学习的参数结构进行优化的算法。

根据训练过程是否需要标签，数据挖掘算法又可分为有监督学习算法、无监督学习算法。

有监督学习是指数据集中的样本带有标签，有明确目标，即找到样本到标签的最佳映射。典型的有监督学习算法有线性回归、岭回归、LASSO 回归、多项式回归等回归算法，以及逻辑回归、K 近邻、决策树、支持向量机等分类算法。

无监督学习是指数据集中的样本没有标签或者学习过程不借助数据集中的标签，其典型的算法有聚类、降维以及关联规则等。

1.1.4 数据挖掘的相关概念

1. 数据集

数据集是一组样本的集合，通常以表格的形式出现。其中每一列代表一个特征，每一行对应一个具体的样本，数据集是数据挖掘的基础。表 1-1 中包含表头以及 5 个样本，表头包含"年龄""收入""性别"3 个特征以及"买/不买"1 个标签。

表 1-1　　　　　　　　　　　某品牌汽车 4S 门店记录

年龄	收入	性别	买/不买
30	高	男	不买
29	高	女	不买
45	高	男	买
61	中	女	买
62	低	男	买

2. 样本

样本是被观测或调查的一部分个体，是从总体中抽取的所要考察的元素的总称。

3. 样本容量

样本中个体的数量称为样本容量，一个样本通常就是数据集中的一行。表 1-1 中有 5 行记录，包含 5 个样本。

4. 特征

特征是对样本进行描述的参数，一个样本通常包含一个或多个特征。表 1-1 中的"年龄""收入""性别"都是描述样本的特征。

5. 标签

标签是样本的决策属性，在分类问题中是样本所属的类别。表 1-1 中的"买/不买"就是样本的标签。但并不是所有的数据集都包含标签，没有标签的数据集通常用于无监督学习。

6. 过拟合与欠拟合

在数据挖掘中如果模型过于复杂（如参数过多），会导致所训练出来的模型在训练集上表现很好，但在测试集上表现很差，这种情况称为过拟合。如果在训练集表现也很差，可能是模型过于简单，或者模型不适合在此使用，模型过于简单导致模型表现很差的情况称为欠拟合。

7. 损失函数

损失函数又称代价函数，损失函数可用来评价模型的预测值和真实值不一样的程度，通

3

常认为损失函数的函数值越小，模型的性能越好，因此损失函数也是优化的目标。不同类型的模型采用的损失函数往往不一样。

8．正则化

为防止模型过拟合，通常会在损失函数中添加正则项，正则项通常为参数向量的范数，称为正则化方法，可实现训练误差和模型复杂度之间的平衡。

9．结构化数据

结构化数据是指用统一的结构加以表示的数据，如可以用二维表结构来进行逻辑表达的数据。通常，数据库中的数据、Excel 表格中的数据都是结构化数据。

10．半结构化数据

半结构化数据不同于关系数据库中的数据或其他用数据表的形式关联起来的数据，其结构和内容混在一起，没有明显的区别，但数据中包含相关标记，用来分隔语义元素，对记录和字段进行分层，被称为自描述的结构。例如 JSON 数据、XML 数据等都属于半结构化数据。

11．非结构化数据

非结构化数据是指没有一个预先定义好的数据模型或者没有以一个预先定义的方式来组织，不能用二维表结构来进行逻辑表达实现的数据。如文本、图像、音频和视频等数据都属于非结构化数据。

1.1.5　数据挖掘的流程

在进行数据挖掘时，首先要确定商业目标，根据商业目标确定数据挖掘的技术目标；在目标确定的基础上根据需要收集数据，在初步了解数据的基础上，对数据进行预处理；根据目标基于数据建模，并对模型进行评价，根据评价结果调整模型超参数或更换模型，直到模型及模型超参数达到预期目标；最后发布模型。

1．确定目标

进行数据挖掘首先要确定数据挖掘的目标，例如，是预测某产品未来的销量以确定生产目标，还是根据用户以往的购物习惯，为用户做出商品的推荐等。数据挖掘目标决定了应选择什么样的模型。采用分类方法可以从有类别标签的数据中进行学习，从而实现对未知类别样本的分类；采用聚类方法可以对没有标签的数据集中的样本按样本的相似性进行分类，给样本打标签；采用时间序列分析可以根据已有的历史数据预测以后的数据；采用关联规则可以分析顾客购物车，进行商品的推荐等。

2．获取数据

根据研究目标，确定需要的数据类型以及样本数量。如果是委托研究，委托方会提供数据；而对于探索性的研究，可能需要自己搜寻数据，可以通过网站下载、爬虫爬取或者问卷获取等方式获取数据。

3. 数据探索

数据探索指对数据做初步的了解,包括数值型数据的取值范围、均值、方差、最大值、最小值,非数值型数据的种类、每类样本的个数、样本是否完整等。

4. 数据预处理

数据预处理通常是指将存在缺失值的数据填补完整,或者删除后获取相对完整的子集。数据预处理可实现检测并处理离群值,对数据进行标准化以消除特征值量纲上的差别,对字符型数据进行编码,或者根据需要对数值型数据进行离散化,以改善模型的性能。

5. 建模

根据研究目标,初步确定模型,通常是多个模型,并调整超参数。用数据对不同模型进行训练,获取模型最优的可训练参数。

6. 评价模型

根据模型的类型,用相应的指标评价模型,若模型性能未达到目标,就返回建模,重新设置超参数,优化模型,直到满意。

7. 发布模型

发布训练好的模型,包含模型的适用范围、超参数以及可训练参数等。

1.2 常用的数据挖掘工具

常用的数据挖掘工具有 SAS Data Mining、RapidMiner 、IBM SPSS Modeler、Oracle Data Mining、Apache Spark、R、Python 数据挖掘工具包等。本书主要介绍如何使用 Python 数据挖掘工具包实现数据挖掘。

1.2.1 SAS Data Mining

SAS Data Mining 提供非常友好的图形用户界面,如图 1-1 所示,其拥有自动化的数据处理工具,其描述性和预测性建模可帮助用户更好地理解数据。作为一款商业软件,它的独特之处体现在自动化、强化学习算法、建模、数据可视化等方面。

图 1-1 SAS Data Mining 图形用户界面

1.2.2 RapidMiner

RapidMiner 提供一个用于机器学习和数据挖掘的环境,如图 1-2 所示,可用于研究和处理实际的数据挖掘任务,是世界领先的数据挖掘开源系统。该工具以 Java 语言编写,通过基于模板的框架提供高级分析。

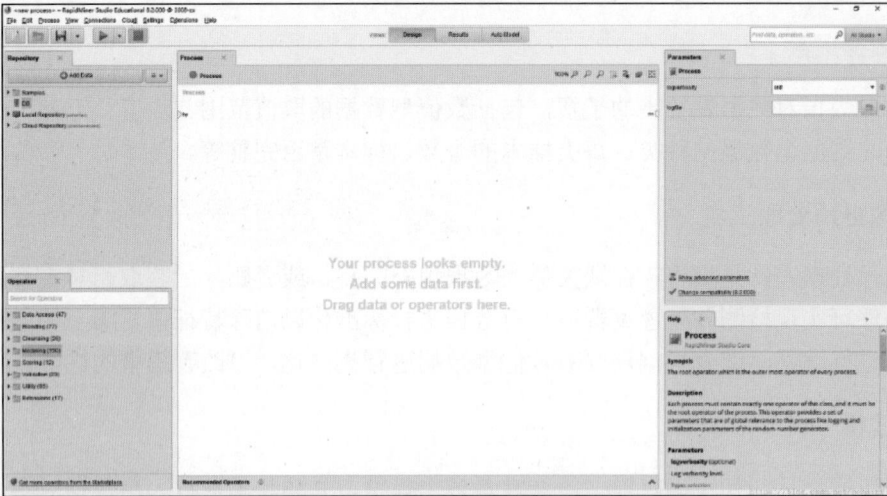

图 1-2　RapidMiner 界面

　　RapidMiner 中的数据处理由大量可任意嵌套的操作实现。用户不需要编写代码，可以直接使用 RapidMiner 提供的模板和工具，轻松地分析数据。

1.2.3　IBM SPSS Modeler

　　IBM SPSS Modeler 的可视化界面友好，如图 1-3 所示，IBM SPSS Modeler 是一系列的数据挖掘工具，通过这些工具可以使用商业技术快速建立预测性模型，并且将其应用于商业行为，从而改进决策过程。IBM SPSS Modeler 参照行业标准 CRISP-DM（跨行业数据挖掘标准流程）模型设计而成，能够支持从数据到更优商业成果的全数据挖掘过程。IBM SPSS Modeler 提供了各类涉及机器学习、人工智能和统计学的建模方法。用户进行数据挖掘时，可以不编写代码。它还可以用于异常检测、贝叶斯网络、Cox 回归及基本神经网络等方面。

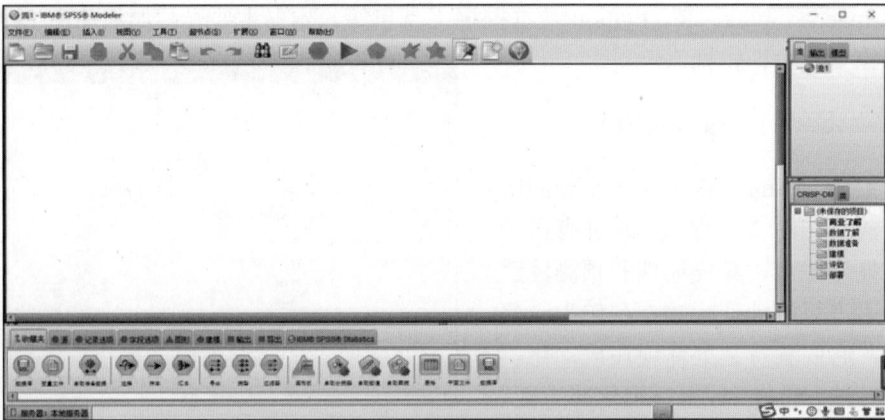

图 1-3　IBM SPSS Modeler 可视化界面

1.2.4　Oracle Data Mining

　　Oracle Data Mining 是 Oracle Advanced Analytics 数据库选件中的一个组件，它提供了强

大的数据挖掘算法。

Oracle Data Mining 的图形用户界面如图 1-4 所示，数据分析师、业务分析师和数据科学家等能够通过拖放来分析、处理数据库内的数据。它还可以为整个企业的自动化、调度和部署创建 SQL 脚本和 PL/SQL 脚本。

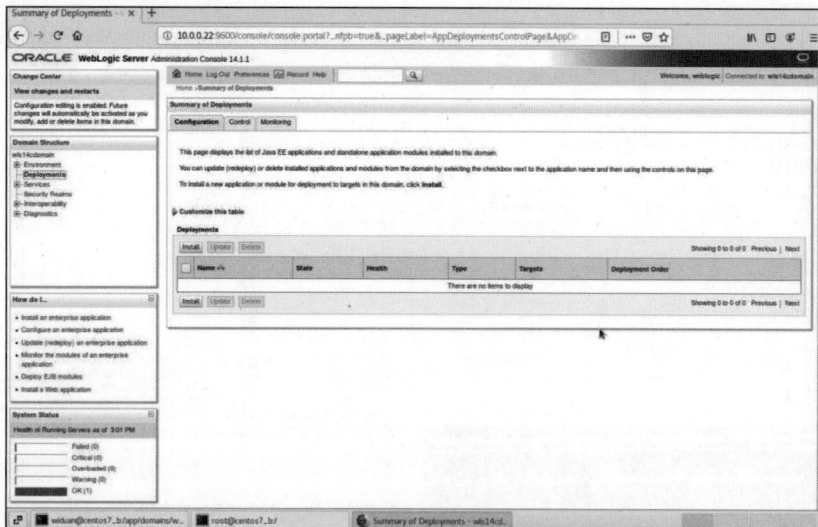

图 1-4 Oracle Data Mining 的图形用户界面

1.2.5 Apache Spark

Apache Spark 是专为大规模数据处理而设计的、快速通用的计算引擎，其用户界面如图 1-5 所示。Apache Spark 由加州大学伯克利分校 AMP 实验室（Algorithms, Machines, and People Lab）用 Scala 语言开发，可用来构建大型的、低延迟的数据分析应用程序。Apache Spark 拥有 Apache Hadoop MapReduce 所具有的优点，但不同于 Apache Hadoop MapReduce 的是其 Job 中间输出结果可以保存在内存中，从而不再需要读写 HDFS（Hadoop 分布式文件系统），因此 Apache Spark 能更好地适应数据挖掘与机器学习等需要迭代的算法。Apache Spark 启用了内存分布数据集优化迭代工作负载。

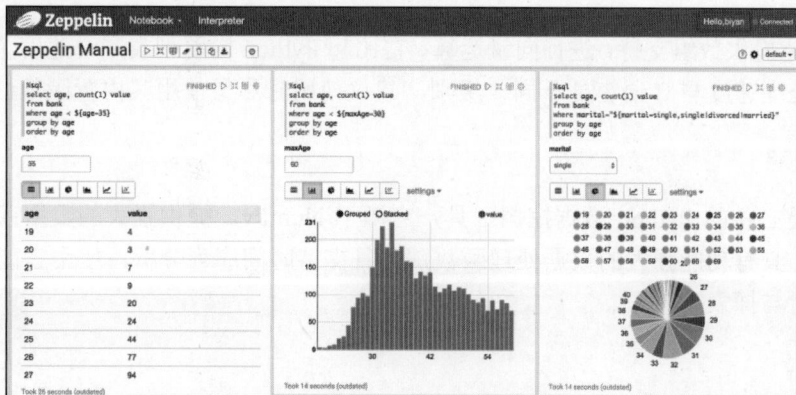

图 1-5 Apache Spark 的用户界面

1.2.6　R

R 是一种免费、开源的软件编程语言和软件环境，用于统计计算和可视化。R 集成了大量的数据挖掘库，使其成为一个强大的数据挖掘环境。R 的用户界面如图 1-6 所示。

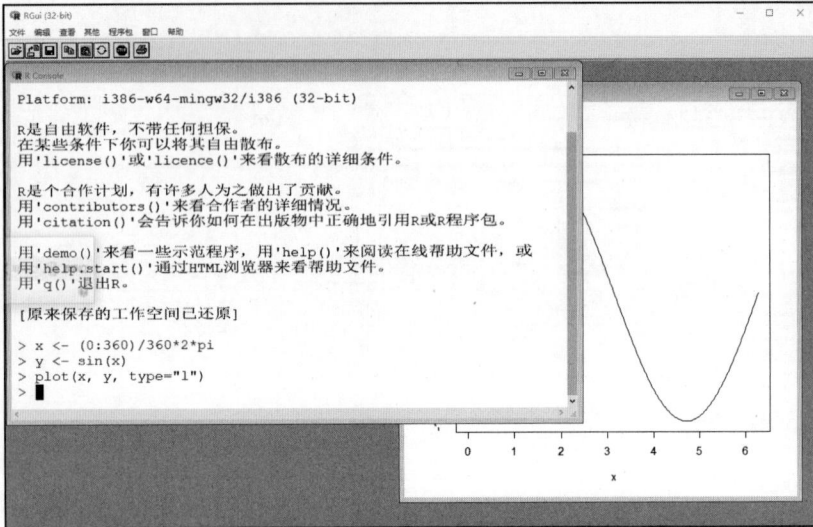

图 1-6　R 的用户界面

R 广泛用于在数据挖掘中统计和分析数据。近年来，R 的易用性和可扩展性大大提高了其知名度。

1.2.7　Python 数据挖掘工具包

Python 作为一种免费且开放源代码的语言，与 R 不同，Python 更容易被学习和掌握。同时，Python 提供大量的第三方包，使得 Python 的数据挖掘更加便利、高效。本书涉及的第三方包主要有 NumPy、pandas、SciPy、Matplotlib、Gensim、scikit-learn、TensorFlow 等。

1．NumPy

NumPy 能提供数组支持，进行向量运算。它比起 Python 内置列表来说速度更快。NumPy 内置函数的处理速度与 C 语言处于同一级别，建议使用时尽量使用其内置函数。

2．pandas

pandas 是必备的 Python 数据挖掘工具，它源于 NumPy，提供强大的数据读写功能，支持增删查改，具有功能强大的数据处理函数，并且支持时间序列分析，使用它能很容易地对数据进行分析与探索。

3．SciPy

SciPy 基于 NumPy，有 URL（统一资源定位符）读取、HTML（超文本标记语言）解析、数据存储等功能，而且能够提供矩阵支持，以及大量基于矩阵的数值计算模块，包括插值运算、线性代数、图像信号、快速傅里叶变换、优化处理、常微分方程求解等，可以灵活地完成各种任务。

4．Matplotlib

Matplotlib 是基于 NumPy 的一套 Python 包，该包提供丰富的数据绘图工具，主要用于绘制一些统计图形。它是好用的数据可视化工具之一，主要用于二维绘图，通过简单的几行代码就可以生成各式各样的图表，如直方图、条形图、散点图等。

5．Gensim

Gensim 是用来创建文本主题模型的库，主要用来处理语言方面的任务，如文本相似度计算、隐含狄利克雷分布（Latent Dirichlet Allocation，LDA）、单词转向（Word to Vector，Word2Vec）等。Gensim 支持词频-逆文本频率（Term Frequency–Inverse Document Frequency，TF-IDF）、潜在语义分析（Latent Semantic Analysis，LSA）、LDA 和 Word2Vec 在内的多种主题模型算法，支持流式训练，并提供诸如相似度计算、信息检索等一些常用任务的 API（应用程序接口）。

6．scikit-learn

scikit-learn（后文简称 sklearn）是很优秀的机器学习 Python 库，提供完整的学习工具箱，能够进行数据分析和处理，如回归、分类、聚类、预测、模型分析等操作。

7．TensorFlow

TensorFlow 是 Google 开源的深度学习框架，目前（编写本书时）的 2.x 版本采用数据流图的方式，可灵活搭建深度学习模型，它在图形分类、音频处理、系统推荐和自然语言处理等场景下有丰富的应用，是目前热门的机器学习框架之一。其中的 Keras 是一个能够帮助推进深度学习的 Python 库，不但可以搭建全连接前馈神经网络，如人工神经网络、循环神经网络、递归神经网络、卷积神经网络等，还能搭建各种深度学习模型。

1.3　常用数据集

数据集是学习数据挖掘的数据基础，本书使用的数据集主要来源于网络中的开源数据集与 sklearn.datasets 自带的数据集。

1.3.1　常用数据集网站

1．加利福尼亚大学尔湾分校数据集网站

加利福尼亚大学尔湾分校（UCI）数据集网站拥有 550 多个数据集，如图 1-7 所示，可免费使用。该网站将数据集按问题分类，用户可以轻松找到分类、回归和聚类数据集。

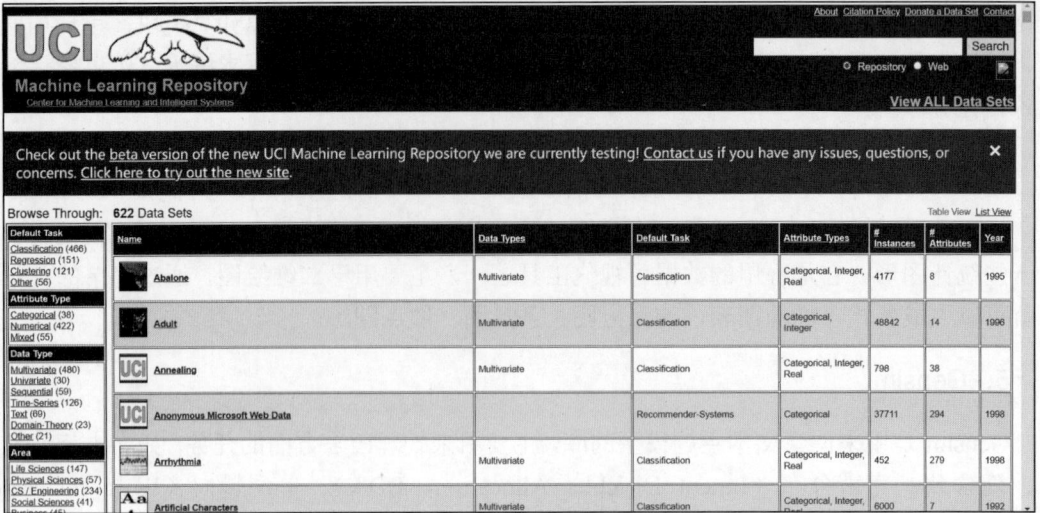

图 1-7　UCI 数据集网站

2．Kaggle 数据集网站

Kaggle 数据集网站如图 1-8 所示，在该网站上，用户可以查找和发布数据集，也可以与其他数据科学人员就如何从数据集中提取信息进行交流。

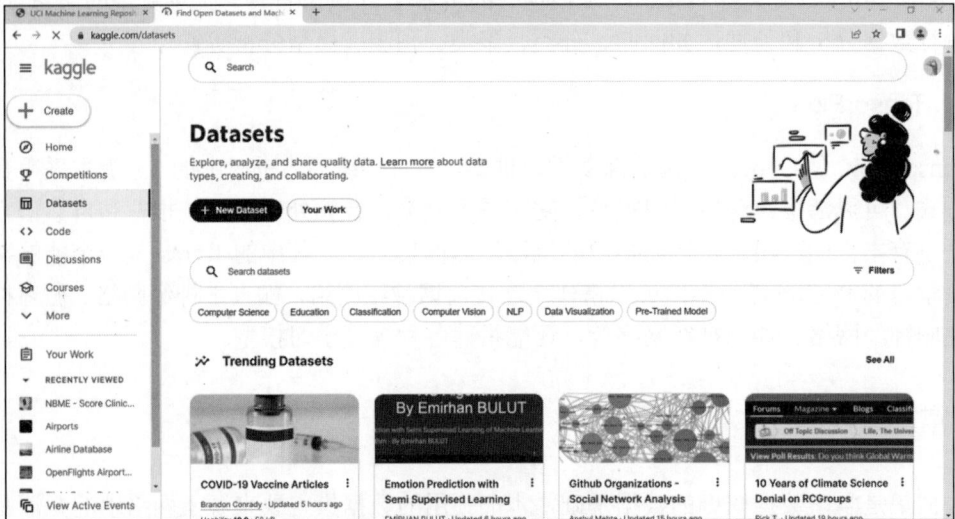

图 1-8　Kaggle 数据集网站

3．阿里云天池网站

阿里云天池网站如图 1-9 所示，它面向社会开放高质量数据（阿里云数据及第三方数据）和计算资源，让参与者有机会运用其设计的算法解决各类社会或业务问题。阿里云天池提供数据集供人们研究使用，目前（编写本书时）已有 700 多篇顶级学术论文使用阿里云天池网站提供的数据集进行研究。

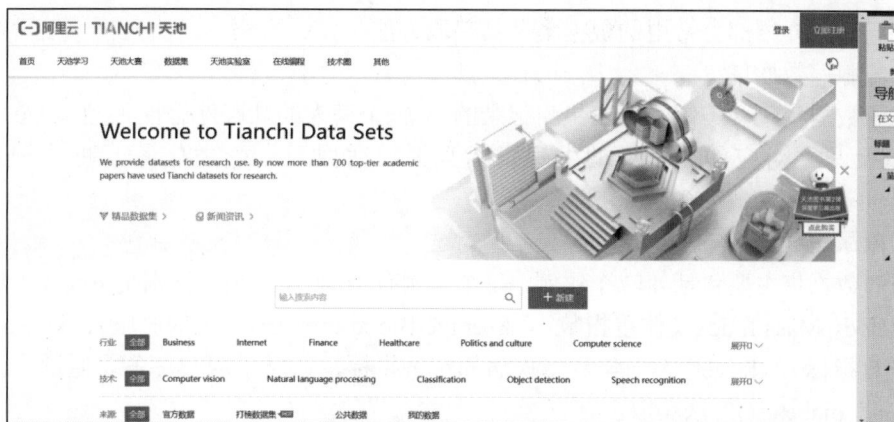

图 1-9　阿里云天池网站

4．和鲸社区网站

和鲸社区网站如图 1-10 所示，其拥有 10 万多注册数据科学家用户，辐射超过 30 万数据人才群体。其相关产品即 ModelWhale 作为一款数据科学云端协作工具，可助力不同领域的许多企业、高校和科研机构的数据科学工作者开展数据科学应用与人工智能研发。

图 1-10　和鲸社区网站

5．其他数据集网站

其他数据集网站有亚马逊数据集、谷歌数据集网站、微软数据集网站、Awesome 公共数据集网站、计算机视觉数据集网站、斯坦福大型网络数据集网站等。

1.3.2　Python 工具包提供的数据集

Python 的 sklearn 以 TensorFlow 工具包提供用于算法学习的数据集。这些数据集已经过很好的预处理，能使用户专注于对算法本身的学习。

1．sklearn 自带的数据集

sklearn 提供的小数据集可通过 load_xx()方法直接获取，大数据集可通过 fetch_xx()方法

在线下载。以下介绍部分常用的数据集及其获取方法。

（1）乳腺癌数据集

乳腺癌数据集包含美国威斯康星州记录的 569 个病人的乳腺癌恶性/良性（1/0）类别型数据，以及与之对应的 30 维的生理指标数据，适用于二分类任务。通过 sklearn 的 datasets.load_breast_cancer()方法获取。

（2）糖尿病数据集

糖尿病数据集主要包括 442 个实例，每个实例有 10 个属性值，分别是 Age（年龄）、Sex（性别）、Body Mass Index（体重指数）、Average Blood Pressure（平均血压）、S1～S6（一年后疾病级数指标），Target 为一年后患疾病的定量指标，适用于回归任务。通过 sklearn 的 datasets.load_diabetes()方法获取。

（3）手写数字数据集

手写数字数据集共有 1797 个样本，每个样本有 64 个特征，对应一个 8×8 的矩阵，每一个特征值是其灰度值，目标值为一个 0～9 的数字，适用于多分类任务。通过 sklearn 的 datasets.load_digits()方法获取。

（4）鸢尾花数据集

鸢尾花数据集包含 150 个鸢尾花样本，对应 3 种鸢尾花，各有 50 个样本，以及它们各自对应的 4 种关于鸢尾花外形的数据，适用于分类任务。通过 sklearn 的 datasets.load_iris()方法获取。

（5）体能数据集

体能数据集中 data 和 target 都是 20×3 的矩阵，data 的特征包括 Chins（引体向上）、Situps（仰卧起坐）和 Jumps（跳跃），target 的三维分别是 Weight（体重）、Waist（腰围）和 Pulse（脉搏），适用于回归任务。通过 sklearn 的 datasets.load_linnerud()方法获取。

（6）红酒品质数据集

红酒品质数据集共包含 178 个样本，代表红酒的 3 个档次（分别有 59、71、48 个样本），以及与之对应的 13 维的属性数据，适用于分类任务。通过 sklearn 的 datasets.load_wine()方法获取。

（7）新闻组数据集

新闻组数据集是用于文本分类、文本挖掘和信息检索研究的国际标准数据集之一。该数据集收集了大约 20000 个新闻组文档，将其均分为 20 个不同主题的新闻组集合。通过 sklearn 的 datasets.fetch_20newsgroups()方法获取。通过 fetch_20newsgroups_vectorized()方法可获取向量化后的数据。

（8）人脸数据集

通过 sklearn 的 datasets.fetch_lfw_people()方法获取人脸数据集，通过 datasets.fetch_lfw_pairs()方法实现人脸验证。

（9）森林植被类型数据集

森林植被类型数据集中总计 581012 个样本，每个样本由 54 维表示（12 个属性，其中两个分别是 one-hot 4 维和 one-hot 40 维），target 表示植被类型 1～7，所有属性值均为数值型数据。通过 sklearn 的 datasets.fetch_covtype()方法获取。

2．sklearn 生成的数据集

sklearn 工具包除了提供以上真实的数据集，还可以按需生成不同用途的仿真数据集。

（1）通过 datasets.make_blobs()方法生成的聚类数据集

```
datasets.make_blobs(n_samples=1000,n_features=2,centers=4,cluster_std=1)
```

其中参数说明如下。

n_samples：样本数。

n_features：特征数（维度）。

centers：中心数，也可以是中心的坐标。

cluster_std：簇的方差。

（2）通过 datasets.make_circles()方法生成的同心圆数据集

```
datasets.make_circles(n_samples=5000,noise=0.04,factor=0.7)
```

其中参数说明如下。

n_samples：样本数。

noise：噪声。

factor：内圆与外圆半径的比例因子。

（3）通过 datasets.make_moons()方法生成的月亮数据集

```
datasets.make_moons(n_samples=3000,noise=0.05)
```

其中参数说明如下。

n_samples：样本数。

noise：噪声。

（4）datasets.make_classification()方法生成的类别数据集

```
datasets.make_classification(n_classes=4,n_samples=1000,n_features=2,
n_informative=2,n_redundant=0,n_clusters_per_class=1,n_repeated=0,random_state=22)
```

其中部分参数说明如下。

n_classes：类的数目。

n_informative：有效特征数。

n_redundant：冗余特征数。

n_clusters_per_class：每一类的簇数。

n_repeated：有效特征数和冗余特征数的有效组合。

3. 利用 datasets.fetch_openml()方法从 OpenML 平台下载数据集

OpenML 是一个用于共享数据集的开放平台，它允许个人上传开放的数据集，可以通过 sklearn 的 datasets.fetch_openml()方法从 OpenML 平台下载数据集。

例如，下载 gene expressions in mice brains 数据集。

```
from sklearn.datasets import fetch_openml
mice = fetch_openml(name='miceprotein', version=4)
print(mice.DESCR)  #查看详情
```

4. TensorFlow 自带的数据集

TensorFlow 自带的数据集如下。

boston_housing：波士顿房价数据集，用于回归任务。

cifar10：10 类 60000 张 32×32（单位为像素）的彩色图片数据集，用于多分类任务。

cifar100：100 类 60000 张（600 张/类）32×32（单位为像素）的彩色图片数据集，用于

多分类任务。

fashion_mnist：10 类 70000 张运动鞋、衬衫等服装的 28×28（单位为像素）灰度图片数据集，用于多分类任务。

imdb：5 万条互联网电影资料库 IMDb（Internet Movie Database）影评数据集，常用于情感分析。

mnist：10 类 70000 张 28×28（单位为像素）灰度的手写数字数据集，用于多分类任务。

reuters：路透社新闻数据集，也是用于文本分类的基准数据集。

可以通过 tensorflow.keras.datasets.xxx.load_data()方法获取 TensorFlow 自带的数据集，其中 xxx 为数据集的名称。

小　结

本章首先介绍数据挖掘的定义与目标、应用、算法、相关概念以及流程；然后介绍了常用的数据挖掘工具，重点介绍 Python 数据挖掘工具包；最后介绍常用数据集，内容主要包括 UCI、Kaggle、阿里云天池、和鲸社区等网站提供的数据集和 Python 工具包 sklearn、TensorFlow 自带的数据集与仿真数据集及其获取方法。

课后习题

1．什么是数据挖掘？

2．数据挖掘的目标是什么？

3．简述目前数据挖掘算法的典型应用。

4．常用的数据挖掘工具有哪些？

5．简述数据挖掘的流程。

6．使用 sklearn 的 datasets.make_circles()方法生成同心圆数据集。包含 1000 个样本，噪声为 0.01，内、外圆半径的比例因子为 0.9。

7．通过 sklearn 的 datasets.load_breast_cancer()方法获取乳腺癌数据集，查看数据描述。

8．访问常用的数据集网站，掌握下载数据集的方法。

第 2 章　Python 环境的搭建

本书绝大部分算法和案例都在 Windows11 上基于 Python 实现，Python 环境搭建是学习后续章节的基础。Python 是解释型的语言，要实现 Python 代码的运行需要安装 Python 解释器，同时也需要合适的编辑环境，以实现代码的编辑。目前常用的 Python 编辑环境主要有 Python 自带的 IDLE、Jupyter Notebook、JupyterLab、JupyterHub、Anaconda 等。

学习目标

（1）掌握下载与安装 Python 的方法。
（2）掌握通过 pip 管理 Python 第三方包的方法。
（3）掌握 Jupyter Notebook 的安装与配置。
（4）掌握 JupyterLab 的安装与配置。
（5）了解 JupyterHub 的安装与配置。
（6）了解 Anaconda 的安装与配置。

2.1　Python 的安装与配置

Python 的安装包括 Python 解释器以及 Python 自带编辑器 IDLE 的安装。Python 自带编辑器 IDLE 为用户提供基础的编辑环境。

2.1.1　Python 的安装

在 Windows 平台安装 Python。打开浏览器，访问 Python 官网，如图 2-1 所示，直接下载 Windows 系统对应的版本，这里下载的是 Windows 64 位版本"Python3.11.3"。

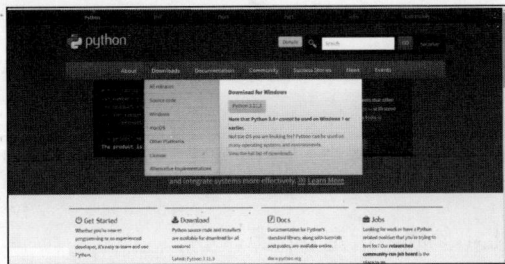

图 2-1　Python 官网

15

下载完成后，双击运行所下载的文件，此时会弹出安装向导，如图 2-2 所示。注意：在 Python 安装向导中勾选"Add python.exe to PATH"复选框，推荐初学者使用"Install Now"方式安装。

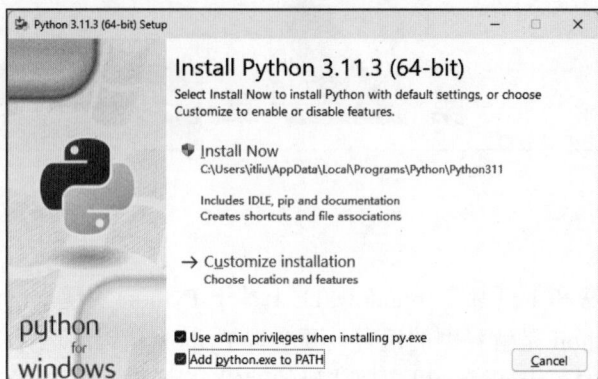

图 2-2　Python 安装向导

2.1.2　Python 第三方包的管理

Python 的安装为系统提供了 Python 解释器以及 IDLE 编辑器。Python 的数据挖掘都基于第三方包实现，因此需要安装第三方包。对 Python 的包通常采用 pip 在命令行窗口进行管理。常用的 pip 命令如下。

```
pip install packages        #安装包
pip uninstall packages      #卸载包
pip list                    #列出所有安装的包
pip show packages           #显示安装的包的信息
```

如要安装 NumPy 包，只需要在命令行窗口执行

```
pip install numpy
```

则 pip install 会自动访问互联网下载相应的包（NumPy 包），然后安装。

更新包采用：

```
pip install --upgrade 包名      #更新指定的包
```

使用 pip 安装第三方包，当 pip 的版本不是最新的时，会出现 warning，要避免 warning 的出现，可以先更新 pip。

pip 的更新采用：

```
pip install --upgrade pip
```

使用 pip 安装包时，需要在线下载安装包，默认从国外源下载，由于网络的原因，从国外源下载经常很慢，偶尔也会出错。推荐用户根据计算机所在的网络将国外源更改为对应的国内源（如阿里云、中国科技大学、豆瓣、清华大学、中国科学技术大学等国内源），以获得较快的下载速度。

修改 pip 安装源的方法（以教育网用户修改为清华大学源为例）如下。

（1）临时换源

使用 pip 时在后面加上-i 参数，指定 pip 源。

如安装 pandas 包时指定清华大学源：

```
pip install pandas -i https://pypi.tuna.********.edu.cn/simple
```
但该方法每次安装都要指定源，比较麻烦。

（2）永久换源

在当前用户目录中创建一个 pip 目录，如 C:\Users\abc\pip（abc 为当前用户名），在 pip 目录下新建文件 pip.ini，在文件中添加如下内容。

```
[global]
timeout = 6000
index-url = https://pypi.tuna.********.edu.cn/simple
trusted-host = pypi.tuna.********.edu.cn
```
或直接在命令行窗口执行以下命令。

```
pip config set global.index-url https://pypi.tuna.********.edu.cn/simple
```
实现永久换源。

2.2　Jupyter Notebook 的安装与配置

Jupyter Notebook 支持以网页的形式查看、编写和运行代码，代码的运行结果也会直接在同一网页中的相应代码块下显示。

Jupyter Notebook 具有编写说明文档、数学公式、交互计算等功能，编程时具有语法高亮、缩进、Tab 补全等特点。其输入和输出都是以文档形式体现的。这些文档是扩展名为.ipynb 的 JSON 格式文件，不仅便于版本控制，也方便与他人共享。此外，这些文档还可以导出为 HTML、LaTeX、PDF 等格式。

2.2.1　Jupyter Notebook 的安装

安装 Jupyter Notebook 时尽量避免在中文用户名下进行，如果已采用中文用户名，建议新建英文用户名，再在新英文用户名下安装 Jupyter Notebook。

安装 Jupyter Notebook 的前提是安装了 Python（3.3 及以上版本）。

只需要在命令行窗口执行

```
pip install jupyter
```
即可实现 Jupyter Notebook 的安装。

2.2.2　Jupyter Notebook 的配置

1．设置密码

默认情况下不需要输入密码即可使用 Jupyter Notebook，基于安全的考虑可以设置使用 Jupyter Notebook 时的密码。

在 Jupyter Notebook 环境下，编辑 Python 文件，输入以下代码：

```
from notebook.auth import passwd
passwd(algorithm='sha1')    #可以使用其他算法，如'hashlib.new'、`argon2'
```
运行代码，按提示输入密码两次，然后复制输出的字符串备用。

在命令行窗口执行

```
jupyter notebook --generate-config
```

用记事本打开 C:\Users\<user_name>\.jupyter\jupyter_notebook_config.py 文件，将其中的#c.NotebookApp.password=''修改为 c.NotebookApp.password=u'sha1:……'。其中，'sha1:……'为设置密码时输出的字符串。

注意：去掉 c.NotebookApp.password 前面的"#"和多余的空格。

2．设置 Jupyter Notebook 的工作目录

默认使用 Jupyter Notebook 打开当前用户目录下的文件，所有文档也都直接保存在当前用户目录下。为方便文件管理，建议修改 Jupyter Notebook 的工作目录。

Windows 用户首先在想要存放 Jupyter Notebook 文件的磁盘中新建文件夹并为该文件夹命名；然后在命令行窗口执行 jupyter notebook --generate-config（如已执行过，就不要再执行，直接跳到下一步）；最后用记事本打开 C:\Users\<user_name>\.jupyter\jupyter_notebook_config.py 文件；将其中的 # c.NotebookApp.notebook_dir=''修改为 c.NotebookApp.notebook_dir='用户指定目录'。

注意：去掉 c.NotebookApp.notebook_dir 前面的"#"以及多余的空格，在引号内加上用户指定目录，引号为半角形式。

3．设置代码自动补全

在命令行窗口执行

```
pip install jupyter_contrib_nbextensions
jupyter contrib nbextension install --user
pip install jupyter_nbextensions_configurator
jupyter nbextensions_configurator enable --user
```

重新运行 Jupyter Notebook，用户的浏览器界面会多出"Nbextensions"选项卡，单击该选项卡，按需勾选相应的复选框，如图 2-3 所示。

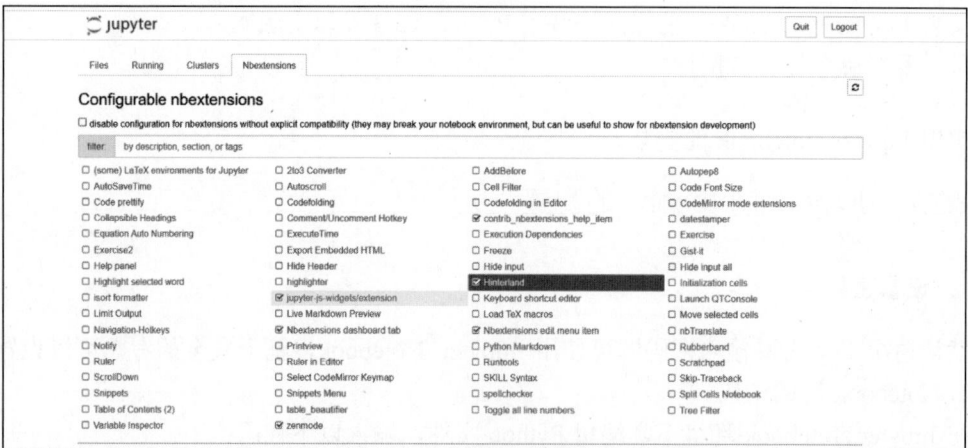

图 2-3　Jupyter Nbextensions 配置界面

4．其他设置

修改 C:\Users\<user_name>.jupyter\jupyter_notebook_config.py 文件。

该文件中部分内容的说明如下。

c.NotebookApp.ip = '*'用于指定访问 Jupyter Notebook 的 IP 地址，"*"表示只能被本机访问，将其改为本机 IP 地址后可以在其他计算机上通过网络使用 IP 地址访问 Jupyter Notebook。

c.NotebookApp.port = 8888 用于指定访问 Jupyter Notebook 的端口号，默认的端口号为 8888，可以在此按需修改。尽管 1024 以上的端口号都可以使用，但建议使用 8000 及以上端口号，避免冲突。

2.2.3　Jupyter Notebook 的使用

在命令行窗口执行 jupyter notebook 可自动打开浏览器，进入 Jupyter Notebook 界面。注意：此时不要关闭 Jupyter Notebook 字符模式的界面。

Jupyter Notebook 默认使用的端口号是 8888，如需使用其他的端口号，在启动时用如下命令指定端口号。

```
jupyter notebook --port <port_number>
```
如果启动时不需要自动打开浏览器，希望在自己需要时手动打开，可以执行以下命令：
```
jupyter notebook --no-browser
```

1．Python 编辑器的介绍

启动 Jupyter Notebook 服务器后，会自动打开浏览器，Jupyter Notebook 界面如图 2-4 所示。

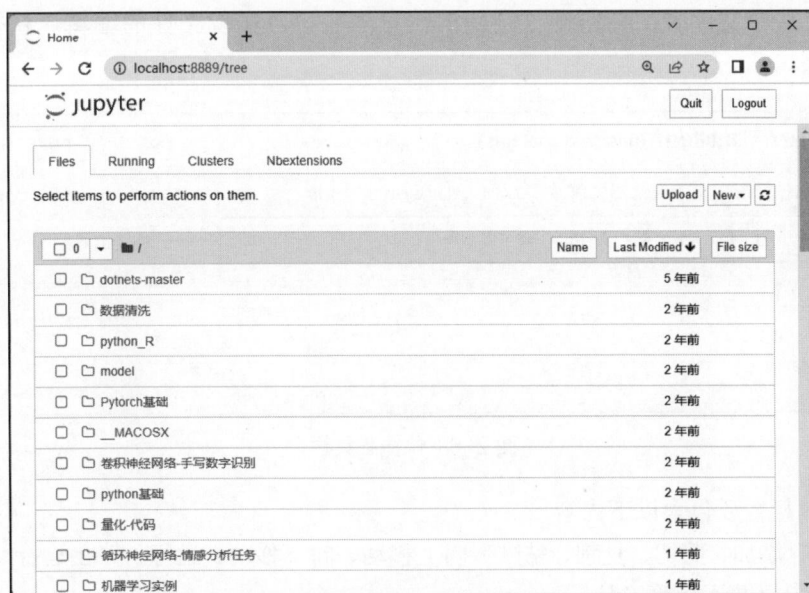

图 2-4　Jupyter Notebook 界面

该界面主要包含以下几个部分。

主工具栏：提供 "Files" "Running" "Clusters" "Nbextensions" 等选项卡。

"Upload" 按钮：用于上传文件到 Jupyter Notebook 服务器。

"New" 按钮：用于新建文件，用户可以根据需要新建不同类型的文件。新建 Python 文件后会出现快捷工具栏。

□按钮：用于刷新界面。

工作目录：用于显示工作区的文件及目录。

2．新建文件

在界面的右上角单击"New"按钮即可新建一个指定类型的文件，新建文件界面如图 2-5 所示。

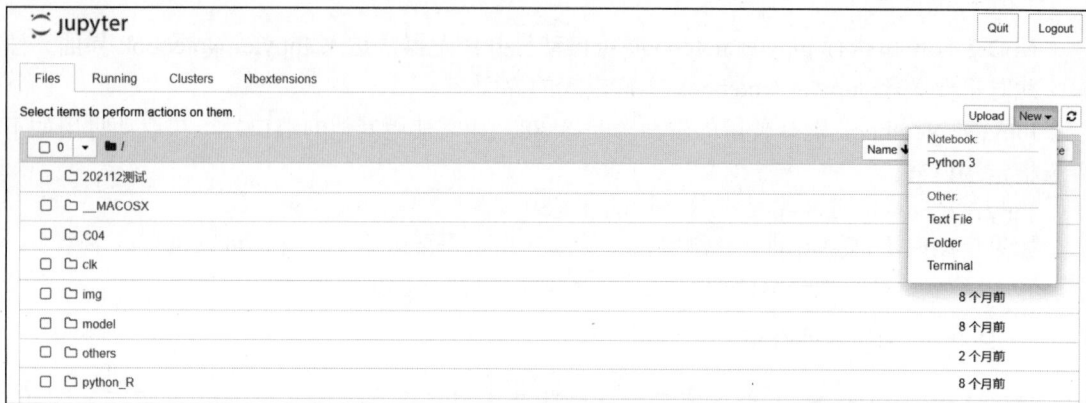

图 2-5　新建文件界面

新建 Python 文件时，会自动打开新的浏览器窗口，实现文件的编辑。快捷工具栏如图 2-6 所示。

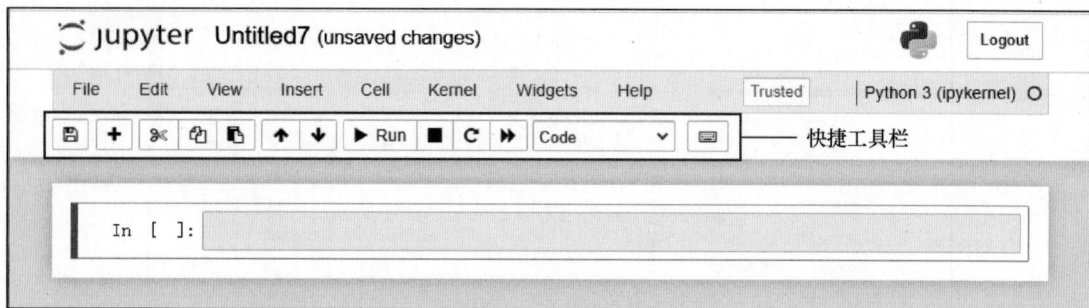

图 2-6　快捷工具栏

快捷工具栏主要包含以下内容。

- 保存、添加、剪切、复制、粘贴、向上移动、向下移动、运行、停止运行、重启内核、重启内核并运行等工具。
- Code：Python 代码。
- Markdown：文本文档编辑格式，非代码。
- Raw NBConvert：保留原始的输入格式，包含换行。把整块代码设置为原生 NBConvert 时，保持格式不变。
- Heading：设置文档中的各级标题。选择标题后，可以手动使用以下标记。

\#：一级标题。

\#\#：二级标题。

\#\#\#：三级标题。

……

注意："\#"与后面标题文字间的空格一定要保留。

3．常用快捷键

"Ctrl + Enter"：执行单元格代码。

"Shift + Enter"：执行单元格代码并且移动到下一个单元格。

"Alt + Enter"：执行单元格代码，新建并移动到下一个单元格。

在编辑状态下按"Esc"键可进入命令模式。

连按"D"键两次删除当前单元格。

按"Shif"键+向上箭头键/向下箭头键：同时选中上面或下面的单元格。

按"Shift+M"键：合并选中的单元格。

按"A"键：在当前单元格上增加单元格。

按"B"键：在当前单元格下增加单元格。

按"Z"键：恢复删除的单元格。

4．常用魔术命令

%time statement：测试 statement 的执行时间。

%timeit statement：多次测试 statement 的执行时间并计算平均值。

%%time statements：测试单元格中全部 statement 的执行时间。

%%timeit　statements：多次测试单元格中全部 statement 的执行时间并计算平均值。

%magic：显示所有魔术命令的详细文档。

%run script.py：运行 script.py。

!cmd：使用 shell 运行 cmd。

%env：返回当前系统变量（以字典形式）。

2.3　JupyterLab 的安装与配置

　　JupyterLab 是下一代基于 Web 界面的 Jupyter Notebook，JupyterLab 具有 Jupyter Notebook 的所有功能。使用它可以编写 Python 代码、访问终端、编辑 Markdown 文本、查看文本文件及图片等。

2.3.1　JupyterLab 的安装

安装前提：已安装 Python 和 Jupyter。

安装 JupyterLab 如同安装包一样，只需要在命令行窗口执行

```
pip install jupyterlab
```
其安装过程如图 2-7 所示。

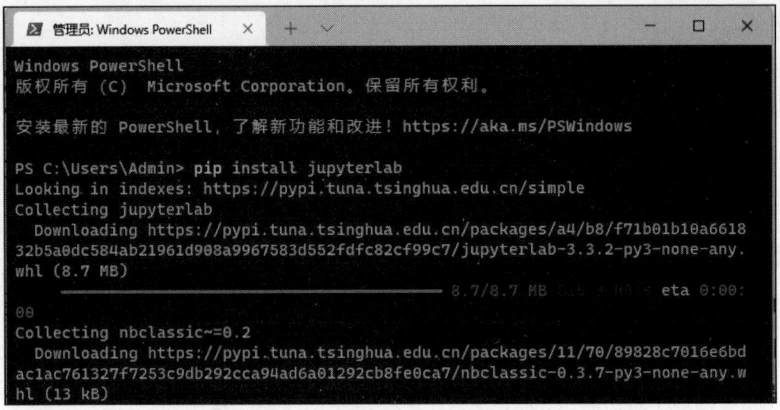

图 2-7　JupyterLab 的安装过程

2.3.2　JupyterLab 的使用

要使用 JupyterLab，只需要在命令行窗口执行 jupyterlab，即可自动打开浏览器，进入
JupyterLab 的图形界面，如图 2-8 所示。

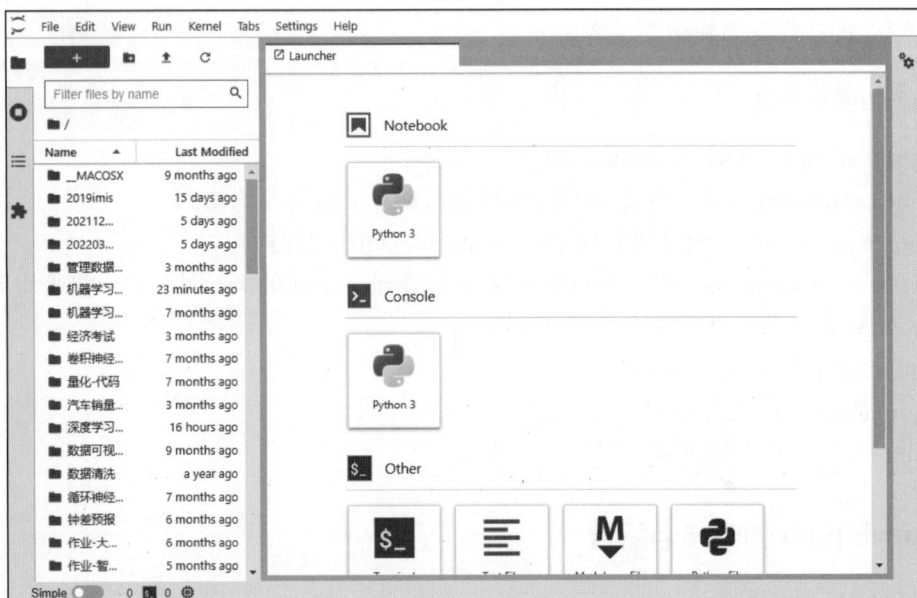

图 2-8　JupyterLab 的图形界面

JupyterLab 包含 Notebook、Console、Other 等模块。

Notebook 与 Jupyter Notebook 的功能保持一致，快捷键、代码自动补全、工作目录等设
置也与 Jupyter Notebook 的保持一致。

Console 提供 Python 控制台的功能，进入 Python 交互模式，可以在此模式下执行 Python
语句，也可以进行包的安装、查看等。

Other 提供新建 Teminal、Text File、Markdown File、Python File 等功能，其功能界面如
图 2-9 所示。

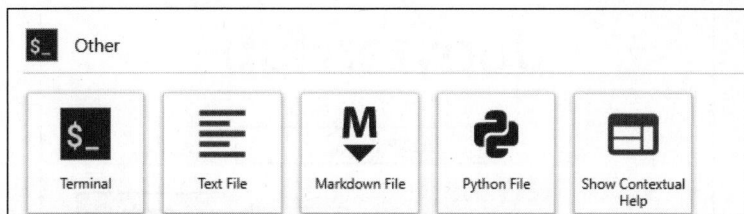

图 2-9 JupyterLab Other 的功能界面

2.3.3 插件的安装

JupyterLab 提供很多插件，启动 JupyterLab 后，直接在其插件安装界面单击对应的"Install"按钮进行安装即可，如图 2-10 所示。

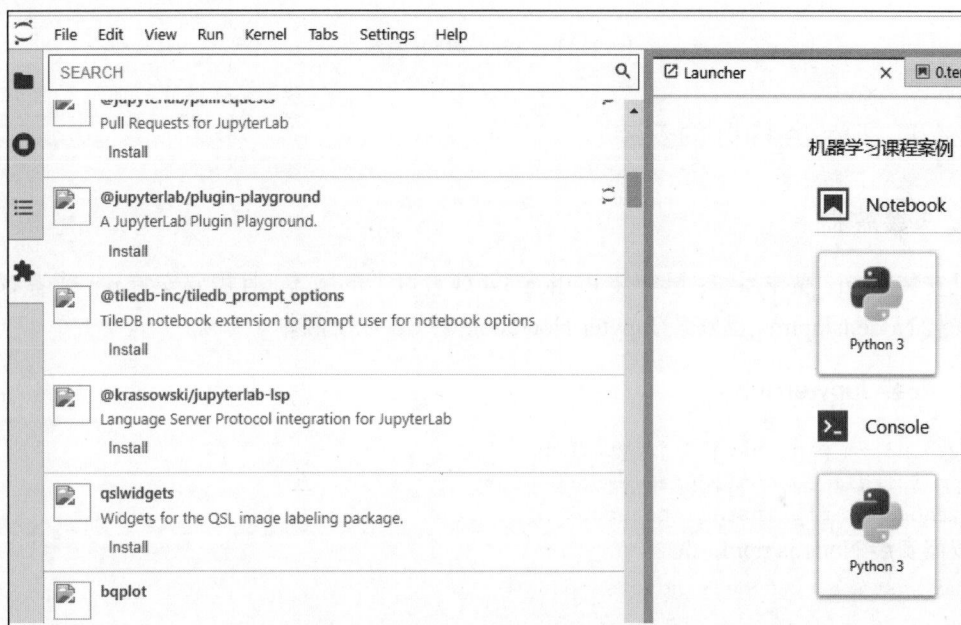

图 2-10 JupyterLab 的插件安装界面

注意：按需安装 Node.js，在 Node.js 网站下载对应的版本，然后安装 Node.js，安装后需要重启 JupyterLab，确保 Node.js 生效。

2.4 JupyterHub 的安装与配置

JupyterHub 是一个多用户的 Jupyter Notebook，多个用户通过网络可以同时使用 JupyterHub 服务器的资源，单个用户使用时不必安装 JupyterHub。

JupyterHub 有 4 个主要的子系统，如图 2-11 所示，包括：JupyterHub 的核心——Hub 子系统；可配置的 HTTP Proxy 子系统，负责接收用户浏览器的请求；提供多用户 Jupyter Notebook 服务的 Spawners 子系统；负责验证用户访问的 Authenticator 子系统（见图 2-11）。

管理员可通过 config.py 文件以及管理员面板修改配置项。

23

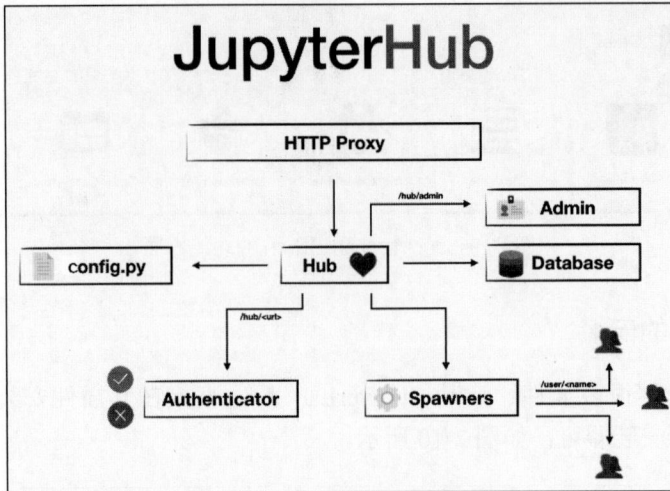

图 2-11　JupyterHub 的组成

2.4.1　JupyterHub 的安装

1．安装需求

已安装 Linux 操作系统；已安装 Python 3.4 或者以上的版本，且需要安装 pip 或者 conda；按需安装 Node.js/npm；已安装 Jupyter Notebook 4 或者以上版本。

2．安装 JupyterHub

```
Python3 -m pip install jupyterhub
npm install -g configurable-http-proxy
Python3 -m pip install notebook
```
按需安装 Node.js/npm：
```
yum install -y nodejs nodejs-npm
```

2.4.2　JupyterHub 的配置

创建/etc/jupyterhub 目录，在该目录下创建 JupyterHub 配置文件。

在命令行窗口执行 jupyterhub --generate-config 后，在/usr/local/python3/bin 目录下生成一个 jupyterhub_config.py 文件，其中包含 JupyterHub 的默认配置项，管理员可以根据需要对其进行修改。

其他配置如下。

在 JupyterHub 中配置 Nbextensions 的命令如下：
```
pip install jupyter_contrib_nbextensions
jupyter contrib nbextension install-system
```
具体配置参考 Jupyter Notebook 的配置。

2.4.3　JupyterHub 的启动与管理

在服务器端输入 jupyterhub-f/usr/local/python3/bin/ jupyterhub_config.py 启动 JupyterHub。

在客户端输入 http://服务器的 IP 地址:端口号并按"Enter"键，远程使用与管理服务器。JupyterHub 客户端界面如图 2-12 所示。

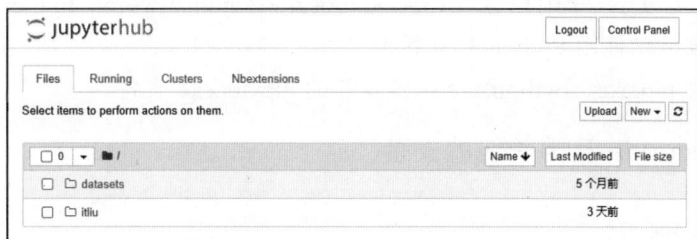

图 2-12　JupyterHub 客户端界面

管理员单击图 2-12 所示界面右上角的"Control Panel"按钮，可实现对服务器的管理，管理界面如图 2-13 所示。

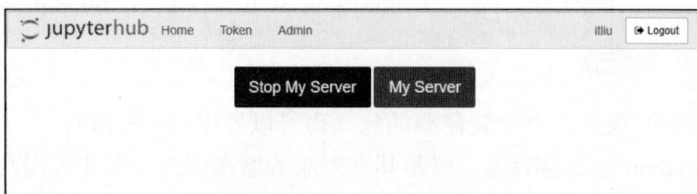

图 2-13　管理界面

管理员可以在管理界面管理服务器的启停、进行用户设置等。

2.5　Anaconda 的安装与配置

Anaconda 是由 Anaconda 公司开发的、预先建立和配置好的包的集合。它包含 PyData 生态中核心软件的完全发行版。

Anaconda 包含以下内容。

conda：一个环境管理器，其功能依靠 conda 包来实现，该环境管理器与 pip 类似。

工具包：自动安装的常用工具包，Anaconda 也会自动安装一个基本的 Python 解释器，该 Python 解释器的版本与 Anaconda 的版本有关。

conda 可以用于创建和管理多个不同的 Python 环境，可以同时实现对多个 Python 版本的管理。

创建 Python 环境的过程中非常关键的是指定 Python 解释器（Python.exe）的路径和对应版本 Scripts 的路径。

Python 解释器路径：C:\Users\<用户名>\AppData\Local\Programs\ Python\Python310。

在使用 Python 编程之前需要下载并安装 Python 解释器，没有 Python 解释器，Python 代码就无法在计算机上运行。

Python 解释器根据 Python 的版本分为 2 和 3 两个版本，Python 2 和 Python 3 无法互相兼容，不同版本的 Python 3 也不完全一样。

默认文件夹：C:\Users\<用户名>\AppData\Local\Programs\Python\ Python39。

此文件夹中，除 Python.exe 之外还有.lib 文件，也就是 Python 包文件，包括 Python 自带的包和第三方包。

Scripts 路径：C:\Users\<用户名>\AppData\Local\Programs\Python\ Python310\Scripts。

注意：本书案例均使用 Python 3.10 版本。

该目录下包含 pip.exe、python.exe 以及安装的 jupyter.exe 文件。

2.5.1 Anaconda 及相关包的安装

1．安装 Anaconda

用户可以登录 Anaconda 网站，根据自己操作系统的版本选择对应的 Anaconda 版本下载。国内用户推荐在清华大学镜像站下载。

选择和操作系统对应的版本下载，下载后直接双击安装包即可。

安装成功后可以在命令行窗口使用 conda --version 命令查看 conda 的版本号。

2．更改 conda 安装源

使用 conda install 包名命令安装需要的包（也可以使用 pip 安装）。

安装需要的 Python 包非常容易，但是其官方服务器在国外，下载较慢且不稳定，建议将源修改为国内源。

如：把源改为清华大学镜像源。

方法一如下。

在命令行窗口或 Windows 终端执行

```
conda config --add channels
https://mirrors.tuna.********.edu.cn/anaconda/pkgs/main/
conda config --set show_channel_urls yes
```

方法二如下。

在 C:\Users\User 目录下，找到.condarc 文件，复制以下内容到该文件中。

```
ssl_verify: true
channels:
  - https://mirrors.tuna.********.edu.cn/anaconda/pkgs/free/
  - defaults
show_channel_urls: true
```

3．更新包

更新 conda：

```
conda update conda
```

更新所有第三方包：

```
conda upgrade --all
```

4．安装第三方包

```
conda install 包名
```

或者：

```
pip install 包名
```

5．卸载第三方包

```
conda remove 包名
```

或者：

```
pip uninstall 包名
```

2.5.2　Anaconda 的配置与使用

安装完后运行 Python，会进入 base 环境的 Python 解释器，命令行前面也会多一个"(base)"，说明当前处于 base 环境下。

1．创建虚拟环境

当 base 环境不满足需求时，需要为程序安装单独的虚拟环境。

```
conda create -n 环境名  Python=版本号
```

或者：

```
conda create --name 环境名  Python=版本号
```

例如，创建一个名为 Python39 的虚拟环境并指定 Python 版本号为 3.9（conda 会自动找 3.9 中最新的版本进行下载）。

```
conda create -n Python39 Python=3.9
```

或者：

```
conda create --name Python39 Python=3.9
```

也可以根据需要创建多个环境。

2．激活环境

执行 activate 加上要切换到的环境的名称可以实现不同环境的切换，如用以下命令切换到 Python39 环境：

```
activate Python39
```

激活后，terminal 输入提示符后面增加了"Python39"，此时系统把默认环境从 PATH 中删除，再把 Python39 对应的 Python 解释器以及 Scripts 的路径加入 PATH 中。

3．其他常用命令

列出所有的环境名：

```
conda env list
```

卸载环境：

```
conda remove --name 环境名
```

列出当前环境的所有包：

```
conda list
```

安装指定的包：

```
conda install 包名
```

卸载指定的包：

```
conda remove 包名
```

删除 Python39 环境及下属所有包：

```
conda remove -n Python39 --all
```

更新指定的包：

```
conda update 包名
```

4．相关组件

Anaconda Navigator：用于管理工具包和环境的图形用户界面，后续涉及的众多管理命令也可以在 Anaconda Navigator 中执行。

Jupyter Notebook：基于 Web 的交互式计算环境，可以编辑易于被人们阅读的文档，用于展示数据分析的过程。

Qt Console：可执行 IPython 的仿终端图形界面程序，相比 Python Shell 界面，Qt Console 可以直接显示运行代码生成的图形，还可实现多行代码的输入与执行，并且其内置许多有用的函数。

Spyder：使用 Python 的、跨平台的、科学运算的集成开发环境。Spyder 编辑器的主要优点就是可实现 MATLAB 中"工作空间"的功能。

JupyterLab：新一代的 Jupyter Notebook，它为用户提供一个交互式的开发环境，具有灵活友好的用户界面，用户可以使用它编写 Notebook、操作终端、编辑 Markdown 文本、打开交互模式、查看 CSV 文件及图片等。

Visual Studio Code：一个轻量级但功能强大的源代码编辑器，可在桌面上运行，适用于 Windows、macOS 和 Linux 等操作系统。它内置了对 JavaScript、TypeScript 和 Node.js 等的支持，并为 C ++、C #、Java、Python、PHP 和 Go 等语言提供了丰富的扩展生态系统。

小　　结

编辑环境的选择以及正确搭建是学习后续章节的基础。本章首先介绍了 Python 的安装与配置，为 Python 代码的运行提供解释器；其次介绍了 Jupyter Notebook 与 JupyterLab 等环境的安装与配置，它们是目前数据挖掘中非常流行的编辑环境，其中 JupyterLab 被称为下一代基于 Web 界面的 Jupyter，功能更为全面；然后介绍了 JupyterHub 多用户编辑环境的安装、配置以及使用方法，JupyterHub 是一个基于 Linux 的、多用户的编辑环境；最后介绍了 Anaconda 的安装与配置等。本书中的案例均在 Jupyter Notebook 环境中实现。

课后习题

1．访问 Python 官方网站，下载并安装最新版的 Python。
2．安装和配置 Jupyter Notebook。
3．修改 Jupyter Notebook 默认的工作目录。
4．设置 Jupyter Notebook 的代码自动补全。
5．安装和配置 JupyterLab，并安装感兴趣的插件。
6．安装 Anaconda，并创建、配置虚拟环境。
7．在 Jupyter Notebook 环境下编写代码实现输出"Hello Jupyter Notebook!"。

第**3**章 数据预处理

原始数据集往往会出现因为样本的来源不同、计量单位不一致、采集设备受到干扰、手动输入失误等导致数据错误以及因为问卷填写不完整、采集设备故障等导致数据缺失等数据质量问题。

数据集中数据的质量直接影响模型的训练效果，通常所说的"垃圾进，垃圾出"，就是指原始数据质量差，据此所建的模型的效果也一定不会好。在进行模型训练前需要对数据进行恰当的预处理，提高数据质量，以保证模型的训练效果。在数据挖掘过程中，数据预处理往往占用大部分工作时间。

数据预处理通常包含缺失值处理、数据标准化、特征编码、离群值检测等。

学习目标

（1）掌握缺失值处理的方法。
（2）掌握数据标准化的方法。
（3）掌握特征编码的方法。
（4）掌握离群值检测与处理的方法。

3.1 缺失值处理

有缺失值的数据集不能直接将其用于模型的训练，需要对其进行填充或删除处理。

填充法可用于获得完整的数据集，对于连续型数据通常采用均值填充，对于离散型数据则采用众数填充或中位数填充。

删除法是指根据具体情况删除样本（行）或特征（列）得到一个完整的数据子集。

表 3-1 所示为某高校 20 名学生身高体重数据集，部分数据缺失，如其中学号为 20230002 学生的身高缺失、学号为 20230003 学生的姓名、性别与体重缺失。其中姓名、性别为非数值型数据，身高、体重为数值型数据。

表 3-1   某高校 20 名学生身高体重数据集

学号	姓名	性别	体重（kg）	身高（m）
20230001	汪海	男	50	1.71
20230002	张章	男	80	

学号	姓名	性别	体重（kg）	身高（m）
20230003				1.75
20230004		男	70	1.73
20230005	李婷	女	65	7.30
20230006		男	60	1.81
20230007	刘琳	女	56	1.72
20230008		男	50	1.75
20230009		男	45	1.77
20230010		男	62	1.72
20230011		女	55	1.62
20230012		男	50	1.65
20230013		女	48	1.58
20230014		男	82	1.86
20230015		女	53	1.52
20230016		男	52	1.55
20230017		男	50	1.71
20230018		男	56	1.77
20230019		男	85	1.85
20230020		女	48	1.65

例 3-1　读取数据。

```
import  pandas as pd    #导入包
data_=pd.read_excel("./eg311.excel ")  #读取数据，并将其存放在 data_中
```

3.1.1　填补法

对于连续型数据，使用均值填充缺失值，如表 3-1 中少数样本的体重、身高缺失，在进行数据预处理时可以考虑用总体的均值填充，填补后得到完整的数据集。需要注意的是均值填补会使得相应特征的方差变小。

对于离散型数据，可以使用众数填充，如表 3-1 中少数样本的性别缺失，可以考虑使用数据集中样本性别的众数来填充。但这会加重类别的不平衡程度。

使用 sklearn.impute 中提供的 SimpleImputer 类可实现对有缺失值的数据的填补。

SimpleImputer 类常用参数及其说明：

```
SimpleImputer(
    missing_values=np.nan,   #缺失值的占位符
    strategy='mean',         #填补策略
    fill_value=None,         #策略的"constant"常数
    verbose=0,               #控制 Imputer 输出信息的详细程度
    copy=True                #True 表示将创建数据的副本；False 表示填补将在数据原有位置上
                              进行，有例外
)
```

missing_values 参数用于指定缺失值的占位符，是指数据集中缺失值的表示方法，如果用"？"表示数据集中的缺失值，则有 missing_values='?'；如果缺失值为空，其占位符用 np.nan（numpy 的属性）表示。

strategy 参数用于确定填补策略，mean 表示使用平均值填充缺失值，median 表示使用中位数填充缺失值，most_frequent 表示使用众数填充缺失值，constant 表示使用指定的常数填充缺失值，可用于离散型和连续型的特征。如果特征缺失值较多可以考虑使用单独的类别填充，如性别缺失较多，但特征又不能删除，可以考虑用其他的值代替缺失部分。策略为常数填充时，用"fill_value"指定填充的值。

例 3-2 使用 SimpleImputer 类进行缺失值处理。

```
from sklearn.impute import SimpleImputer
imp_mean=SimpleImputer(missing_values=np.nan,strategy='mean')  #实例化对象,采用均值填充
imp_mean.fit(data[["体重（kg）","身高（m）"]])  #拟合计算体重与身高的均值
data[["体重（kg）","身高（m）"]]=imp_mean.transform(data[["体重（kg）","身高（m）"]])
#用均值填充
data #输出
```

采用均值填充后的数据集如图 3-1 所示，仅截取部分数据，后文不再说明。其中缺失的体重与身高已用均值填充。

```
imp_most_frequent=SimpleImputer(missing_values=np.nan,strategy='most_frequent')
#实例化对象，采用众数填充
data[["性别"]]=imp_most_frequent.fit(data[["性别"]]).transform(data[["性别"]])
data
```

采用众数填充后的数据集如图 3-2 所示。

	学号	姓名	性别	体重（kg）	身高（m）
0	20230001	汪海	男	50.000000	1.710000
1	20230002	张章	男	80.000000	2.001053
2	20230003	NaN	NaN	58.789474	1.750000
3	20230004	NaN	男	70.000000	1.730000
4	20230005	李婷	女	65.000000	7.300000
5	20230006	NaN	男	60.000000	1.810000

图 3-1 采用均值填充后的数据集

	学号	姓名	性别	体重（kg）	身高（m）
0	20230001	汪海	男	50.000000	1.710000
1	20230002	张章	男	80.000000	2.001053
2	20230003	NaN	男	58.789474	1.750000
3	20230004	NaN	男	70.000000	1.730000
4	20230005	李婷	女	65.000000	7.300000
5	20230006	NaN	男	60.000000	1.810000

图 3-2 采用众数填充后的数据集

其中缺失的性别已用众数"男"填充。

```
data_S=data.copy() #复制数据以备后面使用
```

除了采用 sklearn 中的 SimpleImputer，还可以使用 pandas 对象的 fillna()方法进行缺失值的处理。

pandas 对象的 fillna()方法：

```
fillna(value=None,method=None,axis=None,inplace=False)
```

部分参数说明如下。

Method 表示填充的方法，取值有 backfill、bfill、pad、ffill、None 等，默认值为 None。pad / ffill 表示用缺失值前面的有效值填充。backfill / bfill 表示用缺失值后面的有效值填充。

axis 用于指定填充时是沿列进行还是沿行进行，0 表示沿行进行，1 表示沿列进行。

inplace 表示在原始数据上修改或在副本上修改。在原始数据上修改则没有返回值，而在副本上修改会返回修改后的数据。

例 3-3 使用 fillna()方法进行缺失值处理。

```
data=data_.copy()
data=data.fillna(method="ffill")  #用前向填充
data  #输出填充结果
```

采用前向填充后的数据集如图 3-3 所示。

	学号	姓名	性别	体重（kg）	身高（m）
0	20230001	汪海	男	50.0	1.71
1	20230002	张章	男	80.0	1.71
2	20230003	张章	男	80.0	1.75
3	20230004	张章	男	70.0	1.73
4	20230005	李婷	女	65.0	7.30
5	20230006	李婷	男	60.0	1.81

图 3-3 采用前向填充后的数据集

比较原始数据与填充后的数据，发现缺失值已用其前面的有效值填充。

其他填补方法如下。

随机填补：在均值填补的基础上加上随机项，通过提高缺失值的随机性来弥补缺失值分布过于集中的缺陷。

基于模型填补：将缺失特征当作预测目标，使用其余特征作为输入，利用缺失特征和非缺失样本构建模型预测。

哑变量方法：对于离散型特征，将缺失值作为一个单独的值进行处理。

EM 算法：根据 EM（Expectation-Maximization）算法计算含有缺失值的数据集的极大似然估计。

3.1.2　删除法

删除法指通过删除包含缺失值的行或列，来得到一个完整的数据子集，通常通过删除特征或者样本来进行。

删除特征：当某个特征缺失值较多，且该特征对数据分析的目标影响不大时，可以将该特征删除。

删除样本：删除存在数据缺失的样本。该方法适用于某些样本有多个特征存在缺失值，且存在缺失值的样本占整个数据集样本数量的比例不高的情形。

注意：对于用来进行时间序列分析的数据，不能删除样本，删除样本会导致时间序列不连续，需要采用填补法。

pandas 对象的 dropna()方法可用于实现对样本或特征的删除。

```
dropna(
    axis=0,
    how='any',
```

```
        thresh=None,
        inplace=False
)
```

部分参数说明如下。

how 通常用于特征的删除。

当 how='any'时，用 thresh 参数指定不被删除的特征的最少有效样本数。

当 how='all'，表示某列或某行数据全部缺失时删除该列或行。

Inplace 的值为 True 时直接修改原始数据，否则不修改原始数据，函数返回修改后的数据。

axis 参数表示删除时沿行进行还是沿列进行。

例 3-4 使用删除法处理缺失值。

```
data=data_.copy()    #恢复原始数据
data.dropna(axis=1,thresh=8,inplace=True)  #删除缺失值较多的特征。thresh 指定特征的非
缺失值的最少数量，axis=1 指定删除特征
data=data.dropna()   #删除有缺失值的样本
data_2=data.copy()
data  #输出
```

删除缺失值后的数据集如图 3-4 所示。其中有缺失值的样本已被删除，如 1、2，缺失值较多的姓名特征也被删除。

	学号	性别	体重（kg）	身高（m）
0	20230001	男	50.0	1.70
3	20230004	男	70.0	1.73

注意：先删除缺失值较多的特征，再删除有缺失值的样本，以保留最多的样本数。

图 3-4 删除缺失值后的数据集

3.2 数据标准化

通常用于确定目标变量的特征会有多个，原始数据中不同特征的数值大小可能差异很大，数值大的特征对目标变量的影响将会比数值小的特征对目标变量的影响大，数值小的特征容易被模型忽略。而通过数据标准化处理，可将不同特征的值都转换到相同的范围中，消除特征数值的量纲之间的差异。

在数据分析及建模过程中，标准化后的数据可改善模型的训练效果，同时，对于部分算法也需要使其输入特征为标准化形式。例如，SVM（Support Vector Machine，支持向量机）算法中的 RBF（Radial Basis Function，径向基函数），线性模型中的 l_1、l_2 正则项，目标函数往往假设其特征均值在 0 附近且方差齐次，若样本特征数值的量纲之间的差异太大，则样本之间相似度的评估结果将存在偏差。

常见数据标准化方法有以下几种：

- Z-Score 标准化；
- Min-Max 标准化；
- RobustScaler 标准化。

3.2.1 Z-Score 标准化

使用 Z-Score 标准化方法时，首先计算特征的均值与标准差，然后用特征的每一个值减去该特征的均值并除以其标准差，使得处理后的数据具有固定均值和标准差，具体如式（3-1）

所示。

$$f_i' = \frac{f_i - \mu}{\sigma}, i = 1, 2, \cdots \qquad (3\text{-}1)$$

其中，f_i' 为标准化后各数据点的值，f_i 为原始各数据点的值，μ 为该特征的均值，σ 为该特征的标准差。

Z-Score 标准化适用于特征的最大值或最小值未知、样本分布比较分散的情况。

可采用 sklearn.preprocessing 中的 StandardScaler 类实现 Z-Score 标准化。

StandardScaler 类常用参数及其说明：

```
StandardScaler(
    copy=True,           #若设置为 False，则尝试避免复制并改为直接替换
    with_mean=False,     #若设置为 True，则在缩放之前将数据居中
    with_std=False       #若设置为 True，则将数据缩放为单位方差（或单位标准差）
)
```

StandardScaler 类的 fit()方法用于实现均值与方差的计算，transform()方法用于实现数据的转化[见式（3-1）]。

例 3-5　Z-Score 标准化。

```
data=data_2.copy()     #获取已进行缺失值处理的数据
from sklearn.preprocessing import StandardScaler   #导入包
Std_Z=StandardScaler()     #实例化
data[["体重（kg）","身高（m）"]]=Std_Z.fit_transform(data[["体重（kg）","身高（m）"]])
#标准化
data_2[["体重（kg）","身高（m）"]].describe()     #输出标准化前"体重（kg）","身高（m）"的统计信息
```

标准化前数据集的相关统计信息如图 3-5 所示。

使用以下代码实现数据集的标准化。

```
data[["体重（kg）","身高（m）"]].describe() #输出标准化后"体重（kg）","身高（m）"的统计信息
```

标准化后数据集的相关统计信息如图 3-6 所示。

	体重（kg）	身高（m）
count	18.000000	18.00000
mean	57.611111	2.01500
std	11.423088	1.32241
min	45.000000	1.52000
25%	50.000000	1.65000
50%	54.000000	1.72000
75%	61.500000	1.77000
max	85.000000	7.30000

图 3-5　标准化前数据集的相关统计信息

	体重（kg）	身高（m）
count	1.800000e+01	1.800000e+01
mean	-2.652199e-16	2.590520e-16
std	1.028992e+00	1.028992e+00
min	-1.136009e+00	-3.851687e-01
25%	-6.856087e-01	-2.840132e-01
50%	-3.252888e-01	-2.295450e-01
75%	3.503110e-01	-1.906390e-01
max	2.467191e+00	4.112356e+00

图 3-6　标准化后数据集的相关统计信息

由图 3-5、图 3-6 可见，标准化前身高、体重的均值（mean）和标准差（std）差别较大，标准化后，均值都接近 0，方差均接近 1。

3.2.2 Min-Max 标准化

Min-Max 标准化也称为离差标准化或最小值–最大值标准化，通过对特征进行线性变换，使得转换后特征的取值范围为[0,1]，具体公式如式（3-2）所示。

$$f_i' = \frac{f_i - f_{\min}}{f_{\max} - f_{\min}}, i = 1, 2, \cdots \tag{3-2}$$

将特征 f 的值映射到[0,1]内。如果要将特征的值映射到[a,b]内，则采用式（3-3）所示的通用公式。

$$f_i' = a + (b - a)\frac{f_i - f_{\min}}{f_{\max} - f_{\min}}, i = 1, 2, \cdots \tag{3-3}$$

其中，$f_{\min}$ 为特征的最小值，$f_{\max}$ 为特征的最大值。

采用 sklearn.preprocessing 中的 MinMaxScaler 类实现 Min-Max 标准化。

MinMaxScaler 类常用参数及其说明：

```
MinMaxScaler(
    feature_range=(0, 1),    #期望的转换后特征的取值范围
    copy=False               #设置为 False 表示执行就地标准化并避免复制
)
```

例 3-6 Min-Max 标准化。

```
data=data_2.copy() #获取已进行缺失值处理的数据
from sklearn.preprocessing import MinMaxScaler #导入包
Std_MM=MinMaxScaler(feature_range=(0, 1)) #实例化
data[["体重（kg）","身高（m）"]]=Std_MM.fit_transform(data[["体重（kg）","身高（m）"]])
#标准化
data[["体重（kg）","身高（m）"]].describe()
```

Min-Max 标准化后数据集的相关统计信息如图 3-7 所示。

由图 3-7 可见，Min-Max 标准化后身高、体重的最大值均为 1，最小值均为 0。

	体重（kg）	身高（m）
count	18.000000	18.000000
mean	0.315278	0.085640
std	0.285577	0.228791
min	0.000000	0.000000
25%	0.125000	0.022491
50%	0.225000	0.034602
75%	0.412500	0.043253
max	1.000000	1.000000

图 3-7 Min-Max 标准化后数据集的相关统计信息

3.2.3 RobustScaler 标准化

当特征的值中存在离群值时，标准化后的效果较差，如将某中学生的年龄错误输入为 1600，这样会导致分母过大，标准化后的值整体靠近小的一端；如果年龄有 1 的离群值，又会导致标准化后的值整体靠近大的一端。在此种情况下，使用中位数和分位数间距进行缩放会更有效。

标准化公式：

$$f_i' = \frac{f_i - \text{median}}{\text{IQR}}, i = 1, 2, \cdots \tag{3-4}$$

其中，median 为中位数，分母部分由参数 quantile_range 确定。默认值为 IQR，表示上四分位数–下四分位数。

采用 sklearn.preprocessing 中的 RobustScaler 类来实现考虑离群值的标准化。

RobustScaler 类常用参数及其说明：

```
RobustScaler(
    with_centering=False,              #如果为 True，则在标准化之前将数据居中
    with_scaling=False,                #如果为 True，则将数据缩放到四分位数范围
    quantile_range=(25.0, 75.0),       #用于计算 scale_的分位数范围
    copy=True                          #如果为 False，则尝试避免复制并改为直接替换
)
```

例 3-7　考虑离群值的标准化。

```
data=data_2.copy()  #获取已进行缺失值处理的数据
from sklearn.preprocessing import RobustScaler  #导入包
Std_R=RobustScaler()  #实例化
data[["体重（kg）","身高（m）"]]=Std_R.fit_transform(data[["体重（kg）","身高（m）"]])
#标准化
data[["体重（kg）","身高（m）"]].describe()  #输出标准化的结果
```

Robust Scaler 标准化后数据集的相关统计信息如图 3-8 所示。

3.2.4　sklearn 中标准化对象的方法

拟合模型，计算标准化需要的参数：

`fit(X[, y])`

计算标准化需要的参数，并执行标准化：

`fit_transform(X[, y])`

将已标准化的数据转换为原始数据表示，即逆标准化：

`inverse_transform(X[, copy])`

在线计算 X 上的 mean 和 std：

`partial_fit(X[, y])`

执行标准化：

`transform(X[, y, copy])`

	体重（kg）	身高（m）
count	18.000000	18.000000
mean	0.314010	2.458333
std	0.993312	11.020082
min	-0.782609	-1.666667
25%	-0.347826	-0.583333
50%	0.000000	0.000000
75%	0.652174	0.416667
max	2.695652	46.500000

图 3-8　Robust Scaler 标准化后
数据集的相关统计信息

3.3　特征编码

当数据集中的特征为非数值型数据时，需要对其进行编码，使其变为数值型数据。常用的编码方法有用 map 函数编码、标签编码、独热编码、哑元编码等。

3.3.1　用 map 函数编码

除了采用前文所述专用的编码类对特征进行编码，还可以使用 map 函数进行编码。如对 data 数据集的 gender 特征进行编码，将"男"设置为 1，将"女"设置为 0。采用 map 函数具有更好的灵活性，但使用相对复杂。

例 3-8　使用 map 函数编码性别。

```
data=data_2.copy()
data["gender"]=data["gender"].map({"男":1,
"女":0})
data[["gender"]]
```

用 map 函数编码的结果如图 3-9 所示。

	学号	性别	体重（kg）	身高（m）
0	20230001	1	50.0	1.71
3	20230004	1	70.0	1.73
4	20230005	0	65.0	7.30
5	20230006	1	60.0	1.81
6	20230007	0	56.0	1.72

图 3-9　用 map 用函数编码的结果

3.3.2 标签编码

标签编码（Label Encoding）将包含 k 个值的离散型特征转换为 $0\sim(k-1)$ 的数，经过标签编码之后，特征的值有了大小区别，如对性别采用标签编码后，男、女分别对应 0 和 1，男女本无大小区别，但编码后明显存在 1 大于 0。

标签编码通过 sklearn.preprocessing 中的 LabelEncoder() 实现。

LabelEncoder() 没有参数。

例 3-9 对数据集中的性别进行标签编码。

```
data=data_2.copy()
from sklearn.preprocessing import LabelEncoder
LbE=LabelEncoder()
data[["性别"]]=LbE.fit_transform(data[["性别"]])
data
```

标签编码结果如图 3-10 所示。

	学号	性别	体重（kg）	身高（m）
0	20230001	1	50.0	1.71
3	20230004	1	70.0	1.73
4	20230005	0	65.0	7.30
5	20230006	1	60.0	1.81
6	20230007	0	56.0	1.72

图 3-10 标签编码结果

3.3.3 独热编码

独热（One-Hot）编码只能对离散型变量进行编码，将包含 k 个值的离散型特征转换为 k 个二元特征（取值为 0 或 1），如对常用的取"男""女"两值的"性别"特征使用独热编码后，原来的一个特征变成两个特征，即"性别_男""性别_女"，对于男性样本，其"性别_男"取值为 1，"性别_女"取值为 0，对于女性样本，其"性别_男"取值为 0，"性别_女"取值为 1。经过独热编码之后，不同的特征之间拥有相同的距离。独热编码可使包含离散型特征的回归模型及分类模型的训练效果有一定的改善。但是使用独热编码后特征显著增多，且提高了特征之间的相关性（可以通过 drop 参数消除）。

独热编码通过 sklearn.preprocessing 中的 OneHotEncoder 类实现。

OneHotEncoder 类常用参数及其说明：

```
OneHotEncoder(
    categories='auto',        #指定类别数量
    drop="first",             #指定删除的特征
    dtype=<class 'numpy.float64'>,  #期望的输出类型
    sparse=True,              #如果设置为 True，则返回稀疏矩阵，否则将返回一个数组
    handle_unknown='error'    #用于指定若转换期间存在未知的分类特征，引发错误还是忽略
)
```

drop 参数用于指定独热编码后删除一列，消除特征的相关性。如对取"男""女"两值的"性别"特征使用独热编码后，原来的一个特征变成两个特征，即"性别_男""性别_女"，删除一列，保留"性别_男"列，男性样本取值为 1，女性样本取值为 0。

例 3-10 独热编码。

```
from sklearn.preprocessing import OneHotEncoder
OHE=OneHotEncoder(sparse=False)
OHE.fit_transform(data[["性别"]])
```

独热编码结果如图 3-11 所示。

```
array([[0., 1.],
       [0., 1.],
       [1., 0.],
       [0., 1.],
       [1., 0.],
       [0., 1.]])
```

图 3-11 独热编码结果

由图 3-11 可见，经独热编码后，"男"为 [0,1]，"女"为 [1,0]。

运行如下代码将独热编码结果加入原始数据集。

```
data=data.join(pd.DataFrame(OHE.fit_transform(data[["性别"]]),columns=OHE.categories))
```

3.3.4 哑元编码

哑元编码只能对离散型变量进行编码，与独热编码相似，但哑元编码之后生成的新特征数比对应特征的取值个数 k 少 1。

哑元编码通过 pandas 中的 get_dummies()方法实现。

get_dummies()方法常用参数及其说明：

```
pd.get_dummies(
    data,                   #输入的数据
    prefix=None,            #指定输出列添加的前缀
    prefix_sep='_',         #设置前缀与分类的分隔符 separation，默认值是下划线 "_"
    dummy_na=False,
    columns=None,           #指定需要实现类别转换的列名
    sparse=False,           #指定是否增加一列表示缺失值，如果为 False 就忽略缺失值
    drop_first=False,       #指定是否去除第一个，获得(k-1)个类别值
    dtype=None,
)
```

例 3-11 哑元编码。

```
data=data_2.copy()
data=pd.get_dummies(data)
```

哑元编码结果如图 3-12 所示。

	学号	体重（kg）	身高（m）	性别_女	性别_男
0	20230001	50.0	1.71	0	1
3	20230004	70.0	1.73	0	1
4	20230005	65.0	7.30	1	0
5	20230006	60.0	1.81	0	1
6	20230007	56.0	1.72	1	0

图 3-12 哑元编码结果

3.3.5 离散化

离散化是指将连续的数值型数据转化为非连续的数值型数据，对数值型数据进行离散化可以提高模型的性能、减少空间占用，也可以对标签进行离散化，将回归问题转化为分类问题。如将工资由原始的连续型数据转化为"高""中""低"。pandas 提供等距离散化、等频离散化方法。

1．等距离散化

等距离散化使得编码后每一个标签的覆盖范围的大小基本相同。如要将某数据集中的年龄特征离散化为 3 个标签，其最大值为 150，最小值为 0，可使用 pandas 的 cut()方法将其等距离散化为 3 段，即 0～50、50～100、100～150，并返回编码后的特征值。

例 3-12 等距离散化。

```
data=data_2.copy()
pd.cut(data["体重（kg）"], 3, labels = range(3)) #对体重进行等距离散化，按距离 3 等分，
标签为 0，1，2
```

```
data[["体重（kg）"]]
```
体重等距离散化结果如图 3-13 所示。

2. 等频离散化

等距离散化时区间的大小一致，数据的分布不均匀将导致离散化的结果不均衡，不同标签的样本数量差别较大。进行等频离散化时不考虑不同区间的大小一致，考虑的是编码后每个标签的样本数量基本相同。pandas 的 qcut()方法可用于实现等频离散化。

例 3-13 等频离散化。
```
data=data_2.copy()
data[["体重（kg）"]]=pd.qcut(data["体重（kg）"], 3, labels = range(3))
data[["体重（kg）"]]
```
体重等频离散化结果如图 3-14 所示

除了可使用 pandas 提供的等距离散化、等频离散化方法，还可使用 sklearn.preprocessing 中的 Binarizer 类，对连续型数据进行二值化处理。

3. 二值化

二值化指采用二值化编码，把连续型数据变为离散型数据（0 和 1）。指定阈值，默认值为 0.0，将大于阈值的特征值设置为 1，小于或等于阈值的特征值设置为 0。

例 3-14 二值化。
```
data=data_2.copy()
from sklearn.preprocessing import Binarizer
T_B= Binarizer(threshold=50) #指定阈值为 50，将大于 50 的二值化为 1，小于或等于 50 的二值化为 0
T_B.fit_transform(data[["体重（kg）"]]) #拟合转换数据
```
体重二值化结果如图 3-15 所示。

体重（kg）	
0	0
3	1
4	1
5	1

体重（kg）	
0	0
3	2
4	2
5	2
6	1
7	0

体重（kg）	
0	0.0
3	1.0
4	1.0
5	1.0
6	1.0
7	0.0

图 3-13 体重等距离散化结果　　图 3-14 体重等频离散化结果　　图 3-15 体重二值化结果

3.4 离群值检测与处理

离群值是指数据集中那些取值明显偏离其他样本的样本，如中学生的年龄取值大都为 11～16，但某个样本的年龄取值为 30，这就是一个离群值。离群值检测为数据分析与建模提供高质量的数据，可有效改善模型的性能。

离群值检测方法主要有 3σ 法、箱线图法、基于近邻检测离群值法以及回归法等。

3.4.1 3σ 法

当样本的取值符合正态分布时可以采用 3σ 法检测离群值。

样本取值 x 和样本均值 μ 的距离可以标准差 σ 为单位进行计算，如式（3-5）所示。

$$Z - \text{Score}(x) = (x - \mu) / \sigma \qquad\qquad (3\text{-}5)$$

得到样本的 Z-Score 值后，通常将不满足条件即式（3-6）的视为离群值。

$$|\text{Z-Score}(x)| < 3 \qquad\qquad (3\text{-}6)$$

3σ 法也被广泛应用于对模型的残差分析，找出离群值。

例 3-15 使用 3σ 法检测离群值。

```
data=data_2.copy()
mean_=data["身高（m）"].mean()    #计算均值
std_=data["身高（m）"].std()     #计算标准差
#提取不含离群值的样本
data_n3=data[(data["身高（m）"]<mean_+3*std_)&(data["身高（m）"]>mean_-3*std_)]
#提取离群值
data_out=data[(data["身高（m）"]>mean_+3*std_)|(data["身高（m）"]<mean_-3*std_)]
data_out  #查看包含离群值的样本
```

使用 3σ 法检测离群值的结果如图 3-16 所示。

	学号	性别	体重（kg）	身高（m）
4	20230005	女	65.0	7.3

图 3-16 使用 3σ 法检测离群值的结果

3.4.2 箱线图法

箱线图法是检验样本数据中离群值的常用方法，与 3σ 法不同，箱线图法既可以用于服从正态分布样本数据的离群值检测，也可以用于不服从正态分布样本数据的离群值检测，适用范围广。

箱线图由数据或模型残差的最大值、上四分位数（Q3）、中位数（Q2）、下四分位数（Q1）和最小值 5 个统计量构成，Q1 到 Q3 的间距为 IQR，箱两端分别为 Q3、Q1，最大值、最小值分别为箱两端的"须"，箱线图法中样本数值大于（Q3+1.5IQR）或小于（Q1−1.5IQR）的被定义为异常。

例 3-16 用箱线图法检测离群值。

```
data=data_2.copy()
import matplotlib.pyplot as plt
plt.rcParams["font.sans-serif"]=["SimHei"]
plt.rcParams["axes.unicode_minus"] = False
data[["身高（m）"]].plot(kind="box",figsize=[3,6])
data.plot(kind="box")
```

身高箱线图如图 3-17 所示。

由图 3-17 可见，身高 7m 以上的为离群值。

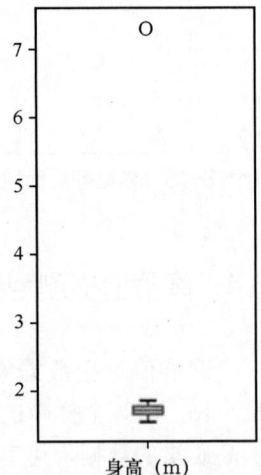

图 3-17 身高箱线图

```
data_desc=data[["身高（m）"]].describe().T #提取身高统计信息
IQR=data_desc["75%"].values-data_desc["25%"].values  #计算 IQR
max=data_desc["75%"].values+1.5*IQR #计算最大非离群值
min=data_desc["25%"].values-1.5*IQR #计算最小非离群值
data=data[(data["身高（m）"]<max[0])&(data["身高（m）"]>min[0])]
data_out=data[(data["身高（m）"]>max[0])|(data["身高（m）"]<min[0])]
data_out #输出离群值
```

用箱线图法检测离群值的结果如图 3-18 所示。

学号	性别	体重（kg）	身高（m）
4	20230005	女	65.0	7.3

图 3-18　用箱线图法检测离群值的结果

3.4.3　基于近邻检测离群值法

通过比较每个点 p 的邻域点的密度来判断该点是否为异常点，密度越低，该点越可能被认定是异常点。

密度通过点之间的距离来计算，距离越远，密度越低；距离越近，密度越高。

具体方法：

① 对样本的离群程度进行量化，量化分数由它与 K 个近邻样本的距离决定，取值范围为 $[0,+\infty]$；

② 计算每个样本与其最近的 K 个近邻样本的距离，并将结果放到集合 C 中；

③ 对 C 中的所有元素进行降序排列；

④ 根据给定的距离阈值，选取 C 中大于给定距离阈值的距离所对应的样本作为离群值。

基于近邻检测离群值可通过 LocalOutlierFactor 类来实现。

LocalOutlierFactor 类常用参数及其说明：

```
neighbors.LocalOutlierFactor(
    n_neighbors=10,         #用于 K 近邻查询的邻域数
    algorithm="auto",       #{指定计算近邻的算法"ball_tree", "kd_tree"或"brute",当取
"auto"时自动在三种算法中选择
    leaf_size=20,           #当计算近邻的算法为"ball_tree"或"kd_tree"时,该参数指定叶节
点的大小, 否则忽略该参数
    metric="minkowski",   #用于距离计算的度量
    p=2, #p = 1 时, 有 manhattan_distance(l1)；p = 2 时, 有 euclidean_distance(l2)
    metric_params=None,
    contamination=0.1,      #数据集中离群值的最高比例
    n_jobs=6                #为邻域搜索运行的并行作业的个数
)
```

例 3-17　使用 LocalOutlierFactor 检测离群值。

```
data=data_2.copy()
from sklearn.neighbors import LocalOutlierFactor
lout=LocalOutlierFactor(n_neighbors=3)          #实例化
lout.fit(data[["身高（m）"]])                      #拟合
data["LO"]=lout.predict(data[["身高（m）"]]) #检测离群值
data[data["LO"]==-1]   #输出
```

使用 LocalOutlierFactor 检测离群值的结果如图 3-19 所示。

	学号	性别	体重（kg）	身高（m）
4	20230005	女	65.0	7.3

图 3-19　使用 LocalOutlierFactor 检测离群值的结果

3.4.4　聚类法

聚类法是指采用聚类的方法进行检测。如果一个样本不属于任何簇，那么该样本就是离群点。使用聚类法检测离群值的具体代码如例 3-18 所示，对于聚类法，将在第 12 章进行详细介绍。

例 3-18　使用聚类法检测离群值。

```
data=data_2.copy()
from sklearn.cluster import DBSCAN
DBS=DBSCAN()
data["LOF_DBS"]=DBS.fit_predict(data[["身高（m）"]])   #检测离群值
data[data["LOF_DBS"]==-1]   #输出离群值
```

使用聚类法检测离群值的结果如图 3-20 所示。

	学号	性别	体重（kg）	身高（m）
4	20230005	女	65.0	7.3

图 3-20　使用聚类法检测离群值的结果

3.4.5　基于模型检测法

使用基于模型检测的方法时一般会构建一个概率分布模型，并计算对象符合该模型的概率，把具有低概率的对象视为异常点。当模型是聚类模型时，异常样本是不显著属于任何簇的样本；当模型是回归模型时，异常样本是相对远离预测值的样本。

3.4.6　离群值处理

将离群值检测出来后，通常把离群值当作缺失值处理，采用处理缺失值的方法来处理离群值。

3.5　案例：加拿大轻型汽车燃料消耗等级和二氧化碳排放量数据集预处理

一、目标

对加拿大境内零售的新型轻型汽车的特定车型燃料消耗等级和估计的二氧化碳排放量数据集进行探索性分析以及预处理。

二、数据集介绍

数据集来源：kaggle 数据集网站。

该数据集提供了 2022 年加拿大境内零售的新型轻型汽车的特定车型燃料消耗等级和估计的二氧化碳排放量。

该数据集特征如下。

Model Year：车型年份。

Make：制造商。

Model：车型。

Vehicle Class：车型类别。

Engine Size(L)：排量。

Cylinders：气缸数。

Transmission：变速箱。

Fuel Type：燃油类型。

Fuel Consumption：油耗。

CO2 Emissions：CO_2 排放量。

CO2 Rating：CO_2 等级，从 1（最差）到 10（最好）等级的二氧化碳排放量。

Smog Rating：烟雾等级，形成烟雾的污染物的排放量，等级从 1（最差）到 10（最好）。

该数据集为无标签数据集。

三、实现代码

1. 导入包

导入必要的包。

```
import pandas as pd
import numpy as np
from pandas import cut        #导入等距离散化包
from pandas import qcut       #导入等频离散化包
from sklearn.preprocessing import Binarizer        #导入二值化包
from sklearn.impute import SimpleImputer           #导入缺失值处理包
from sklearn.neighbors import LocalOutlierFactor   #导入离群值处理包
from sklearn.preprocessing import StandardScaler   #导入 Z-Score 标准化包
from sklearn.preprocessing import MinMaxScaler     #导入 Min-Max 标准化包
from sklearn.preprocessing import RobustScaler     #导入 RobustScaler 标准化包
from sklearn.preprocessing import OneHotEncoder    #导入独热编码包
from sklearn.preprocessing import LabelEncoder     #导入标签编码包
import matplotlib.pyplot as plt        #导入画图工具包
import warnings
warnings.filterwarnings("ignore")    #不显示 warning
```

2. 读取数据

```
data=pd.read_csv("d:/datasets/MY2022 Fuel Consumption Ratings.csv ")    #读取燃料
消耗等级数据集
data1=data.copy()      #备份数据集，使用不同方法练习时需要
```

3. 探索性分析

```
data.head()  #查看数据集的前 5 个样本
```
输出结果如下：

data.head()													
	Model Year	Make	Model	Vehicle Class	Engine Size(L)	Cylinders	Transmission	Fuel Type	Fuel Consumption (City (L/100 km)	Fuel Consumption(Hwy (L/100 km))	Fuel Consumption(Comb (L/100 km))	Fuel Consumption(Comb (mpg))	Emission
0	2022	Acura	ILX	Compact	2.4	4	AM8	Z	9.9	7.0	8.6	33	
1	2022	Acura	MDX SH-AWD	SUV: Small	3.5	6	AS10	Z	12.6	9.4	11.2	25	
2	2022	Acura	RDX SH-AWD	SUV: Small	2.0	4	AS10	Z	11.0	8.6	9.9	29	
3	2022	Acura	RDX SH-AWD A-SPEC	SUV: Small	2.0	4	AS10	Z	11.3	9.1	10.3	27	
4	2022	Acura	TLX SH-AWD	Compact	2.0	4	AS10	Z	11.2	8.0	9.8	29	

data.tail(2)　　　　#查看最后两个样本

输出结果如下：

data.tail(2)													
	Model Year	Make	Model	Vehicle Class	Engine Size(L)	Cylinders	Transmission	Fuel Type	Fuel Consumption (City (L/100 km)	Fuel Consumption(Hwy (L/100 km))	Fuel Consumption(Comb (L/100 km))	Fuel Consumption(Comb (mpg))	Emissi
944	2022	Volvo	XC90 T5 AWD	SUV: Standard	2.0	4	AS8	Z	11.5	8.4	10.1	28	
945	2022	Volvo	XC90 T6 AWD	SUV: Standard	2.0	4	AS8	Z	12.4	8.9	10.8	26	

data.sample(3)　　　　#随机取 3 个样本

输出结果如下：

data.sample(3)													
	Model Year	Make	Model	Vehicle Class	Engine Size(L)	Cylinders	Transmission	Fuel Type	Fuel Consumption (City (L/100 km)	Fuel Consumption(Hwy (L/100 km))	Fuel Consumption(Comb (L/100 km))	Fuel Consumption(Comb (mpg))	Em
555	2022	Kia	Telluride AWD	SUV: Small	3.8	6	AS8	X	12.7	9.7	11.3	25	
756	2022	Porsche	718 Cayman T	Two-seater	2.0	4	AM7	Z	11.2	8.7	10.1	28	
877	2022	Toyota	Corolla XLE	Compact	1.8	4	AV	X	8.1	6.3	7.3	39	

data.info()　　　　#查看数据集中样本和特征的数量以及特征的取值类型等

输出结果如下：

```
data.info()

<class 'pandas.core.frame.DataFrame'>
RangeIndex: 946 entries, 0 to 945
Data columns (total 15 columns):
 #   Column                            Non-Null Count   Dtype
---  ------                            --------------   -----
 0   Model Year                        946 non-null     int64
 1   Make                              946 non-null     object
 2   Model                             946 non-null     object
 3   Vehicle Class                     621 non-null     object
 4   Engine Size(L)                    946 non-null     float64
 5   Cylinders                         946 non-null     int64
 6   Transmission                      946 non-null     object
 7   Fuel Type                         939 non-null     object
 8   Fuel Consumption (City (L/100 km) 946 non-null     float64
 9   Fuel Consumption(Hwy (L/100 km))  941 non-null     float64
 10  Fuel Consumption(Comb (L/100 km)) 946 non-null     float64
 11  Fuel Consumption(Comb (mpg))      946 non-null     int64
 12  CO2 Emissions(g/km)               946 non-null     int64
 13  CO2 Rating                        946 non-null     int64
 14  Smog Rating                       946 non-null     int64
dtypes: float64(4), int64(6), object(5)
memory usage: 111.0+ KB
```

其中，第二行 RangeIndex 显示数据集的总样本数为 946。

第三行显示数据集共包含 15 列。

接下来显示每列的名称、每列的非空数据量、数据类型等。

根据非空数据量可以判断数据是否有缺失，Vehicle Class 列只有 621 个数据，缺失较多。根据数据类型可以找到非数值型数据，数据预处理时需要对其进行编码。

```
data.describe()
```

此代码用于显示数据类型列的统计特征（样本数、均值、标准差、最小值、分位数、最大值）。输出结果如下：

```
data.describe()
```

	Model Year	Engine Size(L)	Cylinders	Fuel Consumption (City (L/100 km)	Fuel Consumption(Hwy (L/100 km))	Fuel Consumption(Comb (L/100 km))	Fuel Consumption(Comb (mpg))	CO Emissions(g/km
count	946.0	946.000000	946.000000	946.000000	941.000000	946.000000	946.000000	946.00000
mean	2022.0	3.198732	5.668076	12.506448	9.349522	11.092072	27.247357	259.17230
std	0.0	1.374814	1.932670	3.452043	2.279360	2.876276	7.685217	64.44314
min	2022.0	1.200000	3.000000	4.000000	3.900000	4.000000	11.000000	94.00000
25%	2022.0	2.000000	4.000000	10.200000	7.700000	9.100000	22.000000	213.25000
50%	2022.0	3.000000	6.000000	12.200000	9.100000	10.800000	26.000000	257.00000
75%	2022.0	3.800000	6.000000	14.700000	10.700000	12.900000	31.000000	300.75000
max	2022.0	8.000000	16.000000	30.300000	20.900000	26.100000	71.000000	608.00000

默认非数值型数据不显示，但如果特征全部为非数值型数据，则将显示特征不同取值的个数，以及最多取值的个数。

```
#单独取出 object 类型数据
data.describe(include="object")
```

输出结果如下：

```
data.describe(include="object")
```

	Make	Model	Vehicle Class	Transmission	Fuel Type
count	946	946	621	946	939
unique	39	715	14	23	4
top	Ford	Mustang	SUV: Small	AS8	Z
freq	89	5	128	212	458

```
data["Fuel Type"].value_counts()
```

输出结果如下：

```
data["Fuel Type"].value_counts()

Z    458
X    446
D     28
E     14
Name: Fuel Type, dtype: int64
```

注：value_counts()可显示非数值型特征的取值以及各值的个数。上例中显示 Fuel Type 特征有 458 个取值为 Z，有 446 个取值为 X，有 28 个取值为 D，有 14 个取值为 E。

4．缺失值处理

（1）删除特征

特征有效样本数少或特征对结果的影响很小时可以考虑删除该特征。

如：当某特征缺失值个数大于数据集样本总数的10%时，可删除该特征。

```
data_new=data.dropna(axis=1,thresh=len(data)*.9)
data_new.info()#查看删除后的数据情况
```

输出结果如下：

```
data_new.info()

<class 'pandas.core.frame.DataFrame'>
RangeIndex: 946 entries, 0 to 945
Data columns (total 14 columns):
 #   Column                            Non-Null Count   Dtype
---  ------                            --------------   -----
 0   Model Year                        946 non-null     int64
 1   Make                              946 non-null     object
 2   Model                             946 non-null     object
 3   Engine Size(L)                    946 non-null     float64
 4   Cylinders                         946 non-null     int64
 5   Transmission                      946 non-null     object
 6   Fuel Type                         939 non-null     object
 7   Fuel Consumption (City (L/100 km) 946 non-null     float64
 8   Fuel Consumption(Hwy (L/100 km))  941 non-null     float64
 9   Fuel Consumption(Comb (L/100 km)) 946 non-null     float64
 10  Fuel Consumption(Comb (mpg))      946 non-null     int64
 11  CO2 Emissions(g/km)               946 non-null     int64
 12  CO2 Rating                        946 non-null     int64
 13  Smog Rating                       946 non-null     int64
dtypes: float64(4), int64(6), object(4)
memory usage: 103.6+ KB
```

可以看到原 Vehicle Class 列没有出现在新的数据集中，因为该列只有 621 个数据，不到样本总数的 90%，所以被删除。

（2）删除样本

对于缺失值比较少的特征，如 Fuel Type，可以考虑删除特征值缺失的样本。

```
data_new=data.dropna()    #删除有缺失值的样本
data_new.info()#查看删除后的数据集情况
```

输出结果如下：

```
data_new.info()

<class 'pandas.core.frame.DataFrame'>
Int64Index: 614 entries, 0 to 945
Data columns (total 15 columns):
 #   Column                            Non-Null Count   Dtype
---  ------                            --------------   -----
 0   Model Year                        614 non-null     int64
 1   Make                              614 non-null     object
 2   Model                             614 non-null     object
 3   Vehicle Class                     614 non-null     object
 4   Engine Size(L)                    614 non-null     float64
 5   Cylinders                         614 non-null     int64
 6   Transmission                      614 non-null     object
 7   Fuel Type                         614 non-null     object
 8   Fuel Consumption (City (L/100 km) 614 non-null     float64
 9   Fuel Consumption(Hwy (L/100 km))  614 non-null     float64
 10  Fuel Consumption(Comb (L/100 km)) 614 non-null     float64
 11  Fuel Consumption(Comb (mpg))      614 non-null     int64
 12  CO2 Emissions(g/km)               614 non-null     int64
 13  CO2 Rating                        614 non-null     int64
 14  Smog Rating                       614 non-null     int64
dtypes: float64(4), int64(6), object(5)
memory usage: 76.8+ KB
```

可以看到在新的数据集中样本总数减少为 614，有缺失值的样本已经被删除。

（3）填充

对数值型数据采用均值填充。

```
imp_mean=SimpleImputer(missing_values=np.nan,strategy="mean")
#实例化 SimpleImputer 对象，采用均值填充
data["Fuel Consumption(Hwy (L/100 km))"]=imp_mean.fit_transform(data[["Fuel
Consumption(Hwy (L/100 km))"]])
#拟合填充，更新原始数据列
data.info() #查看
```

输出结果如下：

```
data.info()

<class 'pandas.core.frame.DataFrame'>
RangeIndex: 946 entries, 0 to 945
Data columns (total 15 columns):
 #   Column                          Non-Null Count  Dtype
---  ------                          --------------  -----
 0   Model Year                      946 non-null    int64
 1   Make                            946 non-null    object
 2   Model                           946 non-null    object
 3   Vehicle Class                   621 non-null    object
 4   Engine Size(L)                  946 non-null    float64
 5   Cylinders                       946 non-null    int64
 6   Transmission                    946 non-null    object
 7   Fuel Type                       939 non-null    object
 8   Fuel Consumption (City (L/100 km)  946 non-null    float64
 9   Fuel Consumption(Hwy (L/100 km))   946 non-null    float64
 10  Fuel Consumption(Comb (L/100 km))  946 non-null    float64
 11  Fuel Consumption(Comb (mpg))    946 non-null    int64
 12  CO2 Emissions(g/km)             946 non-null    int64
 13  CO2 Rating                      946 non-null    int64
 14  Smog Rating                     946 non-null    int64
dtypes: float64(4), int64(6), object(5)
memory usage: 111.0+ KB
```

可以看到 Fuel Consumption(Hwy (L/100 km))列已填充。

对非数值型数据采用众数填充。

```
imp_mode=SimpleImputer(missing_values=np.nan,strategy="most_frequent")
#实例化 SimpleImputer 对象，采用众数填充
data["Fuel Type"]=imp_mode.fit_transform(data[["Fuel Type"]])
#拟合填充，更新原始数据列
data.info()   #查看
```

输出结果如下：

```
data.info()

<class 'pandas.core.frame.DataFrame'>
RangeIndex: 946 entries, 0 to 945
Data columns (total 15 columns):
 #   Column                          Non-Null Count  Dtype
---  ------                          --------------  -----
 0   Model Year                      946 non-null    int64
 1   Make                            946 non-null    object
 2   Model                           946 non-null    object
 3   Vehicle Class                   621 non-null    object
 4   Engine Size(L)                  946 non-null    float64
 5   Cylinders                       946 non-null    int64
 6   Transmission                    946 non-null    object
 7   Fuel Type                       946 non-null    object
 8   Fuel Consumption (City (L/100 km)  946 non-null    float64
 9   Fuel Consumption(Hwy (L/100 km))   946 non-null    float64
 10  Fuel Consumption(Comb (L/100 km))  946 non-null    float64
 11  Fuel Consumption(Comb (mpg))    946 non-null    int64
 12  CO2 Emissions(g/km)             946 non-null    int64
 13  CO2 Rating                      946 non-null    int64
 14  Smog Rating                     946 non-null    int64
dtypes: float64(4), int64(6), object(5)
memory usage: 111.0+ KB
```

可以看到 Fuel Type 列已填充。

对 Vehicle Class 列采用 pandas 的 fillna()方法填充。

```
data_new_2=data.fillna(method="bfill")
data_new_2.info()
```

输出结果如下：

```
data_new_2=data.fillna(method="bfill")
data_new_2.info()

<class 'pandas.core.frame.DataFrame'>
RangeIndex: 946 entries, 0 to 945
Data columns (total 15 columns):
 #   Column                            Non-Null Count  Dtype
---  ------                            --------------  -----
 0   Model Year                        946 non-null    int64
 1   Make                              946 non-null    object
 2   Model                             946 non-null    object
 3   Vehicle Class                     946 non-null    object
 4   Engine Size(L)                    946 non-null    float64
 5   Cylinders                         946 non-null    int64
 6   Transmission                      946 non-null    object
 7   Fuel Type                         946 non-null    object
 8   Fuel Consumption (City (L/100 km)   946 non-null    float64
 9   Fuel Consumption(Hwy (L/100 km))   946 non-null    float64
 10  Fuel Consumption(Comb (L/100 km))  946 non-null    float64
 11  Fuel Consumption(Comb (mpg))      946 non-null    int64
 12  CO2 Emissions(g/km)               946 non-null    int64
 13  CO2 Rating                        946 non-null    int64
 14  Smog Rating                       946 non-null    int64
dtypes: float64(4), int64(6), object(5)
memory usage: 111.0+ KB
```

5. 离群值检测与处理

（1）3σ 法

```
mean_=data["Fuel Consumption(Hwy (L/100 km))"].mean()    #计算均值
std_=data["Fuel Consumption(Hwy (L/100 km))"].std()      #计算标准差
data_n3=data[data["Fuel Consumption(Hwy (L/100 km))"]<mean_+3*std_][data["Fuel
Consumption(Hwy (L/100 km))"]>mean_-3*std_]        #保留与均值相差小于 3σ 的样本
data.describe()
```

输出结果如下：

data.describe()				
	Model Year	Engine Size(L)	Cylinders	Fuel Consumption (City (L/100 km)	Fuel Consumption(Hwy (L/100 km))
count	946.0	946.000000	946.000000	946.000000	946.000000
mean	2022.0	3.198732	5.668076	12.506448	9.349522
std	0.0	1.374814	1.932670	3.452043	2.273322
min	2022.0	1.200000	3.000000	4.000000	3.900000
25%	2022.0	2.000000	4.000000	10.200000	7.700000
50%	2022.0	3.000000	6.000000	12.200000	9.200000
75%	2022.0	3.800000	6.000000	14.700000	10.600000
max	2022.0	8.000000	16.000000	30.300000	20.900000

```
data_n3.describe()  #移除离群值
```
输出结果如下：

data_n3.describe()					
	Model Year	Engine Size(L)	Cylinders	Fuel Consumption (City (L/100 km)	Fuel Consumption(Hwy (L/100 km))
count	938.0	938.000000	938.000000	938.000000	938.000000
mean	2022.0	3.171215	5.622601	12.399893	9.272652
std	0.0	1.342843	1.842346	3.252194	2.116692
min	2022.0	1.200000	3.000000	4.000000	3.900000
25%	2022.0	2.000000	4.000000	10.200000	7.700000
50%	2022.0	3.000000	6.000000	12.200000	9.100000
75%	2022.0	3.775000	6.000000	14.700000	10.600000
max	2022.0	6.700000	12.000000	26.800000	16.000000

可以看到被删除样本与均值的差大于 3σ。

（2）箱线图

```
data[["Fuel Consumption(Hwy (L/100 km))"]].plot(kind="box",figsize=(5,6))
```
输出箱线图如下：

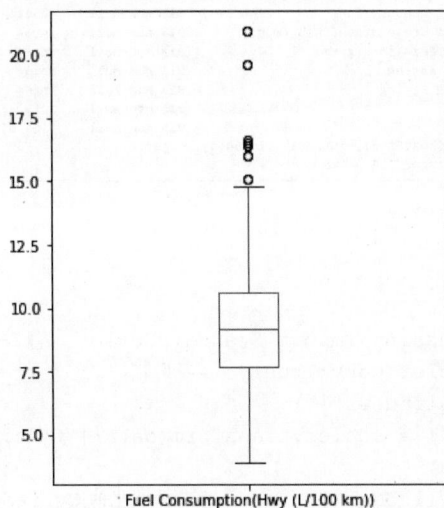

可以看到 Fuel Consumption(Hwy (L/100 km))的值有部分离群。

（3）LocalOutlierFactor

```
from sklearn.neighbors import LocalOutlierFactor
lout=LocalOutlierFactor(n_neighbors=30,
    algorithm="auto",  #auto,ball_tree, kd tree, brute
    leaf_size=20,
    metric="minkowski",
    p=2,
    metric_params=None,
    contamination=0.1,
    n_jobs=1,
    novelty=True
)  #实例化
```

```
lout.fit(data[["Fuel Consumption(Hwy (L/100 km))"]])
data["fc"]=lout.predict(data[["Fuel Consumption(Hwy (L/100 km))"]])
data[["fc"]].value_counts()                    #查看离群值数量
data["nof"]=-lout.negative_outlier_factor      #保存离群因子
data[["nof","Fuel Consumption(Hwy (L/100 km))","fc"]][data["nof"]>1].sample(10)
#删除 LocalOutlierFactor 大于 1.5 的样本
rows = [x for x in data.index if data.loc[x]['nof']>1.5]
data2 = data.drop(rows, axis=0)
data2.info()
```

输出结果如下：

```
data2.info()

<class 'pandas.core.frame.DataFrame'>
Int64Index: 913 entries, 0 to 945
Data columns (total 17 columns):
 #   Column                            Non-Null Count   Dtype
---  ------                            --------------   -----
 0   Model Year                        913 non-null     int64
 1   Make                              913 non-null     object
 2   Model                             913 non-null     object
 3   Vehicle Class                     594 non-null     object
 4   Engine Size(L)                    913 non-null     float64
 5   Cylinders                         913 non-null     int64
 6   Transmission                      913 non-null     object
 7   Fuel Type                         913 non-null     object
 8   Fuel Consumption (City (L/100 km) 913 non-null     float64
 9   Fuel Consumption(Hwy (L/100 km))  913 non-null     float64
 10  Fuel Consumption(Comb (L/100 km)) 913 non-null     float64
 11  Fuel Consumption(Comb (mpg))      913 non-null     int64
 12  CO2 Emissions(g/km)               913 non-null     int64
 13  CO2 Rating                        913 non-null     int64
 14  Smog Rating                       913 non-null     int64
 15  fc                                913 non-null     int32
 16  nof                               913 non-null     float64
dtypes: float64(5), int32(1), int64(6), object(5)
memory usage: 124.8+ KB
```

6. 标准化

（1）Z-Score 标准化

```
from sklearn.preprocessing import StandardScaler    #Z-Score 标准化
scaler1 = StandardScaler(copy=True)    #实例化
scaler1.fit(data[["Cylinders"]])
data["Cylinders_Zstd"] = scaler.transform(data[["Cylinders"]])
import seaborn as sns
sns.distplot(data["Cylinders"])                #未标准化的 Cylinders 数量分布图
```

输出结果如下：

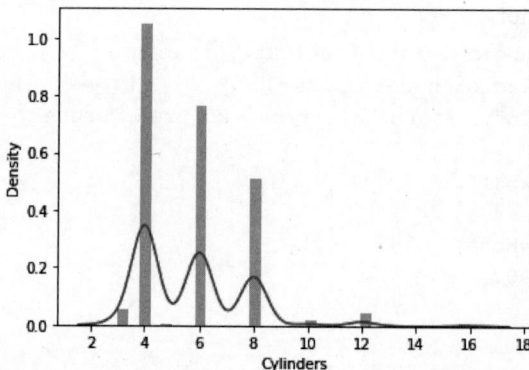

```
sns.distplot(data["Cylinders_StandardScaled"])    #标准化后的 Cylinders 数量分布图
```
输出结果如下:

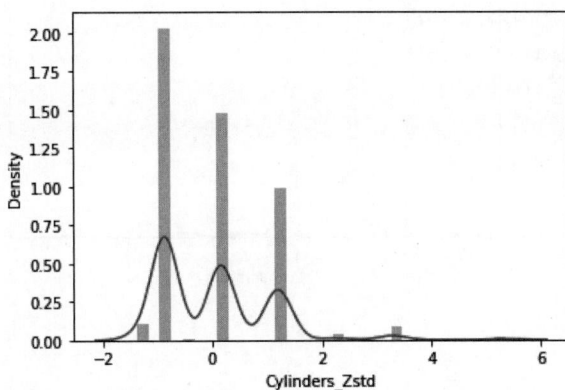

（2）Min-Max 标准化
```
from sklearn.preprocessing import MinMaxScaler
filtered_columns = ["Cylinders"]
scaler = MinMaxScaler(copy=False)    #实例化
scaler.fit(data[["Cylinders"]])
data["Cylinders_MM"]=scaler.transform(data[["Cylinders"]])
sns.distplot(data["Cylinders_MM"])    #标准化后的 Cylinders 数量分布图
```
输出结果如下:

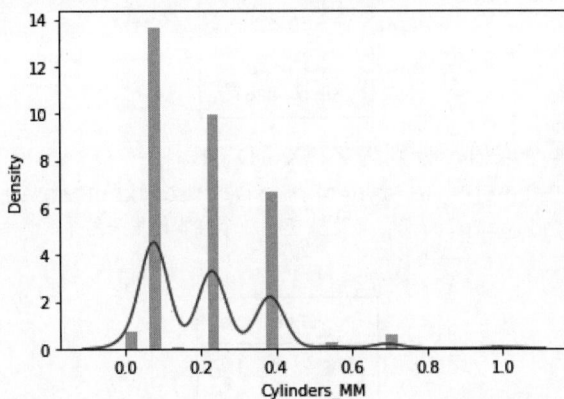

（3）RobustScaler 标准化
```
from sklearn.preprocessing import RobustScaler
rob=RobustScaler(
    with_centering=True, #如果为 True, 则在标准化之前将数据居中
    with_scaling=True, #如果为 True, 则将数据缩放到分位数范围
    quantile_range=(25.0, 75.0), #用于计算 scale_的分位数范围
    copy=True #如果为 False, 则尝试避免复制并改为直接替换
)    #实例化
rob.fit(data[["Cylinders"]])
data["Cylinders_rob"]=rob.transform(data[["Cylinders"]])
sns.distplot(data["Cylinders_rob"])    #标准化后的 Cylinders 数量分布图
```
输出结果如下:

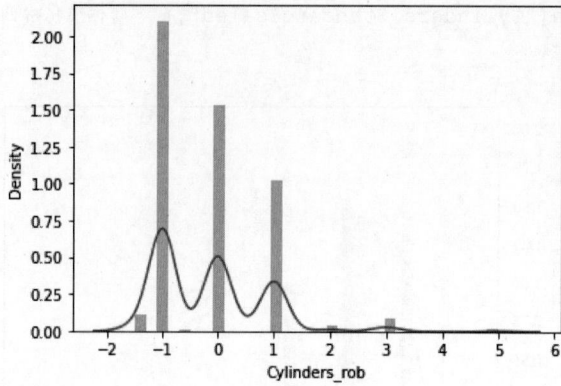

7. 编码

（1）用 map 函数编码

```
data=data1.copy()
data[["Fuel Type"]].value_counts()    #查看 Fuel Type 取值
```
输出结果如下：

	Fuel Type
Z	458
X	439
D	28
E	14
dtype: int64	

可见 Fuel Type 有 4 个取值，分别为 Z、X、D、E。

```
data["Fuel Type"]=data["Fuel Type"].map({"Z":0,"X":1,"D":2,"E":3})    #编码
data[["Fuel Type"]].sample(5)    #随机查看 5 个样本的编码结果
```
输出结果如下：

	Fuel Type
389	1.0
442	1.0
97	0.0
668	0.0
207	3.0

（2）标签编码

```
data=data1.copy().dropna()
from sklearn.preprocessing import LabelEncoder
le = LabelEncoder()
data["Fuel Type_le"]=le.fit_transform(data["Fuel Type"])    #编码
data[["Fuel Type_le"]].sample(5)  #随机查看 5 个样本的编码结果
```
输出结果如下：

	Fuel Type_le
693	3
795	3
467	2
361	1
606	3

（3）哑元编码

```
data=data1.copy().dropna()
df = pd.get_dummies(data[['Fuel Type']], columns=['Fuel Type'])  #对data[['Fuel Type']]进行编码
df_a = pd.get_dummies(data, columns=['Fuel Type'])  #对数据集data的'Fuel Type'特征进行编码，并将结果并入原始数据集
df.sample(5)  #随机查看5个样本的编码结果
```

输出结果如下：

	Fuel Type_D	Fuel Type_E	Fuel Type_X	Fuel Type_Z
561	0	0	0	1
841	0	0	0	1
821	0	0	0	1
337	0	0	0	1
932	0	0	1	0

（4）独热编码

```
data=data1.copy().dropna()
from sklearn.preprocessing import OneHotEncoder
OHE = OneHotEncoder(sparse=False)        #不压缩稀疏矩阵
colnames=['Fuel Type_'+str(i) for i in data['Fuel Type'].unique()]   #设定编码后的列名
data[colnames]=OHE.fit_transform(data[['Fuel Type']])  #对Fuel Type用OneHotEncoder类进行编码
data[colnames]  #输出编码结果
```

输出结果如下：

	Fuel Type_Z	Fuel Type_X	Fuel Type_E	Fuel Type_D
0	0.0	0.0	0.0	1.0
1	0.0	0.0	0.0	1.0
2	0.0	0.0	0.0	1.0
3	0.0	0.0	0.0	1.0
4	0.0	0.0	0.0	1.0
...	...	...	...	...
941	0.0	0.0	0.0	1.0
942	0.0	0.0	0.0	1.0
943	0.0	0.0	0.0	1.0
944	0.0	0.0	0.0	1.0
945	0.0	0.0	0.0	1.0

8. 离散化

（1）二值化

```
from sklearn.preprocessing import Binarizer
```

```
#二值化，将阈值设置为 10，返回值为二值化后的数据
data=data1.copy()
data.dropna(inplace=True)
Bir = Binarizer(threshold=10)    #实例化，设定阈值为 10
data["fc_Binarized"] = Bir.fit_transform(data[["Fuel Consumption(Hwy (L/100 km))"]])
data[["fc_Binarized","Fuel Consumption(Hwy (L/100 km))"]].sample(5)    #随机查看 5
```
个样本的二值化结果

输出结果如下：

	fc_Binarized	Fuel Consumption(Hwy (L/100 km))
917	1.0	10.2
661	0.0	8.8
714	0.0	7.2
793	1.0	10.7
604	0.0	9.0

（2）等距离散化

```
#等距离散化，将各个类别依次命名为 fc_Label_0、fc_Label_1……
n=2
data["Fuel_Consumption_cut"] = pd.cut(data["Fuel Consumption(Hwy (L/100 km))"], n,
labels =["fc_Label_"+str(i) for i in range(n)])
data[["Fuel_Consumption_cut"]].sample(5)
```
输出结果如下：

	Fuel_Consumption_cut
638	fc_Label_0
387	fc_Label_1
775	fc_Label_0
700	fc_Label_0
822	fc_Label_0

（3）等频离散化

```
n=2
data["Fuel_Consumption_qcut"]=pd.qcut(data["Fuel Consumption(Hwy (L/100 km))"], n,
labels =["fc_Label_"+str(i) for i in range(n)])
data[["Fuel_Consumption_qcut"]].sample(5)
```
输出结果如下：

	Fuel_Consumption_cut
638	fc_Label_0
387	fc_Label_1
775	fc_Label_0
700	fc_Label_0
822	fc_Label_0

（4）K-means 离散化

```
data=data1[['Fuel Consumption(Hwy (L/100 km))']].copy().dropna()
from sklearn.cluster import KMeans    #引入 KMeans
k=4
kmodel = KMeans(n_clusters = k)        #实例化，指定聚类的数量 k
kmodel.fit(data)                       #训练模型
#直接将 Kmeans 的类别标签作为离散化的结果
```

```
data['Fuel C_label'] =kmodel.labels_
#也可以根据聚类中心，设定离散化的区间，使用cut()方法进行离散化
c = pd.DataFrame(kmodel.cluster_centers_).sort_values(0)   #输出聚类中心，并排序
w = c.rolling(2).mean().iloc[1:]        #取相邻两项求中点，将其作为边界点
w = [data.min()[0]] + list(w[0]) + [data.max()[0]]   #把首尾边界点加上，w[0]中的0
为列索引
data["Fuel C_Cut"] = pd.cut(data["Fuel Consumption(Hwy (L/100 km))"], w, labels
= ["Fc_0","Fc_1","Fc_2","Fc_3"],include_lowest=True)
data   #输出两种方法的离散化结果
```

两种方法的离散化结果如下：

	Fuel Consumption(Hwy (L/100 km))	Fuel C_label	Fuel C_Cut
0	7.0	2	0
1	9.4	0	1
2	8.6	0	1
3	9.1	0	1
4	8.0	2	0
...	...	...	...
941	7.7	2	0
942	8.1	2	0
943	8.7	0	1
944	8.4	0	1
945	8.9	0	1

941 rows × 3 columns

小　结

本章主要介绍了常用的数据预处理方法及其在 Python 中的实现。数据预处理是数据挖掘过程中重要的准备工作，数据预处理包含缺失值的处理、数据的标准化、非数值型数据的编码以及离群值的检测等。

本章首先介绍常用的数据缺失值的处理方法，包含填补法、删除法；其次介绍了数据标准化的常用方法，如 Z-Score、Min-Max 等标准化方法，以及 sklearn 中的实现方法；接着介绍了对非数值型数据的编码方法，包含标签编码、独热编码和哑元编码等，以及对数值型数据的编码方法，包含等距离散化、等频离散化、二值化等；最后介绍了离群值的检测与处理方法。

本章还通过"加拿大轻型汽车二氧化碳排放量数据集预处理"案例展示了如何使用以上方法进行数据的预处理。

课后习题

1. 简述填补法和删除法的优缺点以及适用范围。
2. 简述使用标准化方法的目的。
3. 简述各种标准化方法的适用范围。
4. 简述不同编码方法的优缺点以及适用范围。
5. 从 Kaggle 网站下载二手汽车分类数据集，对该数据集进行预处理。

第 **4** 章 数据集划分与交叉验证评分

　　根据数据挖掘算法建模时，通常要对数据集根据建模时的不同用途进行划分，将一部分数据用于训练模型，一部分数据用于对训练好的模型进行测试，评估模型的泛化性能。采用不同的训练集训练的模型性能不同，不同的测试集也会导致评价的结果不一样。sklearn 提供了多种数据集的划分与使用方法，这些方法集中在 sklearn 的 model_select 中，主要包含 train_test_split()方法、K 折交叉划分法、分层 K 折交叉划分法、乱序 K 次划分法、留一法、留 P 法、自助法。

学习目标

（1）熟练掌握常用的数据集划分方法中的 train_test_split()方法。

（2）掌握 K 折交叉划分法及其应用。

（3）掌握分层 K 折交叉划分法及其应用。

（4）了解乱序 K 次划分法。

（5）了解留一法、留 P 法以及自助法。

（6）掌握交叉验证评分方法。

4.1　数据集划分

　　本章使用的数据集如表 4-1 所示，该数据集包含用户对不同车型的满意度信息，共包含 10 个样本，没有缺失值。

表 4-1　　　　　　　　　　　　　　　　用户满意度

ID	购买价格	保养成本	门数	载客数	车身大小	安全等级	用户满意度
1	high	high	4	4	big	high	acc
2	vhigh	low	4	more	small	med	unacc
3	med	low	3	2	big	med	unacc
4	low	high	3	4	small	med	acc
5	med	med	4	4	small	high	acc
6	high	med	5more	2	med	med	unacc
7	high	vhigh	4	more	big	high	unacc
8	low	med	3	2	big	low	unacc

ID	购买价格	保养成本	门数	载客数	车身大小	安全等级	用户满意度
9	low	vhigh	3	more	big	high	acc
10	vhigh	high	5more	more	med	high	unacc

例 4-1 读取数据并分离特征与标签。

```
import pandas as pd #导入包
data_=pd.read_excel("./eg311.excel ")  #读取数据，并将其存放在 data_ 中
X=data_.iloc[:,:-1]   #提取特征
Y=data_.iloc[:,-1]    #提取标签
```

4.1.1 train_test_split()方法

train_test_split()方法用于按照指定的数量或者比例对数据集进行一次划分，是常用的数据集划分方法。如果参数 shuffle=False，则表示按顺序先取指定数量或比例的训练集样本，余下样本为测试集；否则，表示先将数据集乱序后再做训练集与测试集的划分。

train_test_split()方法参数说明：

```
train_test_split(
     *arrays,  #数据集, (X,y)
     test_size=None,     #值为 int 型时，指定测试集样本数量，为 0.0~1.0 的 float 型数据时，
指定测试集样本占比
     train_size=None,    #值为 int 型时，指定训练集样本数量，为 0.0~1.0 的 float 型数据时，
指定训练集样本占比
     random_state=None, #设置随机数种子，值为 int 型，可保证多次运行，shuffle 乱序的结果一样
     shuffle=True,      #默认值为 True，将数据集乱序后做训练集与测试集的划分
     stratify=None,    #值非 None 时根据标签分层划分训练集与测试集，在样本不均衡时，可保证训
练集与测试集中不同类的样本数量基本一致
)
```

train_test_split()方法的返回值按顺序分别为训练集 X_train、测试集 X_test、训练集标签 y_train、测试集标签 y_test。

例 4-2 使用 train_test_split()方法划分数据集。

```
from sklearn.model_selection import train_test_split
X_train,X_test,y_train,y_test=train_test_split(X,Y,train_size=0.8,shuffle=False)
X_train  #输出训练集 X
```

使用 train_test_split()方法进行非乱序划分的结果如图 4-1 所示。

ID	购买价格	保养成本	门数	载客数	车身大小	安全等级
1	high	high	4	4	big	high
2	vhigh	low	4	more	small	med
3	med	low	3	4	big	med
4	low	high	3	4	small	med
5	med	med	4	4	small	high
6	high	med	5more	2	med	med
7	high	vhigh	4	more	big	high
8	low	med	3	2	big	low

图 4-1　使用 train_test_split()方法进行非乱序划分的结果

由图 4-1 可见，该划分从原始数据集中按顺序选取前 80%的样本（共 8 个样本）作为训练集。

```
X_train,X_test,y_train,y_test=train_test_split(X,Y,train_size=0.8,shuffle=True)
X_train  #输出训练集 X
```

使用 train_test_split()方法进行乱序划分的结果如图 4-2 所示。

ID	购买价格	保养成本	门数	载客数	车身大小	安全等级
5	med	med	4	4	small	high
1	high	high	4	4	big	high
2	vhigh	low	4	more	small	med
6	high	med	5more	2	med	med
4	low	high	3	4	small	med
10	vhigh	high	5more	more	med	high
8	low	med	3	2	big	low
7	high	vhigh	4	more	big	high

图 4-2　使用 train_test_split()方法进行乱序划分的结果

由图 4-2 可见，该划分从原始数据集中随机选取（乱序后选取）80%的样本（共 8 个样本）作为训练集。

4.1.2　K 折交叉划分法

K 折交叉划分指将数据集 K 折划分，每次取 K 折中的 1 折为测试集，余下的(K-1)折用来对模型进行训练。用训练集训练模型，用测试集评估模型的性能。通过多次训练，数据集中的每一个部分都作为训练集参加过模型训练，也作为测试集评估过模型的性能，将多次训练得到的性能均值作为模型的最终性能。

图 4-3 所示为 5 折交叉划分。

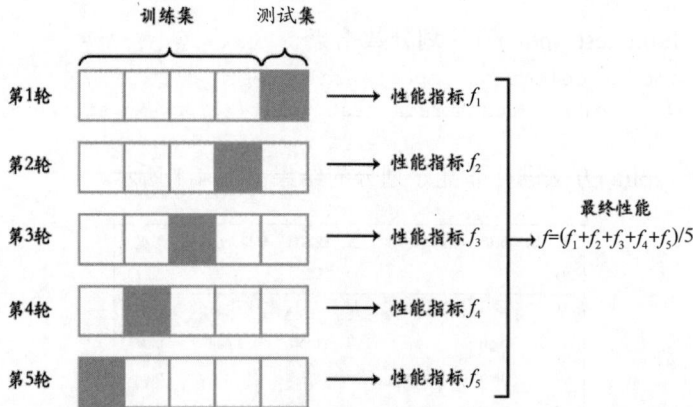

图 4-3　5 折交叉划分

进行 K 折交叉划分需要训练 K 个模型，增加了计算成本，但比采用单次划分训练集和测试集的方法更加稳定、全面。

但如果将数据集中标签相同的样本连续存放，如前面的全为 0 类，后面的全为 1 类，可能会导致某次的训练集全为 0 类，而测试集全为 1 类。这样会导致模型的训练效果以及性能评估都不可靠。

K 折交叉划分可通过 KFold 类来实现。

KFold 类常用参数及其说明：

```
kf=KFold(n_splits=5,        #指定折数
    shuffle=False,          #指定是否乱序后再划分
    random_state=None,      #设置随机数种子，值为 int 型，可保证多次运行，shuffle 乱序的结果
一样。shuffle=False 时，该参数的值必为 None
    )
```

例 4-3　K 折交叉划分。

```
from sklearn.model_selection import KFold
kf=KFold(n_splits=3,    #指定折数为 3
    shuffle=False,      #指定是否乱序后再划分
)
#使用 KFold 划分数据集
kf_cv=kf.split(X,Y)     #3 折划分
[train_indices for train_indices,_ in kf_cv]   #采用列表推导式获取训练集的索引
```

K 折交叉划分结果如图 4-4 所示。

由图 4-4 可见，3 折划分时，第 1 折为样本 0、1、2、3，第 2 折为样本 4、5、6，第 3 折为样本 7、8、9。第一次取第 2、第 3 折为训练集，第二次取第 1、第 3 折为训练集，第三次取第 1、第 2 折为训练集。每次取训练集后余下的为对应的测试集。

```
[array([4, 5, 6, 7, 8, 9]),
 array([0, 1, 2, 3, 7, 8, 9]),
 array([0, 1, 2, 3, 4, 5, 6])]
```

图 4-4　K 折交叉划分结果

4.1.3　分层 K 折交叉划分法

采用分层 K 折交叉划分法时根据样本标签进行划分。该方法只能对有标签数据集进行划分，一般用于分类数据集。

分层 K 折交叉划分可通过 StratifiedKFold 类来实现。

StratifiedKFold 类常用参数及其说明：

```
skf=StratifiedKFold(n_splits=2,
    shuffle=True,  #乱序
    random_state=1
)
skf_cv=skf.split(X,y)   #分层 K 折交叉划分，X 为要划分的数据集，y 为对应的标签
```

例 4-4　分层 K 折交叉划分。

```
from sklearn.model_selection import StratifiedKFold
skf=StratifiedKFold(n_splits=2,
    shuffle=True,  #乱序
    random_state=1
)
skf_cv=skf.split(X,Y)   #分层 K 折交叉划分，X 为要划分的数据集，Y 为对应的标签
for i in [train_indices for train_indices,_ in skf_cv]:  #输出划分结果
    for j in i:
        print(Y[j+1]," ",end="")   #输出索引对应的标签
    print()
```

分层 K 折交叉划分结果如图 4-5 所示。

由图 4-5 可见，每次划分中不同标签的比例与原始数据集中的保持一致，40%为 acc。

acc	unacc	acc	unacc	unacc
unacc	acc	unacc	acc	unacc

图 4-5　例 4-4 分层 K 折交叉划分结果

4.1.4　乱序 K 次划分法

将数据集顺序打乱后，进行 K 次训练集与测试集的划分。与前文所述 K 折交叉划分法不同，乱序 K 次划分法不保证每次划分的测试集样本不重叠，且测试集的大小取决于 test_size 的设置。

乱序 K 次划分可通过 ShuffleSplit 类来实现。

ShuffleSplit 类常用参数及其说明：

```
Shs=ShuffleSplit(n_splits=2,random_state=10,test_size=0.3)    #实例化乱序 K 次划分，
默认测试集大小为 0.1
Shs_cv=Shs.split(X)  #乱序 2 次划分
```

例 4-5　乱序 K 次划分。

```
from sklearn.model_selection import ShuffleSplit
Shs=ShuffleSplit(n_splits=2,random_state=10,test_size=0.3)    #实例化乱序 K 次划分，
默认测试集大小为 0.1
Shs_cv=Shs.split(X)  #乱序 2 次划分
[train_indices for train_indices,_ in Shs_cv]    #获取划分的训练集的索引
```

乱序 2 次划分结果如图 4-6 所示。

```
[array([6, 3, 1, 0, 7, 4, 9]), array([7, 6, 8, 9, 2, 1, 0])]
```

图 4-6　例 4-5 乱序 2 次划分结果

由图 4-6 可见，两次划分都以 0、1、6、7、9 作为训练集样本，而样本 5 在两次划分中都作为测试集样本使用。

4.1.5　留一法

留一法（Leave-One-Out Cross Validation）就是每次只留下一个样本作为测试集，其他样本作为训练集，如果有 k 个样本，则需要训练 k 次，测试 k 次。

例 4-6　留一法。

```
from sklearn.model_selection import LeaveOneOut
loo = LeaveOneOut()    #实例化 LeaveOneOut
k=0
for x,y in loo.split(X):
    print(x,y)#输出
    if k>10:            #输出前 10 个划分结果
        break
    k=k+1
```

留一法划分结果如图 4-7 所示。

```
[1 2 3 4 5 6 7 8 9] [0]
[0 2 3 4 5 6 7 8 9] [1]
[0 1 3 4 5 6 7 8 9] [2]
[0 1 2 4 5 6 7 8 9] [3]
[0 1 2 3 5 6 7 8 9] [4]
[0 1 2 3 4 6 7 8 9] [5]
[0 1 2 3 4 5 7 8 9] [6]
[0 1 2 3 4 5 6 8 9] [7]
[0 1 2 3 4 5 6 7 9] [8]
[0 1 2 3 4 5 6 7 8] [9]
```

图 4-7　例 4-6 留一法划分结果

4.1.6　留 P 法

留 P 法就是每次留下 P 个样本作为测试集，遍历所有不同的 P 个样本的组合，其他样本作为训练集，如果有 k 个样本，则需要训练 $k!/(k-P)!$ 次，测试 $k!/(k-P)!$ 次，运算量非常大。

当 P=1 时，就等同留一法。

例 4-7 留 P 法。

```
from sklearn.model_selection import LeavePOut
lpo=LeavePOut(3)
k=0
for x,y in lpo.split(X):
    print(x,y)#输出
    if k>10:           #输出前 10 个划分结果
        break
    k=k+1
```

留 P 法划分结果如图 4-8 所示。

```
[3 4 5 6 7 8 9] [0 1 2]
[2 4 5 6 7 8 9] [0 1 3]
[2 3 5 6 7 8 9] [0 1 4]
[2 3 4 6 7 8 9] [0 1 5]
[2 3 4 5 7 8 9] [0 1 6]
[2 3 4 5 6 8 9] [0 1 7]
[2 3 4 5 6 7 9] [0 1 8]
[2 3 4 5 6 7 8] [0 1 9]
[1 4 5 6 7 8 9] [0 2 3]
[1 3 5 6 7 8 9] [0 2 4]
[1 3 4 6 7 8 9] [0 2 5]
[1 3 4 5 7 8 9] [0 2 6]
```

图 4-8 例 4-7 留 P 法划分结果

4.1.7 自助法

自助法（Bootstrap）以自助采样（Bootstrap Sampling）为基础，使用有放回的重复采样的方式进行训练集、测试集的构建。比如为了构建 m 个样本的训练集，每次从数据集中采样放入训练集，又放回重新采样，重复 m 次得到 m 个样本的训练集，然后将没有被抽取的样本作为测试集。

很明显，有一些样本会被重复抽取，多次出现在训练集中，而另外一些样本在训练集从未出现。在采样时，每个样本经过 m 次采样始终没有被抽取的概率是

$$\left(1-\frac{1}{m}\right)^{m} \tag{4-1}$$

当 m 趋于无穷大时，大约有 36.8% 的样本不会出现在训练集中，这些样本被称为带外样本，通常用这些样本作为测试集。

例 4-8 自助法划分。

```
train = X.sample(15,replace=True)  #有放回地抽取 15 个样本作为训练集
test = X.loc[X.index.difference(train.index)].copy() #将余下样本作为测试集
train
```

自助法划分结果如图 4-9 所示。

ID	购买价格	保养成本	门数	载客数	车身大小	安全等级
7	high	vhigh	4	more	big	high
9	low	vhigh	3	more	big	high
10	vhigh	high	5more	more	med	high
7	high	vhigh	4	more	big	high
7	high	vhigh	4	more	big	high
7	high	vhigh	4	more	big	high
3	med	low	3	2	big	med
6	high	med	5more	2	med	med
5	med	med	4	4	small	high
8	low	med	3	2	big	low

图 4-9 例 4-8 自助法划分结果

由图 4-9 可见，有放回地抽取 15 个样本时，多个样本被重复抽取。

4.2 交叉验证评分

交叉验证评分指根据不同的数据集划分，训练模型，并对训练模型进行评分，通常结合数据集的 K 折交叉划分法使用。

交叉验证评分可通过 cross_val_score 函数实现。

cross_val_score 函数常用参数及其说明：

```
cross_val_score(
    estimator,#指定模型
    X,#特征
    y=None,#标签
    scoring=None,#评估指标
    cv=None,#交叉验证的折数
    n_jobs=None,#并行的作业数
    verbose=0,#日志详细程度,0表示不输出训练过程,1表示偶尔输出,>1表示对每个子模型都输出
    fit_params=None,#传递给估计器的拟合方法的参数
    pre_dispatch='2*n_jobs',#控制并行执行期间调度的作业的数量
)
```

4.3 案例：房价数据集划分

一、目标

本案例采用不同的数据集划分方法划分数据集，并可视化划分结果。在不同数据集划分结果的基础上，建立一元线性回归模型并评价其性能。

二、数据集介绍

本案例数据集来源于 UCI，可从其网站上下载。该数据集为某市房地产销售历史数据，包含 6 个特征。

X1 为交易日期（例如 2013.250=2013 年 3 月、2013.500=2013 年 6 月等）；

X2 为房屋年龄（单位：年）；

X3 为最近地铁站的距离（单位：米）；

X4 为步行生活圈内便利店数量（整数）；

X5 为地理坐标，纬度（单位：度）；

X6 为地理坐标，经度（单位：度）。

预测目标为单位面积房价 Y。

三、实现代码

1. 导入必要的包

```
import numpy as np
import matplotlib.pyplot as plt
```

```
%matplotlib inline
import pandas as pd
import warnings
warnings.filterwarnings("ignore")
```

2. 读取数据

```
data=pd.read_excel("d:/datasets/Real estate valuation data set.xlsx")
```

3. 数据探索

```
data.info()
```
输出结果如下：

```
<class 'pandas.core.frame.DataFrame'>
RangeIndex: 414 entries, 0 to 413
Data columns (total 8 columns):
 #   Column                                  Non-Null Count   Dtype
---  ------                                  --------------   -----
 0   No                                      414 non-null     int64
 1   X1 transaction date                     414 non-null     float64
 2   X2 house age                            414 non-null     float64
 3   X3 distance to the nearest MRT station  414 non-null     float64
 4   X4 number of convenience stores         414 non-null     int64
 5   X5 latitude                             414 non-null     float64
 6   X6 longitude                            414 non-null     float64
 7   Y house price of unit area              414 non-null     float64
dtypes: float64(6), int64(2)
memory usage: 26.0 KB
```

数据集共 414 个样本，数据无缺失。

去掉 "No"，以及 "X1 transaction date" 两个特征。

```
data.drop(["No","X1 transaction date"],axis=1,inplace=True)
data.describe()
```
输出结果如下：

	X2 house age	X3 distance to the nearest MRT station	X4 number of convenience stores	X5 latitude	X6 longitude	Y house price of unit area
count	30.000000	30.000000	30.000000	30.000000	30.000000	30.000000
mean	16.753333	878.541837	4.800000	24.973202	121.534724	41.443333
std	11.201439	1105.073614	2.496895	0.010104	0.014771	12.009183
min	0.000000	23.382840	1.000000	24.950950	121.484580	18.800000
25%	7.850000	296.397025	3.000000	24.967358	121.533805	33.775000
50%	14.000000	465.970750	5.000000	24.975280	121.539875	41.800000
75%	20.375000	1029.496775	6.750000	24.980097	121.543910	47.850000
max	39.600000	5512.038000	10.000000	24.991560	121.548420	70.100000

4. 分离特征、标签

```
data=data.head(30)    #为更好地观测数据集的划分情况，本案例取数据集的前30个样本进行可视化
X=data.drop(["Y house price of unit area"],axis=1)    #取特征
y=data["Y house price of unit area"]    #取标签
```

5. 导入数据集划分模块

```
from sklearn.model_selection import KFold
```

```
from sklearn.model_selection import ShuffleSplit
from sklearn.model_selection import StratifiedKFold
```

6. 使用 train_test_split()方法进行划分

shuffle=False 时：

```
X_train,X_test,y_train,y_test=train_test_split(X,y,test_size=8,shuffle=False)
plt.figure(figsize=(12,2))
plt.scatter(X_train.index,[1]*len(X_train.index),marker="o",c="r",label="train")
plt.scatter(X_test.index,[1]*len(X_test.index),marker="v",c="b",label="test")
plt.yticks([1],[" "])
plt.legend()
```
输出结果如下：

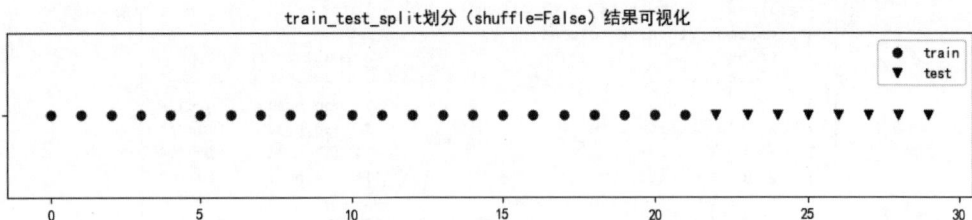

train_test_split划分（shuffle=False）结果可视化

由以上输出结果可见，shuffle=False 时，按顺序分别取指定数量的样本作为训练集与测试集。

shuffle=True 时：

```
X_train,X_test,y_train,y_test=train_test_split(X,y,test_size=8,shuffle=True)
plt.figure(figsize=(12,2))
plt.scatter(X_train.index,[1]*len(X_train.index),marker="o",c="r",label="train")
plt.scatter(X_test.index,[1]*len(X_test.index),marker="v",c="b",label="test")
plt.yticks([1],[" "])
plt.legend()
```
输出结果如下：

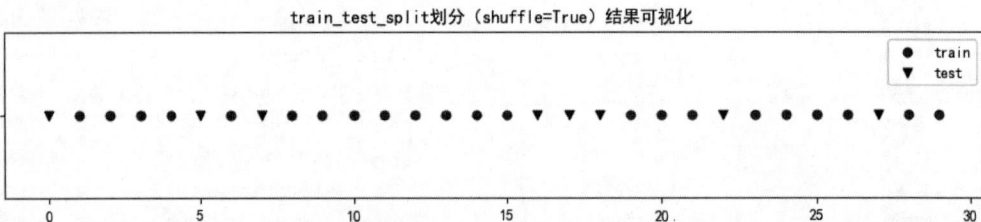

train_test_split划分（shuffle=True）结果可视化

由以上输出结果可见，shuffle=True 时，先乱序样本，这样使得划分的训练集与测试集交错分布。

7. 可视化 K 折交叉划分

每次选其中一折作为测试集，其他作为训练集。

```
from sklearn.model_selection import KFold
kf=KFold(n_splits=4, #指定折数为4
    shuffle=False, #指定是否乱序后再划分
```

```
)
#使用 KFold 划分数据集
kf_cv=kf.split(X)   #4 折划分
k=1
plt.figure(figsize=(10,3))
k=1
for train_indices, test_indices in kf_cv:
    plt.scatter(train_indices,[k]*len(train_indices),marker="o",c="r")
    plt.scatter(test_indices,[k]*len(test_indices),marker="v",c="b")
    k=k+1
k=k-1
plt.scatter(train_indices,[k]*len(train_indices),marker="o",c="r",label="训练集")
plt.scatter(test_indices,[k]*len(test_indices),marker="v",c="b",label="测试集")
plt.title("KFold 划分结果可视化")
plt.legend(loc="center right")
```

输出结果如下：

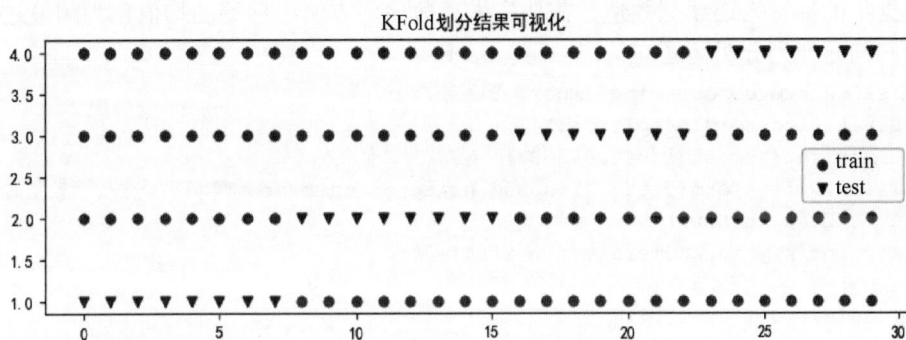

注：测试集的分布连续，每次使用的测试集完全不一样。

8. 可视化乱序 K 折交叉划分

每次选其中一折作为测试集，其他作为训练集。

```
from sklearn.model_selection import KFold
kf=KFold(n_splits=4,  #指定折数为 4
    shuffle=True,  #指定是否乱序后再划分
)
#使用 KFold 划分数据集
kf_cv=kf.split(X)   #4 折划分
plt.figure(figsize=(10,3))
k=1
for train_indices, test_indices in kf_cv:
    plt.scatter(train_indices,[k]*len(train_indices),marker="o",c="r")
    plt.scatter(test_indices,[k]*len(test_indices),marker="v",c="b")
    k=k+1
k=k-1
plt.scatter(train_indices,[k]*len(train_indices),marker="o",c="r",label="训练集")
plt.scatter(test_indices,[k]*len(test_indices),marker="v",c="b",label="测试集")
plt.title("KFold 划分结果可视化")
plt.legend(loc="center right")
```

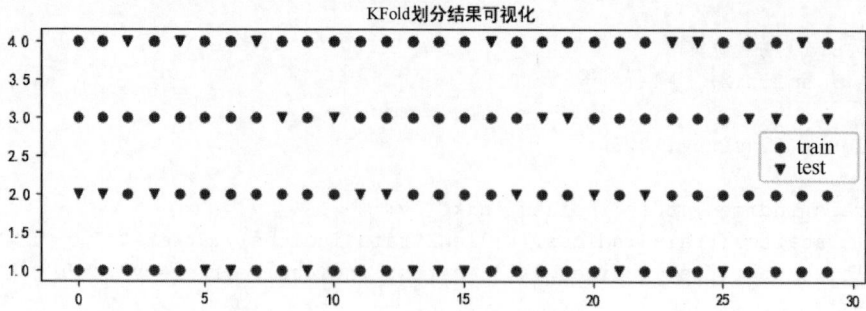

注：乱序后测试集的分布不连续，且每次使用的测试集完全不一样。

9. 可视化分层 K 折交叉划分

采用分层 K 折交叉划分，每次选其中一折作为测试集，其他作为训练集，确保在每次划分时不同类别的样本在测试集与训练集中按比例划分，分层需要根据类别标签 y 来实现。

本数据集的标签为连续型数值，需要先做离散化。本例用标签的均值作为阈值进行离散化，将回归问题变为分类问题。

```
from sklearn.preprocessing import Binarizer
skf=StratifiedKFold(n_splits=3)
Bi_=Binarizer(threshold=41.443333)   #取均值二值化标签
y1=Bi_.fit_transform(data[["Y house price of unit area"]])   #y1 为离散化的标签
skf_cv=skf.split(X,y1)
kk=[k*j for k,j in enumerate(y1) if j!=0]
k=1
plt.figure(figsize=(10,2))
for train_indices, test_indices in skf_cv:
    plt.scatter(train_indices,[k]*len(train_indices),marker=".",c="r")
    plt.scatter(test_indices,[k]*len(test_indices),marker="v",c="b")
    k=k+1
plt.scatter(train_indices,[k-1]*len(train_indices),marker=".",c="r",label="train")
plt.scatter(test_indices,[k-1]*len(test_indices),marker="v",c="b",label="test")
plt.scatter(kk,[k]*len(kk),marker="+",c="b",label="label")
plt.yticks([1,2,3,4],["1","2","3","label"])
plt.ylabel("iteration")
plt.xlabel("index")
plt.title("StratifiedKFold 划分结果可视化")
plt.legend(loc="upper right")
```

输出结果如下：

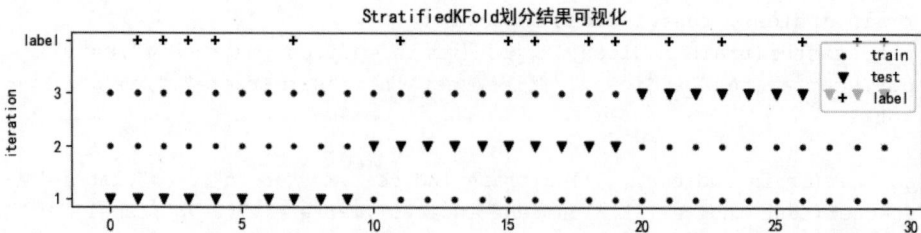

label 为样本真实标签，图中的"+"表示对应 index 的样本类别为"1"，其他为"0"。

10．可视化乱序 K 次划分

使用 ShuffleSplit 将数据集乱序后划分为训练集和测试集，返回对应的索引。test_size 的默认值为 0.1。

```
Shs=ShuffleSplit(n_splits=3,random_state=10,test_size=0.3) #乱序，划分 3 次，测试集
占比为 30%
Shs_cv=Shs.split(X)
k=1
plt.figure(figsize=(10,2))
for train_indices, test_indices in Shs_cv:
    plt.scatter(train_indices,[k]*len(train_indices),marker=".",c="r")
    plt.scatter(test_indices,[k]*len(test_indices),marker="v",c="b")
    k=k+1
plt.scatter(train_indices,[k-1]*len(train_indices),marker=".",c="r",label="train")
plt.scatter(test_indices,[k-1]*len(test_indices),marker="v",c="b",label="test")
plt.yticks([1,2,3],["1","2","3"])
plt.ylabel("iteration")
plt.xlabel("index")
plt.title("ShuffleSplit 划分结果可视化")
plt.legend(loc="upper right")
```

输出结果如下：

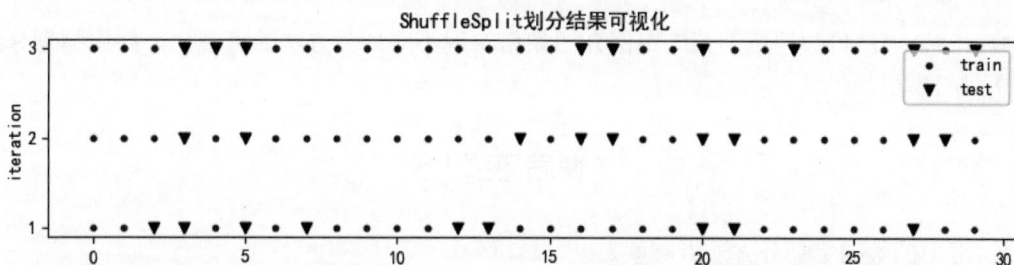

注意：与其他划分方法不同，乱序 K 次划分不保证每次的划分都完全不同。从上例可看到样本 3、5、20、27 每次都被划分到测试集中。

11．交叉验证评分

用交叉验证评分思想，分别建立一元线性回归模型与逻辑回归模型，并评估模型的性能。
线性回归

```
from sklearn.model_selection import cross_val_score
from sklearn.linear_model import LinearRegression
print(cross_val_score(LinearRegression(),X,y,cv=5))
```

输出结果如下：

```
[-0.24630267  0.18642058  0.43442139 -1.5765847   0.75775175]
from sklearn.model_selection import cross_val_score
from sklearn.linear_model import LinearRegression
print(cross_val_score(LinearRegression(),X,y,cv=kf))
```

输出结果如下：

```
[0.78595212 0.89966615 0.92784245 0.74751563 0.97521422]
```

逻辑回归

```
from sklearn.model_selection import cross_val_score
from sklearn.linear_model import LogisticRegression
print(cross_val_score(LogisticRegression(),X,y1,cv=Shs))
```

输出结果如下：

```
[0.80443214 0.88889234 0.7805359 ]
from sklearn.model_selection import cross_val_score
from sklearn.linear_model import LogisticRegression
print(cross_val_score(LogisticRegression(),X,y1,cv=5))
```

输出结果如下：

```
[0.83333333 1.        1.        1.         1.        ]
```

小　结

　　本章首先介绍常用的数据集划分方法，主要有 K 折交叉划分法、分层 K 折交叉划分法、乱序 K 次划分法、留一法、留 P 法、自助法，并讲解这些方法在 Python 中的实现。对于样本量较多的数据集，通常采用留 P 法或者 K 折交叉划分法来进行训练集与测试集的划分；对于样本量较少的数据集，通常采用自助法划分训练集与测试集。

　　然后介绍了交叉验证评分，交叉验证评分指根据不同的数据集划分，训练模型，并对训练的模型进行评分。

　　最后结合"房价数据集划分"案例介绍如何实现不同划分方法的可视化，并根据划分结果建立回归模型。

课后习题

　　1．常用的数据集划分方法有哪些？

　　2．简述分层 K 折交叉划分法与乱序 K 次划分法的区别。

　　3．分别采用分层 K 折交叉划分法、乱序 K 次划分法，对波士顿房价数据集进行划分，比较并说明划分结果的不同点。

　　4．简述自助法与留 P 法的区别。

第5章 回归

回归这一概念最早由英国生物统计学家高尔顿和他的学生皮尔逊在研究父母亲和子女的身高遗传特性时提出："子女的身高趋向于高于父母身高的平均值，但一般不会超过父母的身高。"当前进行回归分析时所讨论的"回归"是一个或多个随机变量与另一组变量之间关系的统计分析方法。

学习目标

（1）掌握常用的线性回归算法及其在 Python 中的实现。
（2）掌握常用的非线性回归算法及其在 Python 中的实现。
（3）掌握回归模型评价的决定系数。
（4）了解回归模型的其他评价方法。

5.1 回归分析

回归分析是用于确定两种或两种以上变量间相互依赖的定量关系的一种统计分析方法。在回归分析中，需要关注或预测的变量叫作因变量，被选取用来解释因变量变化的变量叫作自变量。回归按照自变量的数量，分为一元回归与多元回归；按照自变量和因变量之间关系的类型，分为线性回归和非线性回归。

本章所用数据集为父母-子女身高数据集，共 173 个样本，表 5-1 展示了前 10 个样本。

表 5-1　　　　　　　　　　　　　父母-子女身高　　　　　　　　单位：英寸（1 英寸=2.54cm）

ID	父亲身高	母亲身高	子女身高
0	78.5	67	73.2
1	75.5	66.5	73.5
2	75	64	71
3	75	64	70.5
4	75	58.5	72
5	74	68	76.5
6	74	62	74
7	73	67	68
8	73	66.5	71
9	73	65	72

例 5-1 读取数据。

```
import pandas as pd
from sklearn.model_selection import train_test_split
data = pd.read_csv("d:/datasets/教材数据集/eg511.csv",encoding="ansi")  #读取数据
X=data.iloc[:,:-1]  #获取特征
Y=data.iloc[:,-1]  #获取标签
X_train,X_test,y_train,y_test=train_test_split(X,Y,train_size=0.8,random_state=1)
#训练集与测试集的划分
```

5.1.1 线性回归

线性回归指自变量与因变量的关系为线性关系，使用 sklearn.linear_model 提供的 LinearRegression 类可实现线性回归。

1. 一元线性回归

当自变量只有 1 个时，假设 $y = w_0 + w_1 \cdot x + \varepsilon$，其中 w_0 为截距，w_1 为回归系数，ε 为随机误差项（noise），假设 $\varepsilon \sim N(0, \sigma^2)$，则随机变量 $y \sim N(w_0 + w_1 \cdot x, \sigma^2)$。

给定样本集 $D = \{(x_1, y_1), \cdots, (x_n, y_n)\}$，目标是找到 (w_0, w_1)，使得所有样本点尽可能与直线 $y = w_0 + w_1 \cdot x$ 靠近，也就是使目标函数值最小。

目标函数：

$$\left(\widehat{w_0}, \widehat{w_1}\right) = \underset{(w_0, w_1)}{\overset{\text{argmin}}{\sum_{i=1}^{n}}} \left(y_i - w_0 - w_1 x_i\right)^2 \tag{5-1}$$

对目标函数求导，令导数等于零，将观测值 x_i、y_i 分别代入，采用最小二乘法求解最优的 w_0，w_1。

2. 多元线性回归

当自变量有 n 个时 $(n>1)$，n 维空间的直线可以表示为 $y = w_0 + w_1 \cdot x_1 + w_2 \cdot x_2 + \cdots + w_n \cdot x_n + \varepsilon$。

给定样本集 $D = \{(x_{11}, \cdots, x_{n1}, y_1), \cdots, (x_{1k}, \cdots, x_{nk}, y_k)\}$，目标是找到 $(w_0, w_1, \cdots, w_n)$，使得所有样本点尽可能与直线 $y = w_0 + w_1 \cdot x_1 + w_2 \cdot x_2 + \cdots + w_n \cdot x_n$ 靠近。

目标函数：

$$(\hat{\boldsymbol{w}}) = \underset{(\boldsymbol{w})}{\overset{\text{argmin}}{\sum_{i=1}^{n}}} \left(y_i - \boldsymbol{w}^{\mathrm{T}} \boldsymbol{X}_i\right)^2 \tag{5-2}$$

其中，$\boldsymbol{X}_i$ 为 n 维向量 $(X_{i1}, X_{i2}, \cdots, X_{in})$。

令 $\dfrac{\partial \mathrm{loss}(\boldsymbol{w})}{\partial \boldsymbol{w}} = -2\boldsymbol{X}^{\mathrm{T}}(\boldsymbol{y} - \boldsymbol{X}\boldsymbol{w}) = 0$，可得

$$\hat{\boldsymbol{w}} = (\boldsymbol{X}^{\mathrm{T}} \boldsymbol{X})^{-1} \boldsymbol{X}^{\mathrm{T}} \boldsymbol{y} \tag{5-3}$$

其实现方法与一元线性回归的相同，区别在于数据集的特征数量不相同。

LinearRegression 类常用参数及其说明：

```
LinearRegression(
```

```
        fit_intercept=True,        #指定是否计算截距
        normalize=False,           #指定是否规范化 X，fit_intercept=True 时有效
        copy_X=True,               #指定复制 X，还是重写
        n_jobs=None,               #指定使用的处理器的数量，-1 表示使用所有处理器
        positive=False,            #指定是否强制系数为正
)
```

例 5-2 多元线性回归。

```
from sklearn.linear_model import LinearRegression   #导入线性回归包
LR= LinearRegression()   #实例化
LR.fit(X_train,y_train)   #训练（拟合）模型
print("系数:",LR.coef_,"截距:",LR.intercept_)        #输出回归系数与截距
```

输出回归系数与截距：

系数: [0.51889333 0.31647943] 截距: 14.289176551607412

由此可得回归方程：

子女的身高= 0.51889333×父亲的身高+ 0.31647943×母亲的身高+ 14.289176551607412

3．岭回归

岭回归（Ridge Regression）是一种用于共线性数据分析的有偏估计回归方法，在线性回归最小二乘法的目标函数上加上一个对 w 的惩罚函数，避免过拟合。岭回归通过放弃最小二乘法的无偏性，以损失部分信息、降低精度为代价获得更符合实际、更可靠的回归系数，对病态数据的拟合精度要优于最小二乘法。

岭回归的目标函数为

$$\sum_{i=1}^{n}\left(y_i - \boldsymbol{w}^{\mathrm{T}}\boldsymbol{x}_i\right)^2 + \lambda \|\boldsymbol{w}\|_2^2 \tag{5-4}$$

求导可得

$$\hat{\boldsymbol{w}}^{\mathrm{ridge}} = \left(\boldsymbol{X}^{\mathrm{T}}\boldsymbol{X} + \lambda \boldsymbol{I}\right)^{-1} \boldsymbol{X}^{\mathrm{T}}\boldsymbol{y} \tag{5-5}$$

其中，λ 为正则化强度，$\boldsymbol{I}$ 是单位矩阵。

sklearn 中使用 Ridge 类实现岭回归。

Ridge 类常用参数及其说明：

```
Ridge (
        alpha=1.0,                 #正则化强度
        fit_intercept=True,        #指定是否计算截距
        normalize=False,           #指定是否规范化 X，fit_intercept=True 时有效
        copy_X=True,               #指定复制 X，还是重写
        max_iter=None,             #最多的迭代次数
        tol=0.001,                 #解的精度，也是收敛的判断依据
        solver='auto',             #解的算法
        random_state=None
)
```

例 5-3 岭回归。

```
from sklearn.linear_model import Ridge          #导入岭回归包
RD= Ridge ()   #实例化 Ridge
RD.fit(X_train,y_train)   #训练
print("系数:",RD.coef_,"截距:",RD.intercept_)    #输出回归系数与截距
```

输出回归系数与截距：

系数：[0.46782164 0.31332862] 截距：17.95238955157356

对应的回归方程：

子女的身高= 0.46782164×父亲的身高+0.31332862×母亲的身高+17.95238955157356

4．LASSO 回归

LASSO（Least Absolute Shrinkage and Selection Operator，最小绝对收缩和选择算法）回归是一种系数压缩估计方法。它通过构造一个惩罚函数得到一个较为精练的模型，它压缩一些回归系数，即强制系数绝对值之和小于某个固定值，同时设定一些回归系数为零，是一种处理具有复共线性数据的有偏估计方法。它的基本思想是通过追求稀疏性，自动选择重要的变量。

LASSO 回归的目标函数：

$$\sum_{i=1}^{n}\left(y_i - \boldsymbol{w}^\mathrm{T}\boldsymbol{x}_i\right)^2 + \lambda\|\boldsymbol{w}\|_1 \tag{5-6}$$

求解 LASSO 回归系数没有解析表达式，常用的求解算法有坐标下降法、最小角回归算法（Least Angle Regression，LAR）、迭代收缩阈值算法（Iterative Shrinkage Thresholding Algorithm，ISTA）等。

LASSO 回归可通过 Lasso 类来实现。

Lasso 类常用参数及其说明：

```
Lasso (
    alpha=1.0,  #正则化强度
    fit_intercept=True,  #指定是否进行截距计算，若为 False，则不计算
    normalize=False,  #若为 True，则先 normalize 再 regression。若 fit_intercept =
False，则忽略此参数
    precompute=False,  #是否预计算 Gram 矩阵
    copy_X=True,  #若为 True，则会复制 X；否则可能会被覆盖
    max_iter=1000,  #最多迭代次数
    tol=0.0001,  #收敛阈值
    warm_start=False,  #设为 True 时，重复使用上一次的结果作为初始化值
    positive=False,  #设为 True 时，强制系数为正
    random_state=None,  #随机数种子
)
```

例 5-4　LASSO 回归。

```
from sklearn.linear_model import Lasso  #导入 LASSO 回归包
LA= Lasso ()  #实例化 Lasso
LA.fit(X_train,y_train)  #训练
print("系数:",LA.coef_,"截距:",LA.intercept_)  #输出回归系数与截距
```

输出回归系数与截距：

系数：[0.33842862 0.14605984] 截距：37.5972561968954

由此可得回归方程。

5．RANSAC 回归

Fischler 和 Bolles 于 1981 年提出 RANSAC（Random Sample Consensus，随机抽样一致），它根据一组包含异常样本的数据集，构建数学模型。当数据集中有较多的离群值时，使用常用的回归方法结果不太理想，使用 RANSAC 回归针对离群值进行处理，根据数据子集（内

点）拟合回归模型，通常能获得较好的效果。

RANSAC 回归使用流程：

① 从原始数据集中随机选择一些样本作为"内点"（模型拟合最少的样本数）；

② 用第①步中选择的样本拟合模型；

③ 利用模型计算其他样本的残差，若某个样本的残差小于预先设置的阈值 ε [默认值是 MAD（Median Absolute Deviation），偏差的绝对值的中位数]，则将其加入内点，将内点中的样本量扩充；

④ 如果内点的数目占总样本量的比例达到了预先设定的阈值 τ，那么基于这些内点重新估计模型的参数，并以此确定此轮的最终模型，否则直接进入下一轮；

⑤ 重复第①~④步，直到达到阈值（内点的占比以及轮次限制），最终选取均方误差最小的模型。

RANSAC 回归可通过 RANSACRegressor 类来实现。

RANSACRegressor 类常用参数及其说明：

```
RANSACRegressor (
    base_estimator=None,  #基模型，默认为线性回归模型
    min_samples=None,  #从原始数据集中随机选择的最少样本数。当 min_samples >= 1 时为绝对
样本数，当 min_samples < 1 时为比例数
    residual_threshold=None,  #要分类为内点的样本的最大残差
    is_data_valid=None,  #在模型拟合之前使用随机选择的样本调用此函数
    is_data_valid(X, y),  #如果其返回值为 False，则跳过当前随机选择的 sub-sample
    is_model_valid=None,  #使用估计的模型和随机选择的样本调用此函数
    is_model_valid(model, X, y),  #如果其返回值为 False，则跳过当前随机选择的 sub-sample
    max_trials=100,  #随机样本选择的最多迭代次数
    max_skips=np.inf,  #其值为整数，默认值为 np.inf。由于找到零内点或 is_data_valid 定义
的无效数据或 is_model_valid 定义的无效模型，因而可以跳过的最多迭代次数
    stop_n_inliers=np.inf,  #其值为整数，默认值为 np.inf。若找到此数量的内点，则停止迭代
    stop_score=np.inf,  # 其值为浮点数，默认值为 np.inf。如果得分大于此阈值，则停止迭代
    stop_probability=0.99,  #其值为[0, 1]范围内的浮点数，默认值为 0.99。如果在 RANSAC 中
采样了至少一组 outlier-free 训练集，则 RANSAC 迭代停止
    loss='absolute_loss',  #其值也可为'absolute_error'或'squared_error'，它们分别是
绝对误差和平方误差
    random_state=None)  #随机数种子
```

例 5-5 RANSAC 回归。

```
from sklearn.linear_model import RANSACRegressor #导入 RANSAC 回归包
import numpy as np
RR= RANSACRegressor ( ) #实例化 RANSACRegressor，全部参数的值均为默认值
RR.fit(X_train,y_train) #训练
RR.score(X_test,y_test) #评价模型
```
输出的 R^2 为 0.09783427311885717。

6. 弹性网络回归

弹性网络回归综合了岭回归与 LASSO 回归。

其目标函数为

$$\frac{1}{2n}\sum_{i=1}^{n}\left(y_i - \boldsymbol{w}^{\mathrm{T}}\boldsymbol{x}_i\right)^2 + \alpha\rho\|\boldsymbol{w}\|_1 + \frac{\alpha(1-\rho)}{2}\|\boldsymbol{w}\|_2^2 \tag{5-7}$$

其中，α 为正则化强度，ρ 为 L1 比例。

当 $\rho=0$ 时，等价于岭回归。

当 $\rho=1$ 时，等价于 LASSO 回归。

弹性网络回归可通过 ElasticNet 类实现。

ElasticNet 类常用参数及其说明：

```
ElasticNet(
     alpha=1.0, #正则化强度
     l1_ratio=0.5, #L1 比例
     fit_intercept=True, #指定是否计算截距
     normalize=False, #如果为 True, X 中的预测变量将通过除以它的 L2 范数来进行归一化；如果
为 False, 则不会进行缩放
     precompute=False, #是否使用预先计算的 Gram 矩阵来加速计算，Gram 矩阵也可以作为参数传
递，对于稀疏输入，此选项始终为 False，以保持稀疏性

     max_iter=1000, #最多迭代次数
     copy_X=True, #当设置为 True 时，X 将被复制；否则 X 将被覆盖
     tol=0.0001, #收敛阈值
     warm_start=False, #当设置为 True 时，重用先前调用的方案做初始化；否则删除先前的方案
     positive=False, #当设置为 True 时，强制系数为正
     random_state=None, #指定伪随机数生成器的种子
     selection='cyclic' # {'cyclic', 'random'}(默认='random')，若为'random'，则每
次迭代都会更新随机系数；若为'cyclic'，则按顺序循环
     )
```

例 5-6 弹性网络回归。

```
from sklearn.linear_model import ElasticNet  #导入弹性网络回归包
EN=ElasticNet()   #实例化弹性网络回归对象
EN.fit(X_train,y_train)   #训练
EN.score(X_test,y_test)   #输出 R^2
```

输出结果为 0.21672745972404217。

```
EN.coef_,EN.intercept   #输出回归系数与截距
```

输出的回归系数与截距为[0.34232683, 0.23069655]、31.96281274062268。

7. 贝叶斯岭回归

贝叶斯岭回归假设模型参数来自概率分布，其目的是确定模型参数的后验分布。模型参数的后验分布是以训练的输入和输出作为条件的。贝叶斯岭回归使用贝叶斯推断预估正则化参数，根据具体的数据进行调整，使用无信息先验（Non-Informative Prior）来确定超参数。

岭回归和分类中使用的 L2 正则化等价于求出在高斯先验下且精度为 λ^{-1} 条件下的最大后验估计。与手动设置 λ 不同，将其视为要从数据中估计的随机变量。

贝叶斯岭回归假设输出是高斯分布的：

$$p(y|X,w,\alpha) = N(y|Xw,\alpha) \tag{5-8}$$

贝叶斯岭回归估计了回归问题的概率模型，其系数的先验由球面高斯公式给出：

$$p(w|\lambda) = N(w|0,\lambda^{-1}I_p) \tag{5-9}$$

先验参数 α 和 λ 一般服从伽马（Gamma）分布，这个分布与高斯分布成共轭先验关系。得到的模型称为贝叶斯岭回归模型，类似于传统的岭回归模型。

在模型拟合过程中，对参数 w、α 和 λ 进行联合估计，通过最大化对数边际似然估计正则化参数 α 和 λ。

贝叶斯岭回归的 α_1、α_2、λ_1、λ_2 这 4 个超参数，是 α 和 λ 上的 Gamma 先验分布，对于这些参数，通常使用无信息先验确定。默认情况下，$\alpha_1 = \alpha_2 = \lambda_1 = \lambda_2 = 10^{-6}$。

通过 sklearn.linear_model 中的 BayesianRidge 类实现贝叶斯岭回归。

BayesianRidge 类常用参数及其说明：

```
BayesianRidge(
    n_iter=300, #最多迭代次数，默认值为 300
    tol=0.001, #收敛阈值
    alpha_1=1e-06, # Gamma 分布的形状参数
    alpha_2=1e-06, # Gamma 分布的反比例参数（速率参数）
    lambda_1=1e-06, #在 lambda 参数之前的 Gamma 分布的形状参数
    lambda_2=1e-06, #在 lambda 参数之前的 Gamma 分布的反比例参数（速率参数）
    alpha_init=None, # alpha 的初始值
    lambda_init=None, # lambda 的初始值
    compute_score=False, #如果为 True，则在每次优化迭代时计算对数边际似然
    fit_intercept=True, #指定是否计算此模型的截距
    normalize=False, #当 fit_intercept = False 时，忽略此参数；如果为 True，则回归前,
通过减去平均值并除以 L2 范数，对回归数 X 进行归一化
    copy_X=True, #若为 True 则将复制 X；否则，可能会覆盖它
    verbose=False, #拟合模型时输出的详细模式
)
```

例 5-7 贝叶斯岭回归。

```
from sklearn.linear_model import BayesianRidge
BR=BayesianRidge()
BR.fit(X_train,y_train)    #训练
BR.score(X_test,y_test)    #评价 R²
```

输出 R^2：0.23654920413423408。

```
BR.coef,BR.intercept    #输出系数和截距
```

输出系数与截距：(array([0.41598759, 0.30917023]), 21.85769285921357)。

5.1.2 非线性回归

非线性回归有 K 近邻回归、支持向量回归、决策树回归以及多项式回归等多种。

1. K 近邻回归

K 近邻算法不仅可以用于分类，还可以用于回归。获取 K 近邻回归模型不需要训练参数，只需要借助 K 个最近邻居，将这些邻居值的均值赋给该样本，就可以得到该样本对应的值。具体衡量待测样本回归值有不同的方式，即普通的算术平均法和考虑距离差异的加权平均法。

通过 sklearn.neighbors 中的 KNeighborsRegressor 类可用于实现 K 近邻回归。

KNeighborsRegressor 类常用参数及其说明：

```
KNeighborsRegressor(
    n_neighbors=5,      #考察的邻居数量
    weights='uniform',  #指定是否加权
    algorithm='auto',   #最近邻居算法, {'auto', 'ball_tree', 'kd_tree', 'brute'}
    leaf_size=30,       #设定 ball_tree 或 kd_tree 中叶节点的大小
```

```
        p=2,   # Minkowski metric 的 power 参数
        metric='minkowski',   #距离的度量方式
        n_jobs=None,   #并行的作业数
)
```

例 5-8 K 近邻回归。

```
from sklearn.neighbors import KNeighborsRegressor
KNR=KNeighborsRegressor( n_neighbors=5, weights='uniform' )
KNR.fit(X_train,y_train)   #训练
KNR.score(X_test,y_test)   #评价输出 $R^2$
```

输出的 R^2 为 0.11624324519372708。

2. 支持向量回归

支持向量回归（Support Vector Regression，SVR）是指期望找到一个回归超平面，让所有的点都尽量靠近这个回归超平面，使离回归超平面最远的样本点的间隔最小。对所有的样本点，回归模型 $f(x)$ 与 y 的偏差必须小于或等于 ε，这个偏差范围称作 ε 管道。ε 管道上、下边界上的点称为支持向量，上、下边界上的支持向量分别确定上边界超平面和下边界超平面，位于两个超平面中间与两个超平面等距的超平面就是回归超平面。

在数据拟合时，ε 太小无法保证所有样本点都在 ε 管道内，ε 太大回归超平面又会受到异常点的影响，容易偏离正确值，因此支持向量回归为每个样本 (x_i, y_i) 添加松弛变量 $\xi_i \geqslant 0$，允许部分样本点落到 ε 管道外。

通过 sklearn.svc 中的 SVR 类实现支持向量回归。

SVR 类常用参数及其说明：

```
SVR(
        kernel='rbf',#指定要在算法中使用的内核类型，取值包括'linear'、'poly'、'rbf'、
'sigmoid'、'precomputed'、'callable'，默认值为'rbf'
        degree=3,#多项式核函数的次数，其他内核忽略
        gamma='scale', #'rbf','poly'和'sigmoid'的核系数。默认值为'scale'，此时 gamma=1/
(n_features * X.std ( ))
        n_features, #如果 gamma=auto'，则使用 1/n_features 作为 gamma 的值
        coef0=0.0,#系数，核函数中的独立项
        tol=0.001, #收敛阈值
        C=1.0,#惩罚参数 C
        epsilon=0.1, #指定 epsilon-tube,在实际值的距离 epsilon 内预测的点损失函数不计算惩罚
        max_iter=-1, #求解器迭代次数的限制，默认值为-1，表示无限制
)
```

例 5-9 支持向量回归。

```
from sklearn.svm import SVR
SVR_=SVR()#实例化
SVR_.fit(X_train,y_train)#训练
SVR_.score(X_test,y_test)#测试
```

输出的 R^2 为 0.11410632415113486。

3. 决策树回归

决策树可以用于分类与回归，本章介绍决策树回归。决策树回归主要指 CART（Classification and Regression Tree，分类回归树）算法，内部节点特征的取值为"是"或"否"，

采用二叉树结构。

回归根据特征向量来决定对应的输出值。决策树回归就是将特征空间划分成若干单元，每一个单元有一个特定的输出。对于测试数据，只要按照特征将其划分到某个单元，便可得到对应的输出值。

决策树回归可通过 DecisionTreeRegressor 类来实现。

DecisionTreeRegressor 类常用参数及其说明：

```
DecisionTreeRegressor(
    criterion='friedman_mse', # {"squared_error", "friedman_mse", "absolute_error",
"poisson"}, default="squared_error", 指定衡量分割质量的函数
    splitter='best',#用来选择每个节点的分割策略，其值为"best"表示选择最佳分割策略，为
"random"表示选择最佳随机分割策略
    max_depth=None,#树的最大深度
    min_samples_split=2,#分割内部节点所需的最少样本数
    min_samples_leaf=1,# 叶节点所需的最少样本数
    min_weight_fraction_leaf=0.0,# 在一个叶节点上所需的权重总和（所有输入样本）的最小加
权部分。不提供 sample_weight 时，样本的权重相等
    max_features=None,# 寻找最佳分割时要考虑的特征的数量，int, float or {"sqrt",
"log2"}
    random_state=None,#随机数种子
    max_leaf_nodes=None,#叶节点的数量限制
    min_impurity_decrease=0.0,#如果某个节点分裂引起的不纯度减小大于或等于这个值，那么该
节点将被分裂
    min_impurity_split=None,#分割节点的最小不纯度要求
    ccp_alpha=0.0,#用于最小成本复杂度修剪的复杂度参数
)
```

例 5-10 决策树回归。

```
from sklearn.tree import DecisionTreeRegressor
DTR=DecisionTreeRegressor(max_depth=3)
DTR.fit(X_train,y_train)
DTR.score(X_test,y_test) #测试
```

输出的 R^2 为 0.23901019572577953。

4．多项式回归

在线性回归中，通过寻找一条直线来尽可能地拟合数据。但是在大部分情况下，所采用的并不是简单的线性回归。当自变量与因变量间的关系不是线性（直线）关系时，可采用多项式回归。

多项式回归使用 sklearn 中的 PolynomialFeatures 将特征次数变换为高次，特征数量根据次数增加，如原特征有 X1、X2，通过 PolynomialFeatures 将特征次数转换为 2 次，新的特征就包含 1、X1、X2、X1*X2、X1*X1、X2*X2 共 6 个特征，其中 X1*X2、X1*X1、X2*X2 的值由 X1、X2 生成，然后使用线性回归确定各项的系数。

使用多项式回归时要注意次数太高容易过拟合。

例 5-11 多项式回归。

```
from sklearn.preprocessing import PolynomialFeatures #导入多项式回归包
PolyF = PolynomialFeatures(degree=2)  # degree=2 表示二次多项式
PolyF.fit(X_train)    #在训练集上拟合
```

```
X_train_2 = PolyF.transform(X_train)    #转换训练集
X_test_2 = PolyF.transform(X_test)       #转换测试集
lin_reg = LinearRegression(fit_intercept=False)  #实例化线性回归，不计算截距
lin_reg.fit(X_train_2, y_train)  #训练（拟合）
lin_reg.coef_,lin_reg.intercept  #输出系数与截距
```
输出结果为(array([−9.38311248e+01,　5.30246641e+00, −1.40683993e+00, −2.47389041e-02, −2.25889596e-02,　2.58589720e-02]), 0.0)。
```
lin_reg.score(X_test_2,y_test)     #在测试集上评价，输出 R²
```
输出的 R^2 为 0.2531352624592118。
```
lin_reg.score(X_train_2,y_train)  #查看训练集上的拟合情况，输出 R²
```
输出的 R^2 为 0.3618853462773619。

5.2　回归模型评价

5.2.1　决定系数

决定系数（Coefficient of Determination）R^2 也称为拟合优度，决定系数越大，自变量对因变量的解释程度越高，拟合优度就越好，其最大值为 1。

通常使用 R^2 进行模型评价。

$$R^2 = 解释离差/总离差 = 1−未解释的离差/总离差平方和$$

$$R^2(y,\hat{y}) = 1 - \frac{SS_{res}}{SS_{tot}} \tag{5-10}$$

其中，总离差平方和（实际值与均值的差）为

$$SS_{tot} = \sum_{i=1}^{n}(y_i - \overline{y})^2 \tag{5-11}$$

残差平方和（实际值与预测值的差，未解释的离差）为

$$SS_{res} = \sum_{i=1}^{n}(y_i - \hat{y}_i)^2 \tag{5-12}$$

决定系数 R^2 在 sklearn 中的实现如下。

可以使用回归模型内置方法 score() 计算 R^2，参数为 X、y。

也可以使用 metrics 中的方法 r2_score() 计算。
```
from sklearn import  metrics r2_score
metrics.r2_score(y, y_pred)
```
其中，y 为真实值，y_pred 为模型的计算值。

当回归模型中自变量增加时，R^2 要么保持不变，要么随着自变量的增加而增加。当自变量足够多时会使得模型拟合良好，而实际却可能并非如此。因此引入调整 R^2。

$$\text{Adjusted } R^2 = 1 - \left[\frac{(1-R^2)(n-1)}{n-k-1} \right] \tag{5-13}$$

其中，n 表示数据集中的样本数量；k 表示自变量的个数；R^2 代表由模型确定的 R^2 值。

sklearn 中实现调整 R^2：

```
from sklearn.metrics import r2_score
adj_r2=1-(1-r2_score(y, y_pred))*((len(X)-1)/(len(X)-len(len(X.columns))-1))
```

5.2.2　均方误差

均方误差（Mean Square Error）为每个点的实际值与模型计算值的差的平方的均值。

$$\text{MSE} = \frac{1}{n}\sum_{i=1}^{n}(y_i - \hat{y}_i)^2 \tag{5-14}$$

均方误差在 sklearn 中的实现：

```
from sklearn import metrics
metrics.mean_squared_error(y,y_pred)
```

其中，y 为真实值，y_pred 为模型的计算值。

5.2.3　平均绝对误差

平均绝对误差（Mean Absolute Error）为每个点的实际值与模型计算值的差的绝对值的均值。

$$\text{MAE} = \frac{1}{n}\sum_{i=1}^{n}|y_i - \hat{y}_i| \tag{5-15}$$

平均绝对误差在 sklearn 中的实现：

```
from sklearn import metrics
metrics.mean_absolute_error(y, y_pred)
```

其中，y 为真实值，y_pred 为模型的计算值。

5.2.4　其他评价方法

中值绝对误差（Median Absolute Error）。

$$\text{MAE} = \text{median}\left(|y_1 - \hat{y}_1|,\cdots,|y_n - \hat{y}_n|\right) \tag{5-16}$$

其中，$\hat{y}$ 为预测值，y 为真实值。

中值绝对误差在 sklearn 中的实现：

```
from sklearn import metrics
metrics. median_absolute_error (y, y_pred)
```

均方对数误差（Mean Squared Log Error）。

$$\text{MSLE} = \frac{1}{n}\sum_{i=1}^{n}\left(\ln(y_i + 1) - \ln(\hat{y}_i + 1)\right)^2 \tag{5-17}$$

其中，$\hat{y}$ 为预测值，y 为真实值。

均方对数误差在 sklearn 中的实现：

```
from sklearn import metrics
metrics.mean_squared_log_error (y, y_pred)
```

5.3　案例：波士顿房价预测

一、目标

根据历史房价数据建立回归模型，预测不同类型房屋的价格。

二、数据集介绍

波士顿房价数据集。

样本数：10000。

特征数量：13 个相关特征（即 13 个指标变量），1 个目标变量（房价）。

特征说明如下。

CRIM：城镇人均犯罪率。

ZN：大于 25000 平方英尺的地块被划分为住宅用地的比例。

INDUS：每个城镇非零售业务的比例。

CHAS：查尔斯河虚拟变量（如果为 1 则沿河，为 0 则不沿河）。

NOX：一氧化氮浓度（每千万）。

RM：每个住宅的平均房间数。

AGE：自住房屋建造于 1940 年之前的比例。

DIS：到加利福尼亚 5 个就业中心的加权距离。

RAD：对径向高速公路的可达性指数。

TAX：每 10000 美元中的物业税。

PTRATIO：城镇的学生与教师比例。

B：$1000(Bk-0.63)^2$：其中 Bk 是城镇中黑人比例。

LSTAT：低社会阶层人口比例（%）。

MEDV：以 1000 美元为单位的自住房屋价格的中位数。

三、实现代码

1. 导入必要的工具包

```
import numpy as np
import pandas as pd
from sklearn import preprocessing
from sklearn.model_selection import train_test_split
from sklearn.linear_model import LinearRegression,Lasso,ElasticNet
from sklearn.metrics import r2_score
from sklearn.metrics import mean_squared_error
import matplotlib.pyplot as plt
%matplotlib inline
import seaborn as sn
```

2. 读取数据

```
data = pd.read_csv("d:/datasets/HousingData.csv")  #读取.csv文件
```

3. 数据探索

```
data.sample(5)  #随机查看5个样本
```

随机输出的5个样本为

	CRIM	ZN	INDUS	CHAS	NOX	RM	AGE	DIS	RAD	TAX	PTRATIO	B	LSTAT	MEDV
418	73.53410	0.0	18.10	0.0	0.679	5.957	100.0	1.8026	24	666	20.2	16.45	20.62	8.8
73	0.19539	0.0	10.81	0.0	0.413	6.245	6.2	5.2873	4	305	19.2	377.17	NaN	23.4
256	0.01538	90.0	3.75	0.0	0.394	7.454	34.2	6.3361	3	244	15.9	386.34	3.11	44.0
55	0.01311	90.0	1.22	0.0	0.403	7.249	21.9	8.6966	5	226	17.9	395.93	4.81	35.4
286	0.01965	80.0	1.76	0.0	0.385	6.230	NaN	9.0892	1	241	18.2	341.60	12.93	20.1

```
data.info()  #查看数据的类型、完整性
```

输出如下:

```
<class 'pandas.core.frame.DataFrame'>
RangeIndex: 506 entries, 0 to 505
Data columns (total 14 columns):
 #   Column   Non-Null Count  Dtype
---  ------   --------------  -----
 0   CRIM     486 non-null    float64
 1   ZN       486 non-null    float64
 2   INDUS    486 non-null    float64
 3   CHAS     486 non-null    float64
 4   NOX      506 non-null    float64
 5   RM       506 non-null    float64
 6   AGE      486 non-null    float64
 7   DIS      506 non-null    float64
 8   RAD      506 non-null    int64
 9   TAX      506 non-null    int64
 10  PTRATIO  506 non-null    float64
 11  B        506 non-null    float64
 12  LSTAT    486 non-null    float64
 13  MEDV     506 non-null    float64
dtypes: float64(12), int64(2)
memory usage: 55.5 KB
```

```
data.describe()  #查看数据的统计特征(均值、方差等)
```

输出如下(部分数据):

	CRIM	ZN	INDUS	CHAS	NOX	RM	AGE	DIS
count	486.000000	486.000000	486.000000	486.000000	506.000000	506.000000	486.000000	506.000000
mean	3.611874	11.211934	11.083992	0.069959	0.554695	6.284634	68.518519	3.795043
std	8.720192	23.388876	6.835896	0.255340	0.115878	0.702617	27.999513	2.105710
min	0.006320	0.000000	0.460000	0.000000	0.385000	3.561000	2.900000	1.129600
25%	0.081900	0.000000	5.190000	0.000000	0.449000	5.885500	45.175000	2.100175
50%	0.253715	0.000000	9.690000	0.000000	0.538000	6.208500	76.800000	3.207450
75%	3.560263	12.500000	18.100000	0.000000	0.624000	6.623500	93.975000	5.188425
max	88.976200	100.000000	27.740000	1.000000	0.871000	8.780000	100.000000	12.126500

```
data.dropna(inplace=True)  #删除有缺失值的样本
```

将特征与标签分离,y表示波士顿房价,X表示输入变量

```
y = data['MEDV']  # 标签-房价
X = data.drop(['MEDV'], axis=1)  #去掉标签(房价)的数据子集
```

4. 划分数据集

X_train为训练集,y_train为训练集标签,X_test为测试集,y_test为测试集标签。

抽取 70%的样本作为训练集，用剩余样本进行分类结果测试。

```
X_train, X_test, y_train, y_test = train_test_split(X, y, test_size = 0.3)
```

5. 数据标准化

采用 Z-Score 标准化，在训练集上训练，在训练集与测试集上标准化。泛化时标准化也用训练集上训练的标准化模型。

```
scaler=preprocessing.StandardScaler().fit(X_train)
X_train=scaler.transform(X_train)
X_test=scaler.transform(X_test)
```

6. 模型构建/训练/预测/评价

LinearRegression 模型

```
lr = LinearRegression()     #实例化一个线性回归对象
lr.fit(X_train, y_train)    #采用 fit()方法，拟合回归系数和截距
print(lr.intercept_)    #输出截距
print(lr.coef_)     #输出系数，可用于分析特征的重要性以及与目标的关系
y_pred = lr.predict(X_test)    #模型预测
print("R2=",r2_score(y_test, y_pred))    #模型评价，输出决定系数
```
决定系数为 0.7244902005756717。
```
print("mse=",mean_squared_error(y_test, y_pred))    #输出均方误差
```
均方误差为 21.17457773427383。
```
print(lr.intercept_)    #输出截距
```
截距为 22.725090909090913。
```
print(lr.coef_)    #系数
```
系数为[−0.30934171 0.78441631 0.09278 0.84205141 −1.64080635 2.89163516 −0.15300455 −2.86594344 2.12509 −1.84061918 −1.83430275 1.02525317 −3.91532395]。

可视化预测值与真实值

```
plt.rcParams['font.sans-serif']=['SimHei']    #正常显示中文
plt.rcParams['axes.unicode_minus']=False    #正常显示负号 "−"
plt.plot(y_test.values,c="r",label="y_test")
plt.plot(y_pred,c="b",label="y_pred")
plt.legend()
```
可视化输出：

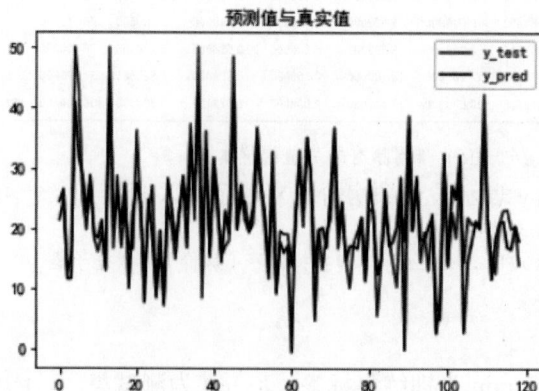
预测值与真实值

弹性网络回归

```
EN=ElasticNet(0.01)          #实例化弹性网络回归对象
EN.fit(X_train,y_train)      #训练
y_pred=EN.predict(X_test)    #预测
```

评价：

```
print(r2_score(y_pred,y_test))
```

输出 R^2（测试集）：0.6206474701040163。

```
y_predt=EN.predict(X_train)   #查看训练集上的效果
print(r2_score(y_predt,y_train))
```

输出 R^2（训练集）：0.7143978031016661。

LASSO 回归

```
la = Lasso()
la.fit(X_train, y_train)        #拟合
y_pred=la.predict(X_test)       #预测
print(r2_score(y_pred,y_test))  #评价，输出 R²
```

输出 R^2：0.6463644720156518。

```
y_predt=la.predict(X_train)     #查看训练集上的效果
print(r2_score(y_predt,y_train))
```

输出 R^2：0.7135957871520437。

岭回归

```
from sklearn.linear_model import Ridge
rd=Ridge(0.01)
rd.fit(X_train,y_train)
y_pred=rd.predict(X_test)
print(r2_score(y_pred,y_test))
```

输出 R^2：0.6254595151946203。

```
y_predt=rd.predict(X_train)
print(r2_score(y_predt,y_train))
```

输出 R^2：0.717315101727843。

贝叶斯岭回归

```
from sklearn.linear_model import BayesianRidge
Brd=BayesianRidge()
Brd.fit(X_train,y_train)
y_pred=Brd.predict(X_test)
print(r2_score(y_pred,y_test))
```

输出 R^2：0.6117791860152302。

```
y_predt=Brd.predict(X_train)
print(r2_score(y_predt,y_train))
```

输出 R^2：0.708456749967072。

K 近邻回归

```
from sklearn.neighbors import KNeighborsRegressor
Knr=KNeighborsRegressor()
Knr.fit(X_train,y_train)
y_pred=Knr.predict(X_test)
print(r2_score(y_pred,y_test))
```

输出 R^2：0.47466312380045683。

```
y_predt=Knr.predict(X_train)
print(r2_score(y_predt,y_train))
```

输出 R^2：0.7576061948485711。

支持向量回归

```
from sklearn.svm import  SVR
svr=SVR()
svr.fit(X_train,y_train)
y_pred=svr.predict(X_test)
print(r2_score(y_pred,y_test))
```

输出 R^2： -0.3945293748344476。训练效果差。

```
y_predt=svr.predict(X_train)
print(r2_score(y_predt,y_train))
```

输出 R^2：0.1313717790081549。

决策树回归

```
from sklearn.tree import  DecisionTreeRegressor
dtr=DecisionTreeRegressor(max_depth=4)
dtr.fit(X_train,y_train)
y_pred=dtr.predict(X_test)
print(r2_score(y_pred,y_test))
```

输出 R^2：0.7795924378835133。

```
y_predt=dtr.predict(X_train)
print(r2_score(y_predt,y_train))
```

输出 R^2：0.8862706664213111。

多项式回归

```
from sklearn.preprocessing import PolynomialFeatures
poly = PolynomialFeatures(degree=2)  # 添加特征（升维）
poly.fit(X_train)
poly.fit(X_test)
X_1 = poly.transform(X_train)
X_2 = poly.transform(X_test)
# 训练
lin_reg = LinearRegression()
lin_reg.fit(X_1, y_train)
#预测、评价
y_pred = lin_reg.predict(X_1)
print(r2_score(y_pred,y_train))
```

输出 R^2：0.9613453122107047。训练效果较好。

```
y_pred = lin_reg.predict(X_2)
print(r2_score(y_pred,y_test))
```

输出 R^2：0.7262626772433789。测试效果一般，有过拟合倾向。

小　　结

本章首先详细介绍了线性回归和非线性回归的算法原理以及在 Python 中的实现，并介绍了不同的防止过拟合的方法；然后介绍了回归模型的不同评价方法及其在 Python 中的实现；最后以"波士顿房价预测"作为案例，展示各种回归方法的具体实现以及评价。

课后习题

1. 什么是回归?
2. 回归模型的应用领域有哪些。
3. 什么是线性回归?
4. 什么是非线性回归?
5. 简述回归模型的评价方法。
6. 简述调整 R^2 与 R^2 的区别。
7. 从 UCI 网站下载交通流量数据集,采用不同的回归算法建立回归模型,根据历史流量以及周边环境预测交通流量。

第 **6** 章 **分类**

分类是对特征变量进行建模和预测的有监督学习方法。分类学习的目的是从给定的手动标注的分类训练集中学习并得出一个分类函数或者分类模型，也称作分类器（Classifier）。当新样本出现时，可以用这个分类器进行预测，将新样本映射到特定的类别中。

分类在各方面都得到了广泛的应用。在消费者行为方面，根据以往用户的特征建模预测新用户是否会购买商品；在信用风险评估方面，根据以往用户还款信息预测新用户是否会违约；在医学诊断方面，根据 CT（电子计算机断层扫描）的特征进行部分疾病的检测；在电子邮件分类方面，根据邮件内容将邮件分为正常邮件与垃圾邮件。

学习目标

（1）掌握常用的分类算法及其在 Python 中的实现。

（2）掌握分类模型常用的评价指标及其在 Python 中的实现。

（3）理解 P-R 曲线的意义，掌握 P-R 曲线的画法。

（4）理解 ROC 曲线的意义，掌握 ROC 曲线的画法。

6.1　分类算法

在数据挖掘中常用的分类算法有逻辑回归、K 近邻、决策树、朴素贝叶斯、支持向量机等。判别分析法常用于分类，也可用于降维，这部分内容参见第 9 章。

本章使用 sklearn 自带的鸢尾花数据集。该数据集内包含 3 类共 150 条记录，每类各 50 个样本，每个样本都有 4 个特征，即花萼长度、花萼宽度、花瓣长度、花瓣宽度，可以通过这 4 个特征预测鸢尾花属于 setosa、versicolor、iris-virginica 中的哪一品种。采用 datasets. load_iris() 方法获取数据集。

例 6-1　获取数据。

```
from sklearn.datasets import load_iris    #导入 load_iris()方法
data=load_iris()      #获取数据
X=data.data        #提取特征 X
Y=data.target      #提取标签 Y
X_train,X_test,y_train,y_test=train_test_split(X,Y,train_size=0.8)    #训练集与
测试集的划分
```

6.1.1 逻辑回归

逻辑回归是指采用回归分析的思想来解决分类问题，通常解决的是二分类问题，在线性回归的基础上引入一个 Logistic 函数，将连续型输出映射到(0,1)。

逻辑回归模型的常用形式为

$$P\left(y_i|\boldsymbol{x}_i\right)=\frac{1}{1+\mathrm{e}^{-y_i\boldsymbol{w}^{\mathrm{T}}\boldsymbol{x}_i}} \tag{6-1}$$

其输出为样本属于某一类别的概率，通常选择概率大的类别作为样本的类别输出。

通常采用 sklearn.linear_model 的 LogisticRegression 类来实现逻辑回归。

LogisticRegression 类参数说明：

```
LR=LogisticRegression( penalty='l2',   #正则化参数
    dual=False,  #如果为 True，则求解对偶形式，只有在 penalty='l2' 且 solver=
'liblinear'时有对偶形式；通常在样本数大于特征数的情况下，默认值为 False，表示求解原始形式
    tol=0.0001, #默认误差不超过 1e-4 时，停止进一步的计算
    C=1.0, #正则化强度 λ 的倒数；必须是大于 0 的浮点数，值越小正则化强度越强，通常默认值为 1.0
    fit_intercept=True,#指定是否计算截距，默认值为 True
    intercept_scaling=1, #仅在 solver='liblinear'且 fit_intercept=True 时有用。为了
减小正则化对合成特征权重以及截距的影响，必须增加 intercept_scaling。
    class_weight=None, #用于标识分类模型中各种类别的权重
    random_state=None,
    solver='lbfgs', #迭代优化损失函数的方法
    max_iter=100, #仅适用于 newton-cg、sag 和 lbfgs 求解器，表示求解器收敛的最多迭代次数
    multi_class='auto', #将多分类转化为二分类的策略
    verbose=0, #日志冗长度，用于开启/关闭迭代中间输出的日志
    warm_start=False, #热启动参数，如果为 True，那么使用前一次训练结果继续训练，否则从头
开始训练。对于 liblinear 求解器没用
    n_jobs=None, #并行作业数，其值为 int 型，默认值为 1
    l1_ratio=None, # ElasticNet 混合参数
)
```

例 6-2 逻辑回归应用。

```
from sklearn.linear_model import LogisticRegression
LR=LogisticRegression()
LR.fit(X_train,y_train)
LR.score(X_test,y_test)
```
输出正确率：1.0。

6.1.2 K 近邻

最近邻算法指以全部训练样本作为代表点，计算未知样本与所有训练样本的距离，并以最近邻居的类别作为决策未知样本类别的依据，但以最近的一个邻居来确定未知样本的类别往往会导致较大的方差，对噪声数据过于敏感。

K 近邻（K Nearest Neighbor）算法用于把未知样本周边的 K 个最近样本计算在内，增加参与决策的样本量，以避免个别数据直接决定决策结果，减小了方差。

K 近邻算法使用流程如下：

① 确定 K 值和计算相似度（距离）的方法；

② 计算未知样本到所有训练样本的距离，找到与未知样本"最近"的 K 个样本；

③ 根据这 K 个样本的类别，采用多数投票的方式（或距离加权）确定未知样本的类别。

在 K 近邻算法中，通常没有考虑不同邻居的远近问题，而往往较近的邻居更能代表当前样本的类别。加权 K 近邻为找出的 K 个"最近" 样本各分配一个权重，使距离较近的样本的权重较大。

K 近邻算法中，超参数主要是 K 值、计算距离的方法等。

当 K 值较大时，方差小；当 K 值较小时，方差大。不同的 K 值可能导致不同的分类结果，如图 6-1 所示。

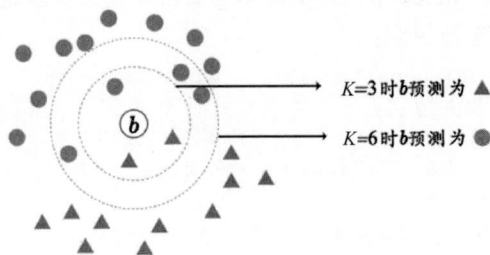

图 6-1　不同 K 值的不同类别划分

K 近邻算法通过 sklearn.neighbors 的 KNeighborsClassifier 类实现。

KNeighborsClassifier 类参数说明：

```
KNeighborsClassifier(
    n_neighbors=5,  #考察的邻居数量
    weights='uniform',  #默认值为 uniform，取值可以是 uniform、distance，也可以是用户
```
自己定义的函数（weights=函数名）。uniform 表示均等的权重，所有的邻近点的权重都是相等的。distance 表示不均等的权重，以距离的倒数作为权重，距离近的点比远的点权重大。若为用户自定义的函数，则输入距离的数组，返回权重
```
    algorithm='auto',# {'auto', 'ball_tree', 'kd_tree', 'brute'}, default= 'auto'.
```
快速 K 近邻搜索算法，默认值为 auto，可以理解为算法自己决定合适的搜索算法
```
    leaf_size=30,  #其值为 int 型，默认值为 30，表示构造的 kd_tree 和 ball_tree 的叶节点的
```
大小
```
    p=2,# 距离度量公式，即设置 metric 里闵氏距离的参数 p，这个参数的默认值为 2，也就是默认使
```
用欧氏距离公式进行距离度量。也可以将其设置为 1，使用曼哈顿距离公式进行距离度量
```
    metric='minkowski',  #树的距离度量方式，默认值为 minkowski
    metric_params=None,  #度量距离函数的附加参数，被设置为字典形式
    n_jobs=None,  #邻居搜索的并行作业的数量
)
```

例 6-3 K 近邻算法应用。

```
from sklearn.neighbors import KNeighborsClassifier
KNeighborsClassifier(n_neighbors=5)
KNC.fit(X_train,y_train)   #训练模型
KNC.score(X_test,y_test)   #评价，输出测试集上的正确率
测试集上的正确率：0.9666666666666667。
```

6.1.3　决策树

决策树算法是一种常用的分类算法，其目标就是将具有 P 维特征的 n 个样本划分到 C 个

类别中。决策树算法把分类的过程表示成一棵树，每次通过选择一个特征 P_i 来进行分叉。

对于分叉时选择哪个特征对样本进行划分，不同的决策树算法有不同的特征选择依据。ID3 算法用信息增益，C4.5 算法用信息增益率，CART 算法用 Gini（基尼）系数。

信息量的大小通常用信息熵来表示，熵是对不确定性的度量。信息熵由香农在 1948 年引入，将其定义为离散随机事件出现的概率。信息熵是系统有序化程度的一个度量，一个系统越是有序，其信息熵就越低；反之，一个系统越是混乱，其信息熵就越高。

假如一个随机变量 X 的取值为 $X = \{x_1, x_2, \cdots, x_n\}$，每个 x_i 被取到的概率分别是 $\{p_1, p_2, \cdots, p_n\}$，那么 X 的熵可表示为

$$H(X) = -\sum_{i=1}^{n} p_i \log_2 p_i \tag{6-2}$$

如用天晴、下雨来记录一段时间的天气情况，$X=\{天晴, 下雨\}$，其中天晴的概率为 0.30，下雨的概率为 0.70。那么有 X 的熵：

$$H(X) = -0.3\log_2 0.3 - 0.7\log_2 0.7 \tag{6-3}$$

通常，一个变量的变化情况越多，那么它携带的信息量就越大。对于分类系统来说，类别 C 是变量，它的取值是 $C_1, C_2, \cdots, C_n$，而每一个类别出现的概率分别是

$$P(C_1), P(C_2), \cdots, P(C_n) \tag{6-4}$$

这里的 n 就是类别的总数，此时分类系统的熵就可以表示为

$$H(C) = -\sum_{i=1}^{n} P(C_i) \log_2 P(C_i) \tag{6-5}$$

也称为决策属性的熵。

特征的信息增益是指系统有和没有该特征时信息量的差值，也就是这个特征给系统带来的信息量。信息增益越大，特征区分样本的能力就越强，越具有代表性。

ID3 算法在划分决策树的每一个非叶节点之前，先计算每一个属性所带来的信息增益，选择最大信息增益的属性来划分，对划分后的每棵子树依次采用相同的办法选择下一次的划分属性。

C4.5 算法在划分决策树的每一个非叶节点之前，先计算每一个属性所带来的信息增益率。信息增益率为信息增益与内在信息的比值。

基尼系数为节点的基尼不纯度，分类问题中，假设有 K 个类别，样本属于第 k 类别的概率为 p_k，则概率分布的基尼系数定义为

$$\text{Gini}(p) = \sum_{k=1}^{K} p_k(1 - p_k) \tag{6-6}$$

对于二分类问题，若样本点属于第一类别的概率是 p，则概率分布的基尼系数为

$$\text{Gini}(p) = p(1-p) + (1-p)p = 2p(1-p) \tag{6-7}$$

对于给定的样本集 D，其基尼系数为

$$\text{Gini}(D) = 1 - \sum_{k=1}^{K} \frac{|C_k|^2}{|D|} \tag{6-8}$$

其中，C_k 是 D 中属于第 k 类别的样本的子集，K 是类别的个数，$|D|$ 表示 D 中样本的个数。对于某个特征 A，其不同的 n 个取值将 D 分割成 $D_1,D_2,\cdots,D_n$，在 A 特征条件下有对应的条件基尼系数

$$\text{Gini}(D,A) = \sum_{i=1}^{n} \frac{|D_i|}{|D|} \text{Gini}(D_i) \qquad (6\text{-}9)$$

对某个节点，熵越小说明越纯，Gini 系数同样，如果某节点越纯则越能确定它属于哪一类。决策树的构建可通过 DecisionTreeClassifier 类实现。

DecisionTreeClassifier 类常用参数及其说明：

```
DecisionTreeClassifier(
    criterion='gini',    #选择划分节点的度量标准，默认值为 gini，是 CART 算法中采用的度量标准，还可将该参数的值设置为 entropy
    splitter='best',#划分节点时的策略，默认值为 best，表示依据选用的 criterion 标准，选用最优划分属性来划分该节点；还可将该参数的值设置为 random
    max_depth=None,#设置决策树的最大深度，默认值为 None，表示不限深度
    min_samples_split=2,#当对一个节点进行划分时，要求该节点上的最少样本数，默认值为 2
    min_samples_leaf=1,#设置叶节点上的最少样本数，默认值为 1
    min_weight_fraction_leaf=0.0,# 在对样本进行加权时，设置每一个叶节点上样本的权重和的最小值，一旦某叶节点上样本的权重和小于该参数指定的值，则该叶节点会连同其兄弟节点一起被减去，即其父节点不进行划分。该参数的默认值 0.0，不考虑权重的问题
    max_features=None,#寻找最优划分属性时，设置允许搜索的最多属性个数，默认值为 None
    random_state=None,#设置随机数种子
    max_leaf_nodes=None,#设置决策树的最多叶节点个数，该参数与 max_depth 等参数一起，限制决策树的复杂度，默认值为 None，表示不加限制
    min_impurity_decrease=0.0,# 只有当划分后不纯度减少值不小于该参数指定的值时，才会对该节点进行划分，默认值为 0.0。设置该参数可以提前结束树的生长
    min_impurity_split=None,#划分一个内部节点时，只有当该节点上的不纯度不小于该参数指定的值时，才会对该节点进行划分，默认值为 1e-07
    class_weight=None,# 设置样本中每个类别的权重
    ccp_alpha=0.0,# 非负浮点数，默认值为 0.0。设置后剪枝参数，在树构建完成后，对树进行剪枝
)
```

例6-4 使用基尼系数构建决策树。

```
from sklearn.tree import DecisionTreeClassifier
from sklearn.metrics import classification_report
dt=DecisionTreeClassifier(max_depth=5)    #构建决策树，最大深度为 5
dt.fit(X_train,y_train)    #训练
dt_pre=dt.predict(X_test)    #预测
print(classification_report(dt_pre,y_test))    #输出分类报告
```

输出的分类报告如图 6-2 所示。

	precision	recall	f1-score	support
0	1.00	1.00	1.00	8
1	1.00	0.91	0.95	11
2	0.92	1.00	0.96	11
accuracy			0.97	30
macro avg	0.97	0.97	0.97	30
weighted avg	0.97	0.97	0.97	30

图6-2 例6-4分类报告

图 6-2 显示了 0、1、2 类的预测精确率（precision）、召回率（recall）、评分（F_1-score）、相应的样本数量以及正确率（accuracy）等。最后的两行显示以上指标的宏平均（macro avg）与微平均（weighted avg）。

其中，宏平均直接计算前 3 行的算术平均值；微平均将前 3 行的结果按样本数进行加权平均。

例 6-5 使用信息熵构建决策树。

```
from sklearn.tree import DecisionTreeClassifier
from sklearn.metrics import classification_report
dt=DecisionTreeClassifier(criterion= "entropy",max_depth=5)
dt.fit(X_train,y_train)
dt_pre=dt.predict(X_test)
print(classification_report(dt_pre,y_test))
```

输出的分类报告如图 6-3 所示。

	precision	recall	f1-score	support
0	1.00	1.00	1.00	8
1	0.90	0.82	0.86	11
2	0.83	0.91	0.87	11
accuracy			0.90	30
macro avg	0.91	0.91	0.91	30
weighted avg	0.90	0.90	0.90	30

图 6-3　例 6-5 分类报告

6.1.4　朴素贝叶斯

朴素贝叶斯算法假设特征的所有分量是相互独立的。它首先计算每个类别的先验概率如 $P(Y_1)$、$P(Y_2)$；其次计算未知样本每个特征属性对于每个类别的条件概率 $P(特征属性|Y_i)$，分别计算不同类别的条件概率 $P(X|Y_i)=\prod_{所有特征属性}P(特征属性|Y_i)$，其中 X 为未知样本，Y_i 为类别（i=1,2）；最后依据不同类别的 $P(X|Y_i)\cdot P(Y_i)$ 的值确定 X 的类别。

对输入为连续型的情况，通常通过假设高斯分布计算条件概率。

伯努利朴素贝叶斯主要用于输入为离散型且特征二值化的情况，例如一个词在文本中是否出现（1 表示是，0 表示否）。

多项式朴素贝叶斯主要用于输入为离散型的情况，例如一个词在不同文档中出现的次数。

通过 sklearn.naive_bayes 中的 GaussianNB 类实现高斯朴素贝叶斯。

GaussianNB 类常用参数及其说明：

```
GaussianNB(
priors =None:  #先验概率
var_smoothing=None:  #提高计算稳定性
)
```

例 6-6 高斯朴素贝叶斯应用。

```
from sklearn.naive_bayes import GaussianNB  #导入包
GNB=GaussianNB()  #实例化
```

```
GNB.fit(X_train,y_train)  #训练
y_pred=GNB.predict(X_test)  #预测
print(classification_report(y_test,y_pred))  #输出分类报告
```

输出的分类报告如图 6-4 所示。

	precision	recall	f1-score	support
0	1.00	1.00	1.00	8
1	0.91	1.00	0.95	10
2	1.00	0.92	0.96	12
accuracy			0.97	30
macro avg	0.97	0.97	0.97	30
weighted avg	0.97	0.97	0.97	30

图 6-4　例 6-6 分类报告

通过 sklearn.naive_bayes 中的 BernoulliNB 类实现伯努利朴素贝叶斯。

BernoulliNB 类常用参数及其说明：

```
BernoulliNB(alpha=1.0, #平滑因子
binarize=0.0, #样本特征二值化的阈值，默认值是 0.0
 fit_prior=True, #指定是否去学习类的先验概率
class_prior=None #各个类别的先验概率，如果没有指定，模型会根据数据自动学习
)
```

例 6-7　伯努利朴素贝叶斯应用。

```
from sklearn.naive_bayes import BernoulliNB
BNB=BernoulliNB()
BNB.fit(X_train,y_train)  # BernoulliNB 不适用于本数据集，仅示例
y_pred=BNB.predict(X_test)
print(classification_report(y_test,y_pred))
```

输出的分类报告如图 6-5 所示。

	precision	recall	f1-score	support
0	0.27	1.00	0.42	8
1	0.00	0.00	0.00	10
2	0.00	0.00	0.00	12
accuracy			0.27	30
macro avg	0.09	0.33	0.14	30
weighted avg	0.07	0.27	0.11	30

图 6-5　例 6-7 分类报告

通过 sklearn.naive_bayes 中的 MultinomialNB 类实现多项式朴素贝叶斯。

MultinomialNB 类常用参数及其说明：

```
MultinomialNB (alpha=1.0, #先验平滑因子，默认值为 1.0，表示拉普拉斯平滑
fit_prior=True, #指定是否去学习类的先验概率
class_prior=None #各个类别的先验概率，如果没有指定，模型会根据数据自动学习
)
```

例 6-8　多项式朴素贝叶斯应用。

```
from sklearn.naive_bayes import MultinomialNB
MNB=MultinomialNB()
```

```
MNB.fit(X_train,y_train) # MultinomialNB 不适用于本数据集，仅示例
y_pred=MNB.predict(X_test)
print(classification_report(y_test,y_pred))
```

输出的分类报告如图 6-6 所示。

	precision	recall	f1-score	support
0	1.00	1.00	1.00	8
1	0.77	1.00	0.87	10
2	1.00	0.75	0.86	12
accuracy			0.90	30
macro avg	0.92	0.92	0.91	30
weighted avg	0.92	0.90	0.90	30

图 6-6　例 6-8 分类报告

6.1.5　支持向量机

支持向量机算法即寻找一个分类器使得超平面和最近数据点之间的分类边缘最大，即超平面和最近数据点的间隔最大。对于支持向量机算法，通常认为分类边缘越大，平面越优，图 6-7 中的实线（二维中为线、三维中为平面、高维中为超平面，图示为二维空间中的分割线），通常定义具有"最大间隔"的决策面就是支持向量机要寻找的最优解。最优解对应的两侧虚线穿过的样本点，称为"支持向量"，图 6-7 中两条虚线上的圈表示的点为支持向量。

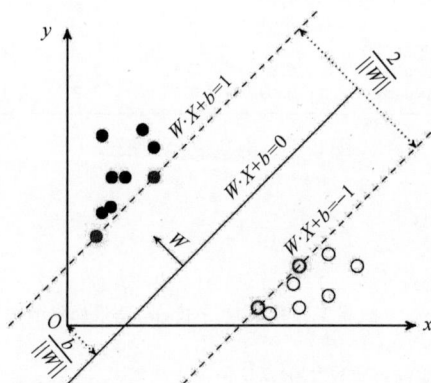

图 6-7　支持向量机示意

分类超平面的位置由支持向量确定，如果支持向量发生了变化，分割面的位置也会随之改变。支持向量机建立的分类超平面能够在保证分类精度的同时，使超平面两侧的空白区域最大化，从而得到对线性可分问题的最优解。

常用的支持向量分类模型有 SVC 和 LinearSVC。

SVC()方法参数说明：

```
SVC(
    C=1.0,# 标函数的惩罚参数 C，用来平衡分类间隔 margin 和错分样本，默认值为 1.0
    kernel='rbf',# 核函数，可选{rbf, linear, poly, sigmoid}，默认值是 rbf
    degree=3,# poly（多项式）的最高次幂
```

```
gamma='scale',# 核函数的系数
coef0=0.0,# 核函数中的独立项，在'rbf'、'poly'中有效，是指其中的参数 C
shrinking=True,# 是否进行启发式收缩方式
probability=False,# 是否进行概率估计
tol=0.001,# SVM 结束标准的精度阈值
cache_size=200,# 指定训练所需要的内存（以 MB 为单位）
class_weight=None,# 每个类别所占据的权重，为不同的类别设置不同的惩罚参数，默认值为自适应
verbose=False,# 控制输出信息的详细程度
max_iter=-1,# 最多迭代次数
decision_function_shape='ovr',#多分类选择，ovo 表示一对一，ovr 表示一对余下
break_ties=False,# decision_function_shape='ovr'时有效，指定是否考虑 decision_
function
random_state=None,# 随机数种子
)
```

例 6-9 使用 SVC 进行分类。

```
from sklearn.svm import SVC
SC=SVC()
SC.fit(X_train,y_train)
y_pred=SC.predict(X_test)
print(classification_report(y_test,y_pred))
```

输出的分类报告如图 6-8 所示。

	precision	recall	f1-score	support
0	1.00	1.00	1.00	8
1	0.91	1.00	0.95	10
2	1.00	0.92	0.96	12
accuracy			0.97	30
macro avg	0.97	0.97	0.97	30
weighted avg	0.97	0.97	0.97	30

图 6-8　例 6-9 分类报告

LinearSVC 类的参数说明：

```
LinearSVC(
    penalty='l2',# string, 'l1' or 'l2' (default='l2')，惩罚中使用的范数
    loss='squared_hinge',# 指定损失函数。hinge 表示标准的支持向量机损失，squared_hinge
表示 hinge 的平方
    dual=True,# 选择算法以解决双优化或原始优化问题
    tol=0.0001,#收敛标准选择算法以解决双优化或原始优化问题
    C=1.0,# 错误项的惩罚参数
    multi_class='ovr',# 确定多分类策略
    fit_intercept=True,#指定是否计算截距
    intercept_scaling=1,# 当 fit_intercept=True 时，实例向量 x 变为[x,self.intercept_
scaling]
    class_weight=None,#类别权重
    verbose=0,# 控制输出详略
    random_state=None,#随机数种子
    max_iter=1000,#最多迭代次数
)
```

例 6-10 使用 LinearSVC 进行分类。

```
from sklearn.svm import LinearSVC
```

```
LSC=LinearSVC()
LSC.fit(X_train,y_train)
y_pred=LSC.predict(X_test)
print(classification_report(y_test,y_pred))
```
输出的分类报告如图 6-9 所示。

```
              precision    recall  f1-score   support

           0       1.00      1.00      1.00         8
           1       1.00      0.90      0.95        10
           2       0.92      1.00      0.96        12

    accuracy                           0.97        30
   macro avg       0.97      0.97      0.97        30
weighted avg       0.97      0.97      0.97        30
```

图 6-9　例 6-10 分类报告

6.2　分类模型评价

6.2.1　常用评价指标

在分类问题中，正确率是常用的评价指标。正确率为分类正确的样本所占的比例，一般情况下能够比较好地评价分类模型效果。但在类别分布不平衡时，仅通过正确率无法有效评价分类模型效果，如 1000 个样本中有 100 个正类，900 个负类，即使模型将样本全部预测为负类，正确率也有 90%，而且在实际的应用中，可能要求特异性或敏感性高。这时就需要借助召回率、精确率、F_1 等指标共同来综合评价分类模型效果。

混淆矩阵也称为误差矩阵，是表示精度评价的一种标准格式，用 n 行 n 列的矩阵形式来表示。混淆矩阵的每一列代表该预测类别与真实类别的共同样本的数目，每一列的总数表示预测为该类别的样本的数目；每一行代表样本的真实类别，每一行的总数表示该类别的样本的数目；每一列中的数值表示真实数据被预测为该类别的数目。

对于二分类问题，其混淆矩阵如表 6-1 所示。

表 6-1　　　　　　　　　　混淆矩阵（设定 1 表示正类、0 表示负类）

混淆矩阵		预测标签	
		1（正类）	0（负类）
真实标签	1（正类）	TP	FN
	0（负类）	FP	TN

TP（True Positive）：真正类，样本的真实类别是正类，并且模型识别的结果也是正类。
FN（False Negative）：假负类，样本的真实类别是正类，但是模型将其识别为负类。
FP（False Positive）：假正类，样本的真实类别是负类，但是模型将其识别为正类。
TN（True Negative）：真负类，样本的真实类别是负类，并且模型将其识别为负类。
由此可得以下结论。
预测为正类的样本总数=TP+FP。

预测为负类的样本总数=FN+TN。

真正类的样本总数=TP+FN。

真负类的样本总数=FP+TN。

正确率=(TP+TN)/(TN+FN+FP+TP)。

召回率为对应类别正确预测的样本的数目与该类别的总样本数的比值，又称为查全率或敏感性。

1 类召回率=TP/(TP+FN)。

0 类召回率=TN/(TN+FP)。

精确率为对应类别正确预测的样本的数目与预测为该类别的总样本数的比值，又称为查准率或特异性。

1 类精确率=TP/(TP+FP)。

0 类精确率=TN/(TN+FN)。

单看精确率或召回率很难综合评价分类模型分类的效果，往往采用精确率或召回率的调和平均 F_1 来评价。

F_1=(2×精确率×召回率)/(精确率+召回率)。

考虑不同应用对精确率或召回率的关注度不一样，添加配置参数 β 来泛化 F 度量，β 取值越大，F 度量越关注召回率；β 取值越小，则 F 度量越关注精确率。可以根据 β 的不同，计算 F_β 的值来评价分类模型的效果。

$$F_\beta = (\beta^2 + 1) / (\beta^2 / recall + 1 / precision)$$

对应的有 1 类与 0 类的 F_1 或 F_β，当 β 为 1 时 F_β 即 F_1。

在分类问题中，不同的分类错误会导致不同的代价，如没有感染病毒的人被误诊为感染和患者被误诊为没有感染所产生的代价完全不同；不同分类错误的代价不同导致评价分类模型的指标不一样，有时为精确率，有时为召回率。

当类别不平衡时，不同类别的样本数相差较大，可以为不同类别的样本设置不同的权重（代价），每个类别样本的权重与该类别在样本中出现的频率成反比。

通常使用正确率、F_1、精确率、召回率等指标来评价分类模型。但通过算法对样本进行分类时，样本并不是绝对的 1 类样本、0 类样本，都是有一定的概率是 1 类样本或是 0 类样本。通常先设定好样本类别的阈值，当该样本是 1 类样本的概率大于阈值时，输出样本为 1 类样本，否则为 0 类样本。比如阈值为 50%，当有 70% 的概率认为样本 A 是 1 类样本时，输出样本 A 为 1 类样本；当有 40% 的概率认为样本 B 是 1 类样本时，输出 B 为 0 类样本。同理，当阈值为 30% 时，该 A 样本、B 样本都被认为是 1 类样本。

6.2.2 P-R 曲线

调整分类概率阈值可以实现不同的样本类别划分，由此根据每一个不同的阈值，都可以计算对应的精确率和召回率，就可以按阈值排列顺序，绘制 P-R 曲线。通常在曲线上找到平衡点（BEP），即将精确率等于召回率时阈值的取值，作为最佳的阈值；但在分类错误代价不同时可能更看重精确率（误判为 1 类的代价高时）或召回率（误判为 0 类的代价高时）。

例 6-11　P-R 曲线。

```
#取数据集的 0、1 类，移除 2 类，将问题变换为二分类问题
X=data.data[:100]      #提取特征 X，取 0 类、1 类
Y=data.target[:100]    #提取标签 Y，取 0 类、1 类
X_train,X_test,y_train,y_test=train_test_split(X,Y,train_size=0.75) #训练集与测
试集的划分
from sklearn.tree import DecisionTreeClassifier
from sklearn.metrics import classification_report
LR2= LogisticRegression()
LR2.fit(X_train,y_train)
import matplotlib.pyplot as plt
plt.rcParams['font.family'] = ['sans-serif']
plt.rcParams['font.sans-serif'] = ['SimHei']
from sklearn.metrics import precision_recall_curve  #引入库
probs =dt.predict_proba(X_test)  #计算概率
#probs 包含样本属于 0 类、1 类以及 2 类的概率
#本例取样本属于 1 类的概率
probs=probs[:,1]
precision,recall,thresholds = precision_recall_curve(y_test,probs,pos_label=1)
#计算不同阈值的精确率和召回率
#计算 1 类的精确率与召回率随阈值的变化，也可计算其他类的精确率与召回率随阈值的变化
#绘制 P-R 曲线
plt.plot(recall, precision)
plt.title('P-R 曲线')
plt.xlabel('召回率')
plt.ylabel('精确率')
```

输出的 P-R 曲线如图 6-10 所示。

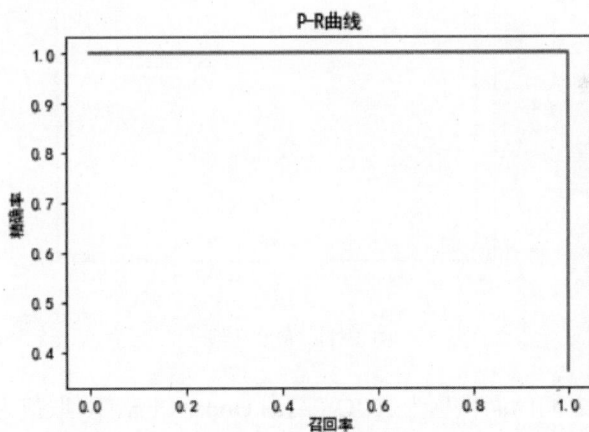

图 6-10　P-R 曲线

由图 6-10 可以看出，模型的精确率非常高，当召回率接近 1.0 时，精确率依然保持为 100%。

6.2.3　ROC 曲线

ROC 意为受试者工作特征（Receiver Operating Characteristic），用于考察模型在一般情况

下的预测能力。

ROC 曲线又称为感受性曲线（Sensitivity Curve）。ROC 曲线根据一系列不同的二分类分界值或阈值，将数据集样本的预测概率从大到小排列；然后，将每个预测概率作为分类阈值，计算在不同阈值下的真正率（TPR，又称为灵敏度），假正率（FPR，即(1−特异度)），最后，使假正率为横轴，真正率为纵轴，按阈值排列顺序，绘制 ROC 曲线。

TPR（真 1 类）=TP/(TP+FN)。

FPR（假 1 类）=FP/(TN+FP)。

例 6-12 ROC 曲线。

```
#引入库
from sklearn.metrics import roc_curve
#计算概率
probs = LR2.predict_proba(X_test)
#probs 包含样本属于 0 类与 1 类的概率
#取样本属于 1 类的概率
probs=probs[:,1]
#计算不同阈值下的真正率和假正率
fpr,tpr,thresholds = roc_curve(y_test,probs)
#绘制曲线
plt.plot(fpr, tpr)
plt.xlabel('假正率')   #设定 1 类为正
plt.ylabel('真正率')
plt.title('ROC 曲线')
```

输出的 ROC 曲线如图 6-11 所示。

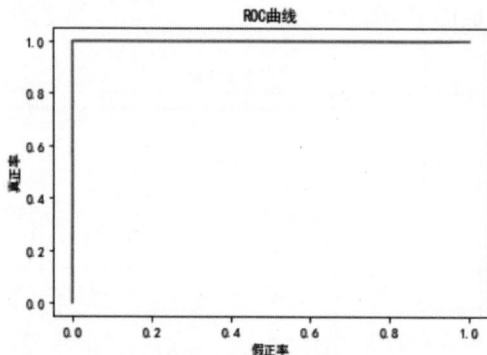

图 6-11 ROC 曲线

ROC 曲线与横轴之间的面积称为 AUC（Area Under Curve），取值为[0.5, 1]，其数值越大证明模型整体预测能力越强。当 AUC 等于 0.5 时预测结果等同于随机猜测结果，小于 0.5 基本不可能，此时表明模型的预测结果比随机猜测结果还要差。

```
from sklearn.metrics import roc_auc_score
roc_auc_score(y_test,probs)
```

或者

```
from sklearn. metrics import auc
auc(fpr,tpr)
```

输出 AUC 的值为 1.0。

6.3 案例：汽车满意度预测

一、目标

根据以往用户对车辆的满意度信息，建立模型，预测用户对车辆的满意度。

二、数据集介绍

数据集来源：

UCI Machine Learning Repository: Car Evaluation Data set。

样本总数：1728。

特征说明如下。

购买价格：非常高、高、中、低。

保养价格：非常高、高、中、低。

车门个数：2、3、4、5 及以上。

载客人数：2、4、4 以上。

车身大小：小、中、大。

安全性：低、中、高。

用户满意度：不满意、满意、比较满意、非常满意。其分布如下。

不满意（unacc）共 1210 个样本，占比约为 70.023 %。

满意（acc）共 384 个样本，占比约为 22.222 %。

比较满意（good）共 69 个样本，占比约为 3.993 %。

非常满意（vgood）共 65 个样本，占比约为 3.762 %。

数据集没有缺失值。

三、实现代码

1. 导入必要的包

```
from sklearn.linear_model import LogisticRegression
from sklearn.metrics import classification_report
import matplotlib.pyplot as plt
import pandas as pd
from sklearn.model_selection import train_test_split
```

2. 读取数据

读取数据，并为每个特征命名。
```
car_data=pd.read_csv("d:/datasets/car_evaluation.csv",names=["buying","maint",
"doors","person","lug_boot","safety","car_acc"])#读取数据，原始数据集没有列名，指定列名
```

3. 数据探索

```
car_data.head()#输出数据集的前5行
```

数据集的前 5 行如下：

	buying	maint	doors	person	lug_boot	safety	car_acc
0	vhigh	vhigh	2	2	small	low	unacc
1	vhigh	vhigh	2	2	small	med	unacc
2	vhigh	vhigh	2	2	small	high	unacc
3	vhigh	vhigh	2	2	med	low	unacc
4	vhigh	vhigh	2	2	med	med	unacc

```
car_data.describe()    #输出数据的描述性统计分析结果
```
数据的描述性统计分析结果如下：

	buying	maint	doors	person	lug_boot	safety	car_acc
count	1728	1728	1728	1728	1728	1728	1728
unique	4	4	4	3	3	3	4
top	low	low	2	2	big	low	unacc
freq	432	432	432	576	576	576	1210

```
car_data.info()#输出数据的摘要信息，包含索引、数据类型、非 null 值和内存使用情况等
```
数据的摘要信息如下：

```
<class 'pandas.core.frame.DataFrame'>
RangeIndex: 1728 entries, 0 to 1727
Data columns (total 7 columns):
 #   Column    Non-Null Count  Dtype
---  ------    --------------  -----
 0   buying    1728 non-null   object
 1   maint     1728 non-null   object
 2   doors     1728 non-null   object
 3   person    1728 non-null   object
 4   lug_boot  1728 non-null   object
 5   safety    1728 non-null   object
 6   car_acc   1728 non-null   object
dtypes: object(7)
memory usage: 94.6+ KB
```

查看特征与标签的取值：
```
for i in car_data.columns:
    print(car_data[i].value_counts())
```
特征与标签的取值如下：

```
low      432
vhigh    432
high     432
med      432
Name: buying, dtype: int64
low      432
vhigh    432
high     432
med      432
Name: maint, dtype: int64
```

......

4．数据预处理

特征编码（map 函数编码）：

```
car_data.car_acc=car_data.car_acc.map({"unacc":1,"acc":0,"good":0,"vgood":0})
```

特征编码（哑元编码）：

```
car_data_=pd.get_dummies(car_data[["lug_boot","safety","buying","maint","doors",
"person"]])
```

训练集、测试集的划分：

```
X_train,X_test,y_train,y_test=train_test_split(car_data_,car_data.car_acc,
test_size=0.3,random_state=10)
```

5．建立模型

（1）逻辑回归

建立模型并进行训练、预测：

```
lr=LogisticRegression()    #实例化
lr.fit(X_train_x,y_train)  #训练
y_pre=lr.predict(X_test)   #预测
```

评价：

```
print(classification_report(y_pre,y_test))  #输出分类报告
```

分类报告如下：

	precision	recall	f1-score	support
0	0.96	0.91	0.93	156
1	0.96	0.98	0.97	363
accuracy			0.96	519
macro avg	0.96	0.95	0.95	519
weighted avg	0.96	0.96	0.96	519

```
print(lr.coef_)    #输出回归系数
```

回归系数如下：

```
[[-1.0007704  -0.18998761  1.19076716 -3.18375479  4.63964212 -1.4558782
   0.79973176 -1.58573658 -1.13830655  1.92432051  0.52924181 -1.23797059
  -1.27848463  1.98722256  0.68687986  0.01508456 -0.31209856 -0.38985673
   4.87105982 -2.54748165 -2.32356903]]
```

```
lr.score(X_test,y_test)    #输出正确率
```

正确率：0.9614643545279383。

```
from sklearn.metrics import accuracy_score
accuracy_score(y_pre,y_test) #输出正确率
```

正确率：0.9614643545279383。

```
from  sklearn.metrics import confusion_matrix
import seaborn as sns
sns.set(font="SimHei")
lgr=LogisticRegression(random_state=1)
lgr.fit(X_train,y_train)
y_pre=lgr.predict(X_test)
print(lgr.score(X_test,y_test))
```

```
    ax=sns.heatmap(confusion_matrix(y_test,y_pre),annot=True,fmt="d",xticklabels=
["满意","不满意"],yticklabels=["满意","不满意"])
    ax.set_ylabel("真实")
    ax.set_xlabel("预测")
    ax.set_title("混淆矩阵")
```
输出的混淆矩阵热力图如下：

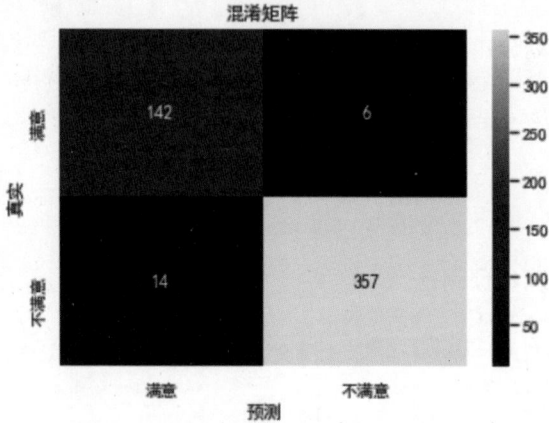

```
    from sklearn.metrics import precision_recall_curve  #引入库
    probs =lr.predict_proba(X_test)   #计算概率
    #probs 包含样本属于 0 类、1 类的概率
    #本例取样本属于 1 类的概率
    probs=probs_[:,1]
    precision,recall,thresholds = precision_recall_curve(y_test,probs,pos_label=1)
#计算不同阈值的精确率和召回率
    #计算 1 类的精确率与召回率随阈值的变化，也可计算其他类的精确率与召回率随阈值的变化
    #绘制 P-R 曲线
    plt.plot(recall, precision)
    plt.title('P-R 曲线')
    plt.xlabel('召回率')
    plt.ylabel('精确率')
```
输出的 P-R 曲线如下：

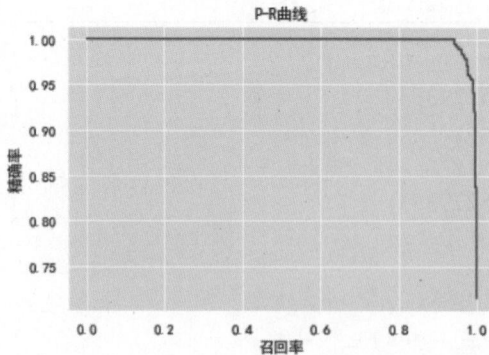

```
    #引入库
    from sklearn.metrics import roc_curve
    #计算概率
```

```
probs = lr.predict_proba(X_test)
#probs 包含样本属于 0 类与 1 类的概率
#取样本属于 1 类的概率
probs=probs[:,1]
#计算不同阈值的 FPR 和 TPR
fpr,tpr,thresholds = roc_curve(y_test,probs)
#绘制 ROC 曲线
plt.plot(fpr, tpr)
plt.xlabel('假正率')   #设定 1 类为正
plt.ylabel('真正率')
plt.title('ROC 曲线')
```

输出的 ROC 曲线如下：

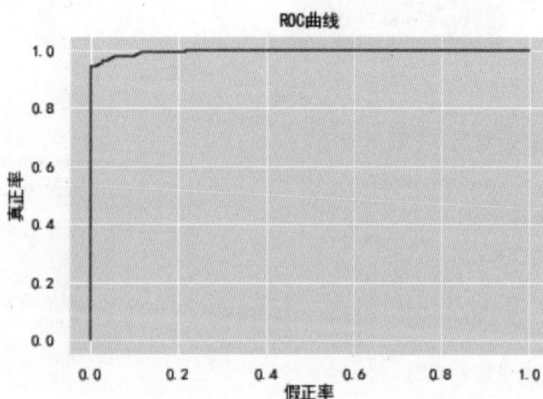

（2）K 近邻

建立模型并进行训练、预测：

```
from sklearn.neighbors import KNeighborsClassifier
kn=KNeighborsClassifier()
kn.fit(X_train,y_train)
y_pre=kn.predict(X_test)
```

评价：

```
print(kn.score(X_test,y_test))
```

正确率：0.9614643545279383。

```
print(classification_report(y_test,y_pre))
```

分类报告如下：

	precision	recall	f1-score	support
0	0.95	0.91	0.93	148
1	0.97	0.98	0.97	371
accuracy			0.96	519
macro avg	0.96	0.95	0.95	519
weighted avg	0.96	0.96	0.96	519

```
ax=sns.heatmap(confusion_matrix(y_test,y_pre),annot=True,fmt="d",xticklabels=
["满意","不满意"],yticklabels=["满意","不满意"])
ax.set_ylabel("真实")
ax.set_xlabel("预测")
ax.set_title("混淆矩阵")
```

输出的混淆矩阵热力图如下：

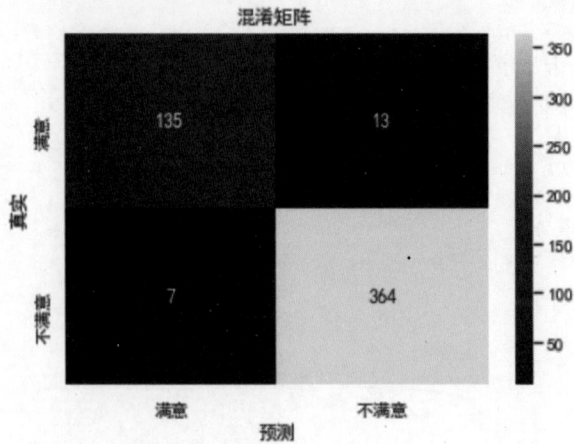

调参（查看不同 K 值对模型效果的影响）：

```
k_score=[KNeighborsClassifier(n_neighbors=k).fit(X_train,Y_train).score(x_test,
y_test) for k in range(1,10)]
import matplotlib.pyplot as plt
plt.plot(range(1,10),k_score,"b")
plt.xlabel("K")
plt.ylabel("正确率")
plt.title("K值对正确率的影响")
```

K 值对正确率的影响如下：

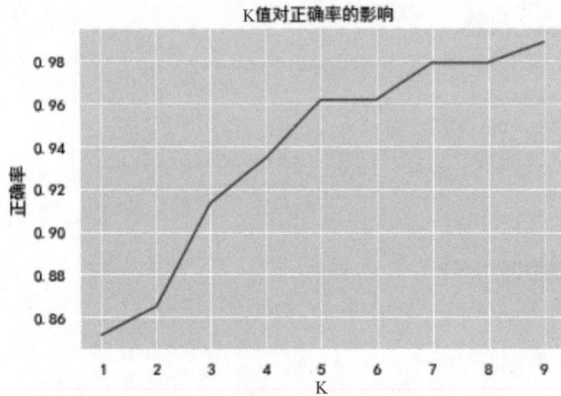

（3）决策树

建立模型并进行训练、预测：

```
from sklearn.tree import DecisionTreeClassifier
dt=DecisionTreeClassifier(max_depth=3)   #深度较小，为方便可视化
dt.fit(X_train,y_train)
dt_pre=dt.predict(X_test)
```

评价：

```
print(classification_report(dt_pre,y_test))
```

分类报告如下：

	precision	recall	f1-score	support
0	0.90	0.79	0.84	169
1	0.90	0.96	0.93	350
accuracy			0.90	519
macro avg	0.90	0.87	0.88	519
weighted avg	0.90	0.90	0.90	519

可视化决策树

安装 Graphviz 的过程:

在 Graphviz 网站选择与操作系统对应的 Graphviz 版本,下载并安装。然后修改环境变量(将 dot.exe 文件的路径加到用户或系统环境变量的 path 中,一般是 C:\Program Files\Graphviz\bin)。

安装 Graphviz 包:

```
pip install graphviz
```

安装 PyDotPlus 包:

```
pip install pydotplus
```

重启 Jupyter:

```
from sklearn.tree import export_graphviz
from IPython.display import Image
import pydotplus
plt.rcParams['font.sans-serif']=['SimHei']   #正常显示中文
plt.rcParams['axes.unicode_minus']=False   #正常显示负号 "-"
# 输出图片到.dot 文件
export_graphviz(dt, out_file='tree.dot',
        feature_names=train_x.columns,
        rounded=True, filled=True,
        class_names=['acc', 'unacc'])
# 使用.dot 文件构造图
graph= pydotplus.graph_from_dot_file('tree.dot')
Image(graph.create_png())
```

可视化决策树如下:

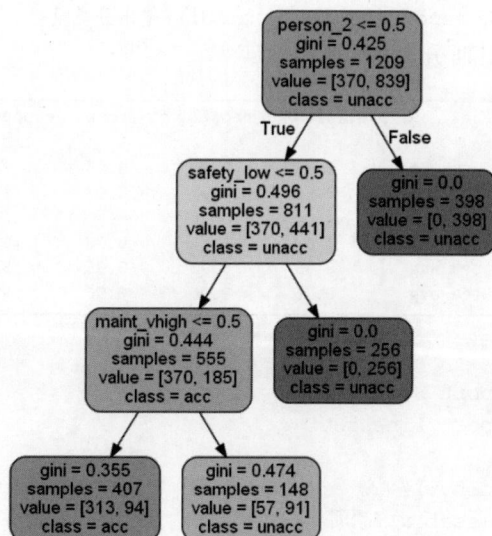

（4）朴素贝叶斯

```
from sklearn.naive_bayes import GaussianNB
from sklearn.naive_bayes import BernoulliNB
from sklearn.naive_bayes import MultinomialNB
GNB=GaussianNB()#实例化
GNB.fit(train_x,train_y)#训练
y_pred=GNB.predict(test_x)#预测
print(classification_report(test_y,y_pred))#输出分类报告
```

输出的高斯朴素叶贝斯分类报告如下：

	precision	recall	f1-score	support
0	0.69	1.00	0.82	148
1	1.00	0.82	0.90	371
accuracy			0.87	519
macro avg	0.85	0.91	0.86	519
weighted avg	0.91	0.87	0.88	519

```
BNB=BernoulliNB()#实例化
BNB.fit(train_x,train_y)#训练
y_pred=BNB.predict(test_x)#预测
print(classification_report(test_y,y_pred))#输出分类报告
```

输出的伯努利朴素叶贝斯分类报告如下：

	precision	recall	f1-score	support
0	0.88	0.97	0.93	148
1	0.99	0.95	0.97	371
accuracy			0.96	519
macro avg	0.94	0.96	0.95	519
weighted avg	0.96	0.96	0.96	519

```
MNB=MultinomialNB()#实例化
MNB.fit(train_x,train_y)#训练
y_pred=MNB.predict(test_x)#预测
print(classification_report(test_y,y_pred))#输出分类报告
```

输出的多项式朴素叶贝斯分类报告如下：

	precision	recall	f1-score	support
0	0.92	0.95	0.93	148
1	0.98	0.97	0.97	371
accuracy			0.96	519
macro avg	0.95	0.96	0.95	519
weighted avg	0.96	0.96	0.96	519

（5）SVC

```
from sklearn.svm import SVC
from sklearn.svm import LinearSVC
SVC_=SVC()#实例化
SVC_.fit(train_x,train_y)#训练
y_pred=SVC_.predict(test_x)#预测
```

```
print(classification_report(test_y,y_pred))#输出分类报告
```
输出的 SVC 分类报告如下：

	precision	recall	f1-score	support
0	0.97	1.00	0.99	148
1	1.00	0.99	0.99	371
accuracy			0.99	519
macro avg	0.99	0.99	0.99	519
weighted avg	0.99	0.99	0.99	519

小　结

本章首先介绍了常用的分类算法，包含逻辑回归、K 近邻、决策树、朴素贝叶斯以及支持向量机等分类算法，同时详细介绍了 Python 中采用 sklearn 包的实现代码。然后介绍了分类模型评价，包含正确率、精确率等常用评价指标以及 P-R 曲线和 ROC 曲线。最后通过"汽车满意度预测"案例介绍了不同分类方法在汽车满意度分类中的应用。

课后习题

1. 简述不同分类方法的优缺点。
2. 什么是混淆矩阵？
3. 什么是召回率与精确率？
4. 什么是 P-R 曲线？
5. 简述如何通过 ROC 曲线评价分类模型。
6. 基于糖尿病数据集，采用支持向量机算法构建分类模型，并构建可视化混淆矩阵。
7. 基于糖尿病数据集，采用决策树模型，讨论不同深度决策树对分类结果的影响。
8. 基于糖尿病数据集，采用逻辑回归模型，讨论阈值与召回率、精确率的关系并进行可视化。

第 **7** 章 集成学习

单个学习器的结果往往具有一定的片面性，可将多个学习器（可以相同也可以不同）用某种策略组合起来，这种通过构建并组合多个学习器来完成学习任务的机器学习方法称为集成学习。采用集成学习通常可获得比单一学习器更好的泛化性能，这种为获取更好的泛化性能构建的组合模型称为集成模型。

常用的集成学习方法有装袋法（Bagging）、提升法（Boosting）、堆叠法（Stacking）以及投票法。

学习目标

（1）理解装袋法的基本思想。
（2）掌握随机森林算法及其在 Python 中的实现。
（3）理解提升法的基本思想。
（4）掌握梯度提升树算法及其应用。
（5）掌握极致梯度提升算法及其应用。
（6）掌握堆叠法及其应用。
（7）掌握投票法及其应用。

7.1 装袋法

装袋法通过并行组合多个相同的基模型，尽可能使其相互独立。将装袋法用于分类时，可有效减小方差；用于回归时，可减小均方误差。

装袋法的核心方法是自助抽样和聚合（Aggregation），可用于分类与回归。解决分类问题时，对于多个基模型的结果采用多数投票法确定最终的输出结果；解决回归问题时，采用平均法求得多个基模型结果的均值作为最终的输出结果。

在训练每个基模型时，采用有放回的自助抽样从训练集中抽取部分样本训练。

对于有 n 个样本的数据集，其中任意一个样本 x 单次抽样被抽取的概率为 $1/n$，未被抽取的概率是 $(1-1/n)$；采用有放回抽样 n 次得到 n 个样本的新数据集时，x 未被抽取的概率是 $(1-1/n)^n$，被抽取的概率是 $[1-(1-1/n)^n]$。可以认为进行多次自助抽样后，约有 $[1-(1-1/n)^n]$ 比例的样本被抽取，而 $(1-1/n)^n$ 比例的样本未被抽取，这部分称为袋外样本。当 n 趋于无穷大时，未被抽取的样本比例为 $(1-1/n)^n$，趋近于 $1/e$，约为 36.8%，被抽取的样本比例约为 63.2%。

尽管每次抽样独立，但各个模型使用的样本部分重复，各子模型还是有一定相关性的，并不完全独立，因此装袋法只能在一定程度上减小方差。

袋外样本通常作为测试集，用于测试模型对它的分类情况，计算错误率（袋外），评估分类模型的泛化性能。还可通过计算袋外样本的均方误差，评估回归模型的泛化性能。装袋法如图 7-1 所示。

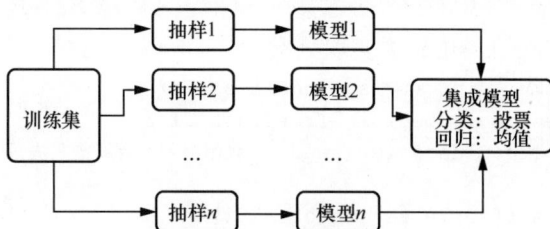

图 7-1　装袋法

7.1.1　将装袋法用于解决分类问题

本章分类例题使用 sklearn 自带的乳腺癌数据集。该数据集内包含两类共 569 个样本，每个样本都有 30 个特征。采用 load_breast_cancer()方法获取数据集。

例 7-1　获取乳腺癌数据集。

```
from sklearn.datasets import load_breast_cancer  #导入 load_ breast_cancer()方法
data=load_breast_cancer ()  #获取数据
print(data.DESCR) #输出数据集介绍
```

数据集介绍如图 7-2 所示。

```
.. _breast_cancer_dataset:

Breast cancer wisconsin (diagnostic) dataset
--------------------------------------------

**Data Set Characteristics:**

    :Number of Instances: 569

    :Number of Attributes: 30 numeric, predictive attributes and the class

    :Attribute Information:
        - radius (mean of distances from center to points on the perimeter)
        - texture (standard deviation of gray-scale values)
        - perimeter
        - area
        - smoothness (local variation in radius lengths)
        - compactness (perimeter^2 / area - 1.0)
        - concavity (severity of concave portions of the contour)
```

图 7-2　数据集介绍

```
X=data.data    #提取特征 X
Y=data.target  #提取标签 Y
from sklearn.model_selection import train_test_split
X_train,X_test,y_train,y_test=train_test_split(X,Y,train_size=0.8) #训练集与测试
集的划分
```

sklearn 提供 ensemble.BaggingClassifier 类用于分类，具体实现如例 7-2 所示。

BaggingClassifier 类常用参数及其说明：

```
BaggingClassifier(n_estimators=100,        #设定基模型个数
```

```
              max_samples=1.0,      #基模型使用的训练集中样本的比例（float）或个数（int）
              max_features=1.0,     #基模型使用的训练集中特征的比例（float）或个数（int）
              base_estimator=model_DT,   #指定基模型
              oob_score=True,            #计算袋外样本得分
              random_state=10,           #随机数种子
              bootstrap=True,            #有放回地抽取样本
              bootstrap_features=True    #有放回地抽取特征
              )
```

例 7-2 使用 BaggingClassifier 类实现分类。

```
from sklearn.ensemble import BaggingClassifier
from sklearn.tree import DecisionTreeClassifier
model_DT=DecisionTreeClassifier(random_state=1) #实例化决策树模型，本例使用决策树模
型作为分类的基模型
bag_DT=BaggingClassifier(n_estimators=100)
bag_DT.fit(X_train,y_train)  #训练
y_pred=bag_DT.predict(X_test)  #预测
from sklearn.metrics import classification_report
print(classification_report(y_test,y_pred))
```

分类报告如图 7-3 所示。

7.1.2 将装袋法用于解决回归问题

本章回归例题使用 sklearn 自带的糖尿病数据集。该数据集内包含 442 个样本，每个样本都有 30 个特征。采用 load_diabetes ()方法获取数据集。

	precision	recall	f1-score	support
0	0.90	0.97	0.94	38
1	0.99	0.95	0.97	76
accuracy			0.96	114
macro avg	0.94	0.96	0.95	114
weighted avg	0.96	0.96	0.96	114

图 7-3 例 7-2 分类报告

例 7-3 获取糖尿病数据集。

```
from sklearn.datasets import load_diabetes  #导入 load_ diabetes ()方法
data= load_diabetes ()   #获取数据
print(data_.DESCR)        #输出数据集介绍
```

数据集介绍如图 7-4 所示。

```
.. _diabetes_dataset:

Diabetes dataset
-----------------

Ten baseline variables, age, sex, body mass index, average blood
pressure, and six blood serum measurements were obtained for each of n =
442 diabetes patients, as well as the response of interest, a
quantitative measure of disease progression one year after baseline.

**Data Set Characteristics:**

 :Number of Instances: 442

 :Number of Attributes: First 10 columns are numeric predictive values

 :Target: Column 11 is a quantitative measure of disease progression one year after baseline

 :Attribute Information:
     - age      age in years
```

图 7-4 数据集介绍

```
X=data.data    #提取特征 X
Y=data.target  #提取标签 Y
from sklearn.model_selection import train_test_split
X_train,X_test,y_train,y_test=train_test_split(X,Y,train_size=0.8) #训练集与测试
集的划分
```

sklearn 包提供 ensemble.BaggingRegressor 类用于回归问题，具体实现如例 7-4 所示。
BaggingRegressor 类常用参数说明：

```
BaggingRegressor(
    base_estimator=LinearRegression(),#基模型
    n_estimators=100, #基模型个数
    random_state=1)
```

例 7-4 使用 BaggingRegression 类实现回归。

```
from sklearn.ensemble import BaggingRegressor
from sklearn.linear_model import LinearRegression
BR_model=BaggingRegressor(
    base_estimator=LinearRegression(),  #基模型
    n_estimators=100)
BR_model.fit(X_train,Y_train)  #训练
BR_model.score(X_test,y_test)   #评价，输出 R 方
```

输出结果为 0.5530728075010947。

7.1.3 随机森林

随机森林（Random Forest）既可以用于解决分类问题，也可以用于解决回归问题，是以决策树模型为基模型的装袋法。随机森林不仅对样本进行随机抽取，对特征也进行随机抽样，如有 d 个特征，一般随机选取 $m=\log_2 d+1$ 个特征构建决策树。

sklearn.ensemble 使用 RandomForestClassifier 类实现通过随机森林进行分类。
RandomForestClassifier 类常用参数及其说明：

```
RandomForestClassifier(n_estimators=100, #指定基模型的数量
    criterion='gini', #{"gini", "entropy", "log_loss"}, default="gini"
    max_depth=None,#决策树最大深度
    min_samples_split=2,#分裂最小的样本的数目
    min_samples_leaf=1,#叶节点最小的样本的数目
    min_weight_fraction_leaf=0.0,# 叶节点所需要的最小权值
    max_features='auto',#最多的特征的数目
    random_state=1,
    oob_score=True# 是否使用袋外样本来估计泛化精度
)
```

例 7-5 将 RandomForestClassifier 类用于解决分类问题。

```
from sklearn.ensemble import RandomForestClassifier
model=RandomForestClassifier(n_estimators=50, criterion='gini',)
model.fit(X_train,y_train)
y_pred=model.predict(X_test)
print(classification_report(y_test,y_pred))
```

分类报告如图 7-5 所示。

	precision	recall	f1-score	support
0	1.00	0.93	0.96	44
1	0.96	1.00	0.98	70
accuracy			0.97	114
macro avg	0.98	0.97	0.97	114
weighted avg	0.97	0.97	0.97	114

图 7-5 例 7-5 分类报告

sklearn.ensemble 使用 RandomForestRegressor 类实现通过随机森林进行回归。

RandomForestRegressor 类常用参数及其说明：

```
RandomForestRegressor(n_estimators=100, #基模型的数量
    criterion="squared_error", #{"squared_error", "absolute_error", "poisson"},
default="squared_error", 评价模型的效果
    max_depth=None,#最大的深度
    min_samples_split=2,#分裂的最小样本数
    min_samples_leaf=1,# 叶节点的最小样本数
    min_weight_fraction_leaf=0.0,# 叶节点所需要的最小权值
    random_state=1,
    bootstrap=True, #对样本进行有放回抽样
    oob_score=True#指定是否使用袋外样本来估计泛化精度
)
```

例 7-6 将 RandomForestRegressor 类用于解决回归问题。

```
from sklearn.ensemble import RandomForestRegressor
model=RandomForestRegressor()
model.fit(X_train,y_train)
model.score(X_test,y_test)  #评价，输出 R^2
```

输出结果为 0.47488207000053007。

7.2 提升法

提升法利用同一训练样本的不同加权版本，训练一组弱分类器，然后把这些弱分类器以加权的形式集成起来，形成一个强分类器。

提升法从优化角度来看，使用贪心法最小化损失函数。提升法逐步地最小化损失函数，使其偏差逐步减小。但采取这种策略时各子模型之间是强相关的，因此提升法多子模型组合并不能显著减小方差。

7.2.1 自适应提升分类算法

自适应提升分类算法（Adaptive Boosting Classifier）是提升法的典型代表，通过改变样本权重的方式训练弱分类器，后一个弱分类器基于前一个分类器的结果来调整样本的权重进行训练。

自适应提升分类算法能够自动学习多个弱分类器集成时的分类器权重，该弱分类器效果越好，权重越高。自适应提升分类算法如图 7-6 所示。

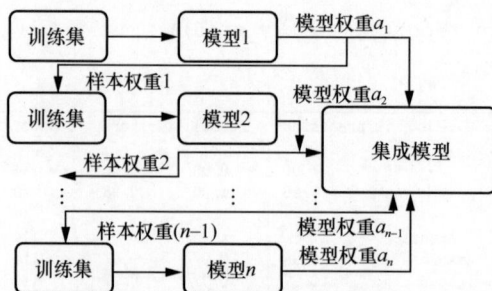

图 7-6 自适应提升分类算法

自适应提升分类算法使用流程如下。

输入：训练集 $D = \{(x_1, y_1), (x_2, y_2), (x_3, y_3), \cdots, (x_n, y_n)\}$ 以及弱分类器算法 h。

输出：集成分类器 $H(x)$。

初始化样本权重 $w_i^1 = \dfrac{1}{n}$，其中 $i=1,2,3,\cdots,n$；

使用训练集数据 D 以及权重 w，训练弱分类器 $h_i(x)$；

计算弱分类器的分类误差，确定弱分类器的权重；

根据分类误差对样本进行定权，分类错误的样本权重更大；

更新样本权重，重新训练弱分类器；

重复以上过程，直到达到弱分类器的个数。

加权各个弱分类器的结果，输出：

$$H(x) = \sum_{i=1}^{n} a_i \cdot h_i(x)$$

sklearn.ensemble 中使用 AdaBoostClassifier 类实现自适应提升分类算法。

AdaBoostClassifier 类常用参数及其说明：

```
AdaBoostClassifier(estimator=DecisionTreeClassifier(),#指定基模型
              n_estimators=50,# 基分类器提升（循环）次数，也表示使用的基分类器的个数
              learning_rate=1,# 学习率，表示梯度收敛速度
              random_state=1,
              algorithm="SAMME"#模型提升准则，有 SAMME 和 SAMME.R 两种取值，默认值为
SAMME.R，两者的区别主要是弱分类器权重的度量，前者考察样本集预测错误的概率，后者考察样本集预测错误
的比例
  )
```

例 7-7 使用 AdaBoostClassifier 类实现分类。

```
from sklearn.ensemble import AdaBoostClassifier
from sklearn.tree import DecisionTreeClassifier
model_ada=AdaBoostClassifier(estimator=DecisionTreeClassifier(),
              n_estimators=100,
              )
model_ada.fit(X_train,y_train)
y_pred=model_ada.predict(X_test)
print(classification_report(y_test,y_pred))  #输出分类报告
```

分类报告如图 7-7 所示。

	precision	recall	f1-score	support
0	0.90	0.90	0.90	52
1	0.92	0.92	0.92	62
accuracy			0.91	114
macro avg	0.91	0.91	0.91	114
weighted avg	0.91	0.91	0.91	114

图 7-7　例 7-7 分类报告

7.2.2　梯度提升树

梯度提升树是一种典型的提升法，使用决策树模型作为基模型，并采用梯度提升的方法

进行每一轮的迭代，最终组建出强学习器。

以回归树为基学习器。

用损失函数的负梯度来拟合每轮损失的近似值。

输入：训练集 $D = \{(x_1, y_1), (x_2, y_2), (x_3, y_3), \cdots, (x_n, y_n)\}$，最大迭代次数 T，损失函数 L。

输出：强学习器 $f(x)$。

初始化弱学习器：

$$f_0(x) = \underset{c}{\operatorname{argmin}} \sum_{i=1}^{m} L(y_i, c)$$

对迭代轮数 $t = 1, 2, \cdots, T$，样本 $i = 1, 2, \cdots, m$，计算损失函数的负梯度：

$$r_{t,i} = -\left[\frac{\partial L(y_i, f(x_i))}{\partial f(x_i)}\right]_{f(x)=f_{t-1}(x)}$$

利用 $(x_i, r_{t,i})$ 拟合第 t 棵回归树，其对应的叶节点区域为 $R_{t,i}$，$i = 1, 2, \cdots, j_t$，其中 j_t 为第 t 棵回归树叶节点个数。

对于叶节点区域，计算最佳拟合值：

$$c_{t,j} = \underset{c}{\operatorname{argmin}} \sum_{x_i \in R_{t,j}} L(y_i, f_{t-1}(x_i) + c)$$

更新强学习器：

$$f_t(x) = f_{t-1}(x) + \sum_{j=1}^{J} c_{t,j} I(x \in R_{t,j})$$

强学习器：

$$f(x) = f_0(x) + \sum_{t=1}^{T} \sum_{j=1}^{J} c_{t,j} I(x \in R_{t,j})$$

通过 sklearn.ensemble 中的 GradientBoostingClassifier 类可实现梯度提升树。

GradientBoostingClassifier 类常用参数及其说明：

```
GradientBoostingClassifier(
    loss='log_loss',#每次拆分中最小化的损失函数
    learning_rate=0.1,#学习率
    n_estimators=100,#基模型的个数
    subsample=1.0,# 正则化中的子采样，不放回抽样。如果取值为 1.0，则使用全部样本
    criterion='friedman_mse',#{"squared_error", "friedman_mse", "absolute_error",
"poisson"}, default="squared_error"，衡量分割质量的函数
    min_samples_split=2,#拆分的节点所需的最少样本数
    min_samples_leaf=1,#叶节点最少的样本数
    min_weight_fraction_leaf=0.0,#叶节点样本占整个样本的最小比例
    max_depth=3,#树的最大深度
    min_impurity_decrease=0.0,#只有当划分后不纯度减少值不小于该参数指定的值时，才会对该
```
节点进行划分，默认值为 0.0。设置该参数可以提前结束树的生长

```
      init=None,#初始化模型，以此模型结果作为初始估计值
      random_state=None,#随机数种子
      max_features=None,#搜索最佳拆分时要考虑的最多特征数量
      verbose=0,#输出日志详细程度
      max_leaf_nodes=None,#最多的叶节点数
      warm_start=False,#训练停止后，如果想在这基础上继续训练，就可用该参数（值为 True 时）减
少重复训练
      validation_fraction=0.1,#留出作为验证集的数据集的比例
      n_iter_no_change=None,#指定 n 次迭代后效果没有改善时，提前终止
      tol=0.0001,#收敛阈值
      ccp_alpha=0.0,#用于最小成本复杂度修剪的复杂度参数
)
```

例 7-8　使用梯度提升树实现分类。

```
from sklearn.ensemble import GradientBoostingClassifier
model_gbdt=GradientBoostingClassifier(random_state=10,subsample=0.7)
model_gbdt.fit(X_train,y_train)
y_pred=model_ada.predict(X_test)
print(classification_report(y_test,y_pred))   #输出分类报告
```

分类报告如图 7-8 所示。

	precision	recall	f1-score	support
0	0.90	0.90	0.90	52
1	0.92	0.92	0.92	62
accuracy			0.91	114
macro avg	0.91	0.91	0.91	114
weighted avg	0.91	0.91	0.91	114

图 7-8　例 7-8 分类报告

例 7-9　将 GradientBoostingRegressor 类用于解决回归问题。

```
from sklearn.ensemble import GradientBoostingRegressor
model_gbdt=GradientBoostingRegressor()
model_gbdt.fit(X_train,y_train)
y_pred=model_gbdt.predict(X_test)
model_gbdt.score(X_test,y_test)   #评价，输出 R²
```

输出的结果为 0.3204309770531295。

7.2.3　极致梯度提升

极致梯度提升（eXtreme Gradient Boosting，XGBoost）是梯度提升机（Gradient Boosting Machine）的一种 C++实现，并在原有的基础上得到改进，从而实现提升模型训练速度和预测精度。XGBoost 是梯度提升的高效实现。

与梯度提升树相比，XGBoost 还支持线性分类器，同时在损失函数中加入了正则项，用于控制模型的复杂度。XGBoost 对特征进行抽样，对于有缺失值的样本，XGBoost 还可以自动学习得出它的分裂方向。梯度提升树最耗时的过程是对特征的值进行排序，以确定最佳分割点，XGBoost 在进行节点的分裂时，并行计算每个特征的增益，最终选取增益最大的特征进行分裂，有效提高了计算的效率。

XGBoost 中使用 XGBClassifier 类实现分类。

XGBClassifier 类常用参数及其说明：

```
XGBClassifier(
    base_score=None, #所有实例的初始预测得分，即全局偏差
    booster=None, #gbtree、gblinear 或 dart
    colsample_bylevel=None, #树每一级分裂时，列数的采样比例，默认值为 1
    colsample_bynode=None,#树每一个节点分裂时，列数的采样比例，默认值为 1
    colsample_bytree=None, #训练每棵树时，使用的特征占全部特征的比例，默认值为 1
    learning_rate=None, #学习率，控制每次迭代更新权重时的步长，默认值为 0.1
    n_estimators=100, #基学习器的个数，默认值是 100
    n_jobs=None,#并行的作业数
    random_state=None,#随机数种子
)
```

例 7-10 将极致梯度提升用于解决分类问题。

```
from xgboost import XGBClassifier as XGBC
xgbc=XGBC(n_estimators=1000)
xgbc.fit(X_train,y_train)
y_pred=xgbc.predict(X_test)
print(classification_report(y_test,y_pred))
```

分类报告如图 7-9 所示。

	precision	recall	f1-score	support
0	0.98	0.96	0.97	47
1	0.97	0.99	0.98	67
accuracy			0.97	114
macro avg	0.97	0.97	0.97	114
weighted avg	0.97	0.97	0.97	114

图 7-9 例 7-10 分类报告

例 7-11 将极致梯度提升用于解决回归问题。

```
from xgboost import XGBRegressor
xgbr=XGBRegressor(n_estimators=1000)
xgbr.fit(X_train,y_train)
xgbr.score(X_test,y_test)
```

输出的结果为 0.33852073181509035。

7.3 堆叠法

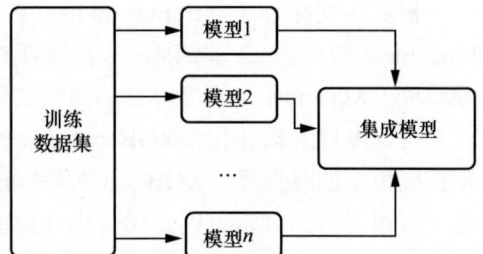

图 7-10 堆叠法

堆叠法通过训练一个集成模型来组合多个不同基模型的结果，输出最终的预测结果。构建堆叠模型时，需要确定 n 个学习器以及组合它们的模型。不同于装袋法与提升法中所有的基模型为相同的模型，每个模型使用的样本不一样或样本权重不一样，堆叠法中使用的基模型为不同的模型。堆叠法如图 7-10 所示。

对于分类问题，选择 K 近邻、逻辑回归和随机森林为基模型，使用决策树为集成模型，如例 7-12 所示。

例 7-12 使用堆叠法实现分类。

```
from sklearn.ensemble import StackingClassifier
from sklearn.linear_model import LogisticRegression
from sklearn.neighbors import KNeighborsClassifier
from sklearn.tree import DecisionTreeClassifier
from sklearn.ensemble import RandomForestClassifier
est=[("LR",LogisticRegression()),("KNC",KNeighborsClassifier()),("rfs",Random
ForestClassifier(n_estimators=50,random_state=42))]
SC=StackingClassifier(estimators=est,
               final_estimator=DecisionTreeClassifier()
          )
SC.fit(X_train,Y_train)
```

对于回归问题，选择 LinearSVR、RandomForestRegressor 为基模型，使用 RidgeCV 为集成模型，如例 7-13。

例 7-13 使用堆叠法实现回归。

```
from sklearn.ensemble import StackingRegressor
from sklearn.linear_model import RidgeCV
from sklearn.svm import LinearSVR
from sklearn.ensemble import RandomForestRegressor
est=[("ls",LinearSVR()),("rfs",RandomForestRegressor(n_estimators=50,random_
state=42))]
SR=StackingRegressor(estimators=est,
               final_estimator=RidgeCV()
          )
SR.fit(X_train,Y_train)
SR.score(X_test,y_test) #评价模型，输出 $R^2$
```

输出结果为 0.467628049773533。

7.4 投票法

投票法通过组合不同的基分类器，最终以多数投票（硬投票）或概率平均（软投票）的方式来预测样本类别。

硬投票：对于一个样本，每个基分类器都预测一个类别，所有的基分类器预测类别中最多的类将作为最终结果，即取多数票。

软投票：每个基分类器输出测试样本属于各个类的概率，将所有基分类器对每个类的预测概率进行平均，得到最终测试样本属于每个类的概率，从中选择拥有最大概率的类。也可以为每个基分类器设置权重，控制每个基分类器的贡献，对预测概率进行加权平均。

例 7-14 投票法。

```
model_DT=DecisionTreeClassifier(random_state=1)
model_LR=LogisticRegression(random_state=1, class_weight='balanced')
#多模型的硬投票
model_vote_hard = VotingClassifier(estimators=[('DT',model_DT), ('LR',model_LR)])
model_vote_hard.fit(X_train, y_train)
```

```
#多模型的软投票
model_vote_soft = VotingClassifier(estimators=[('DT',model_DT), ('LR',model_LR)],
voting='soft')
model_vote_soft.fit(X_train, y_train)
#输出多模型硬投票的结果
model_vote_hard.score(X_test,y_test)
```

输出结果为 0.9385964912280702。

```
#输出多模型软投票的结果
model_vote_soft.score(X_test,y_test)
```

输出结果为 0.8947368421052632。

```
best_RF = RandomForestClassifier(max_features=6, n_estimators=500,
random_state=10)
best_gbdt = GradientBoostingClassifier(n_estimators=200, learning_rate=0.01,
subsample=0.3, random_state=10)
#集成模型的硬投票
model_vote_soft = VotingClassifier(estimators=[('RF',best_RF), ('GBDT',best_gbdt)])
model_vote_soft.fit(X_train, y_train)
#集成模型的软投票
model_vote_soft = VotingClassifier(estimators=[('RF',best_RF), ('GBDT',best_gbdt)],
voting='soft')
model_vote_soft.fit(X_train, y_train)
#输出集成模型硬投票的结果
model_vote_hard.score(X_test,y_test)
```

输出结果为 0.9385964912280702。

```
#输出集成模型软投票的结果
model_vote_soft.score(X_test,y_test)
```

输出结果为 0.9385964912280702。

7.5 案例：通过随机森林实现鸢尾花分类

一、目标

采用随机森林实现鸢尾花的分类。

二、数据集介绍

本案例采用 sklearn 自带的数据集：鸢尾花数据集。

三、实现代码

1. 导入包

```
from sklearn.ensemble import RandomForestClassifier
```

2. 读取数据

```
from sklearn.datasets import load_iris
# 获取鸢尾花数据集
```

```
iris = load_iris()
print('鸢尾花数据集的描述：\n', iris.DESCR)
```

鸢尾花数据集的描述如下：

```
.. _iris_dataset:

Iris plants dataset
--------------------

**Data Set Characteristics:**

    :Number of Instances: 150 (50 in each of three classes)
    :Number of Attributes: 4 numeric, predictive attributes and the class
    :Attribute Information:
        - sepal length in cm
        - sepal width in cm
        - petal length in cm
        - petal width in cm
        - class:
                - Iris-Setosa
                - Iris-Versicolour
                - Iris-Virginica

    :Summary Statistics:

    ============== ==== ==== ======= ===== ====================
                    Min  Max   Mean    SD   Class Correlation
    ============== ==== ==== ======= ===== ====================
    sepal length:   4.3  7.9   5.84   0.83    0.7826
    sepal width:    2.0  4.4   3.05   0.43   -0.4194
    petal length:   1.0  6.9   3.76   1.76    0.9490   (high!)
    petal width:    0.1  2.5   1.20   0.76    0.9565   (high!)
    ============== ==== ==== ======= ===== ====================

    :Missing Attribute Values: None
    :Class Distribution: 33.3% for each of 3 classes.
    :Creator: R.A. Fisher
    :Donor: Michael Marshall (MARSHALL%PLU@io.arc.nasa.gov)
    :Date: July, 1988
```

3．测试集与训练集的划分

from sklearn.model_selection import train_test_split
X_train,X_test,y_train,y_test=train_test_split(iris.data,iris.target,train_size=0.8)

4．构建模型并通过随机森林实现分类

```
model=RandomForestClassifier(n_estimators=100,  #设定基模型个数为100
    criterion='gini',
    max_depth=None,
    min_samples_split=2,
    min_samples_leaf=1,
    min_weight_fraction_leaf=0.0,
    max_features='auto',
    random_state=1,
    oob_score=True)
```

5．训练

```
model.fit(X_train,y_train)
```

6. 评价

```
from sklearn.metrics import classification_report
print(classification_report(model.predict(X_test),y_test))   #输出在测试集上的分类报告
```

输出分类报告如下：

```
              precision    recall  f1-score   support

           0       1.00      1.00      1.00         9
           1       1.00      0.88      0.93         8
           2       0.93      1.00      0.96        13

    accuracy                           0.97        30
   macro avg       0.98      0.96      0.97        30
weighted avg       0.97      0.97      0.97        30
```

小　结

本章主要介绍常用的集成学习方法，包括装袋法、提升法、堆叠法以及投票法等。首先介绍装袋法，装袋法指将多个相同分类器的结果采用投票或均值的方法组合，获取更优的泛化性能，可以减小模型的方差，通常采用多个基模型并行计算，并介绍 Python 中使用装袋法实现分类与回归的具体代码；其次介绍提升法，提升法指后面模型在前面模型结果的基础上对数据样本进行加权，使得最终的性能得到提升，可以减小模型的偏差，但不能并行计算；再次介绍堆叠法，堆叠法指在装袋法的基础上将原来简单的投票以及求均值变为模型决策，将基模型的结果作为下一个模型的输入，通过最后的模型组合前面的结果，将其输出作为最终的结果；最后介绍投票法，投票法指组合不同的分类结果，有硬投票与软投票（对不同的分类器的结果进行加权）。此外，本章还介绍了用随机森林算法实现对鸢尾花的分类。

课后习题

1．简述装袋法的原理，常用的装袋法有哪些？
2．简述提升法的原理，常用的提升法有哪些？
3．简述堆叠法的原理，常用的堆叠法有哪些？
4．简述投票法的原理以及软投票与硬投票的优缺点。
5．使用 AdaBoostClassifier 实现鸢尾花数据集分类预测。
6．使用 BaggingRegression 实现波士顿房价的预测。
7．使用 XGBoost 实现波士顿房价的预测。
8．使用 GradientBoostingClassifier 实现汽车满意度的分类预测。

第 **8** 章　**参数调优**

参数调优的目标是最小化泛化误差，获取最好的模型效果。数据挖掘算法模型中有两类参数：模型参数和模型超参数。模型参数可在模型训练过程中从数据中学习得到，如回归系数与截距，不需要用户确定。而模型超参数无法在模型训练过程中从数据中学习获取，需要根据经验手动设置，如 K 近邻算法中的 K 值、距离度量方式等参数都是超参数。搜寻最优模型超参数的过程，称为参数调优。

参数调优的常用方法有人工循环搜索、网格搜索、随机搜索、贝叶斯搜索等。人工循环搜索是指编写代码循环遍历所有可能的参数组合；网格搜索是指以穷举的方式遍历所有可能的参数组合；随机搜索是指依据某种分布对参数空间进行采样，随机得到一些候选参数组合方案。

学习目标

（1）了解人工循环搜索超参数的方法。
（2）掌握超参数网格搜索方法及其在 Python 中的实现。
（3）掌握超参数随机搜索方法及其在 Python 中的实现。
（4）掌握超参数贝叶斯搜索方法及其在 Python 中的实现。

8.1　人工循环搜索

本章使用 sklearn 自带的鸢尾花数据集。该数据集内包含 3 类共 150 个样本，每类各 50 个样本，每个样本都有 4 个特征，通过这 4 个特征预测鸢尾花属于 setosa、versicolor、iris-virginica 中的哪一品种。采用 datasets.load_iris()方法获取数据集。

例 8-1　获取数据。

```
from sklearn.datasets import load_iris #导入 load_iris()方法
data=load_iris()  #获取数据
X=data.data  #提取特征 X
Y=data.target #提取标签 Y
from sklearn.model_selection import train_test_split
X_train,X_test,y_train,y_test=train_test_split(X,Y,train_size=0.75) #训练集与测试集的划分
```

人工循环搜索是指通过循环遍历可能的超参数组合，并对不同组合的性能进行评价，获

取最优的超参数组合。

如 K 近邻分类采用列表推导式计算不同 K 值时的模型性能。

例 8-2 采用列表推导式搜索超参数。

```
from sklearn.neighbors import KNeighborsClassifier
acc=[KNeighborsClassifier(n_neighbors=k).fit(X_train,y_train).score(X_test,
y_test) for k in range(1,10
)] #搜索 K 取不同值时的正确率
print("K","正确率")
for i in range(1,10):
    print(i,acc[i-1]) #输出 K 取不同值时的正确率
```

不同 K 值时的正确率如图 8-1 所示。

由图 8-1 可见，当 K 值等于 8 时，测试集上的正确率最高，达到 100%。

例 8-3 采用 for 循环搜索超参数。

```
K 正确率
1 0.9473684210526315
2 0.9473684210526315
3 0.9473684210526315
4 0.9473684210526315
5 0.9473684210526315
6 0.9473684210526315
7 0.9473684210526315
8 1.0
9 0.9736842105263158
```

图 8-1 不同 K 值时的正确率

```
from itertools import product
from sklearn.neighbors import KNeighborsClassifier
for k,weights_,algorithm_ in product(range(7,9),['uniform','distance'],['auto',
'ball_tree', 'kd_tree', 'brute']):
    print(k,weights_,algorithm_,end=" ")
    print(KNeighborsClassifier(n_neighbors=k,weights=weights_,algorithm=algorithm_).\
        fit(X_train,y_train).score(X_test,y_test))
```

不同超参数的正确率如图 8-2 所示。

```
7 uniform auto 0.9473684210526315
7 uniform ball_tree 0.9473684210526315
7 uniform kd_tree 0.9473684210526315
7 uniform brute 0.9473684210526315
7 distance auto 0.9473684210526315
7 distance ball_tree 0.9473684210526315
7 distance kd_tree 0.9473684210526315
7 distance brute 0.9473684210526315
8 uniform auto 1.0
8 uniform ball_tree 1.0
8 uniform kd_tree 1.0
8 uniform brute 1.0
8 distance auto 0.9473684210526315
8 distance ball_tree 0.9473684210526315
8 distance kd_tree 0.9473684210526315
8 distance brute 0.9473684210526315
```

图 8-2 不同超参数的正确率

由图 8-2 可见，当 K 值等于 8 时，邻居等权时正确率达到 100%。

8.2 网格搜索

网格搜索（Grid Search）是一种常用的调参手段，在所有候选的参数选择中，通过循环遍历，尝试每一种可能性，表现最好的参数就是最终的结果。这种方法的主要缺点是比较耗时。

网格搜索适用于搜索 4 个或者更少的超参数，当超参数的数量增加时，网格搜索的计算复杂度会呈现指数增长，这时候推荐使用随机搜索。用户列出一个较小的超参数值域，这些超参数的笛卡儿积（排列组合）为一组超参数。网格搜索算法使用每组超参数训练模型并挑选验证集误差最小的超参数组合。

通过网格搜索可将数据集单次划分为训练集、验证集和测试集，其中训练集用来训练模型，验证集用来调整参数，而测试集用来衡量模型表现好坏，这样评价的结果往往不全面，不同的数据集划分可能导致不同的结果。因此通常将网格搜索与交叉验证结合使用，通过 sklearn.grid_search 中提供的 GridSearchCV 类来实现。

网格搜索通常与交叉验证一起使用，通过交叉验证评估参数的效果。网格搜索定义一个 n 维的网格，每格都有一个超参数映射，如 n=(超参数 1,超参数 2,…,超参数 n)，为每个超参数确定可能的取值，如超参数 1=[1,2,3,4,5,6,7,8]。使用交叉验证来评估每种组合的性能，获取最佳性能的参数。

例 8-4 采用网格搜索与交叉验证搜索超参数

```
from sklearn.model_selection import GridSearchCV
from sklearn.neighbors import KNeighborsClassifier
param_grid={"n_neighbors":range(1,10),"weights":['uniform','distance'],
"algorithm":['auto', 'ball_tree', 'kd_tree', 'brute']}#指定超参数搜索范围
grid_search=GridSearchCV(KNeighborsClassifier(),param_grid,cv=5)
grid_search.fit(X_train,y_train)
print(grid_search.best_score_)#输出训练集上最优超参数拟合的正确率
```
训练集上最优超参数拟合的正确率：0.9735177865612649。
```
print(grid_search.score(X_test,y_test))#输出最优模型超参数在测试集上的正确率
```
最优模型超参数在测试集上的正确率：0.9473684210526315。
```
print(grid_search.best_params_)#输出最优超参数
```
输出的最优超参数如下：
```
{'algorithm': 'auto', 'n_neighbors': 3, 'weights': 'uniform'}
```
采用网格搜索时，假如超参数为 n 个，每个超参数可能的取值有 X_i 个，需要用交叉验证评估的组合数量为

$$\prod_{i=1}^{n} X_i$$

当 n 较大时，每个超参数的取值 X_i 较多，组合数量过多，模型训练将变得非常耗时。

8.3 随机搜索

随机搜索（Random Search）的使用方法和网格搜索的类似，但不穷举所有可能的组合，而是选择每一个超参数的一个随机值的特定数量的随机组合。对于有连续变量的参数，随机搜索将其当作一个分布进行采样。该方法便于通过设定搜索次数 n_iter，控制超参数的搜索量；可以更广泛地探索超参数空间，解决网格搜索组合数量过多、计算代价过高的问题，但通常只能获取次优的解。

与网格搜索一样，随机搜索也与交叉验证一起使用，通过交叉验证评估参数的效果。随机搜索在参数空间上进行随机搜索，选择相对较少的参数组合数量，使用交叉验证来评估每

种组合的性能，获取最优的参数。

例 8-5 采用随机搜索与交叉验证搜索超参数。

```
from sklearn.model_selection import RandomizedSearchCV
from sklearn.neighbors import KNeighborsClassifier
param_grid={"n_neighbors":range(1,10),"weights":['uniform','distance'],
"algorithm":['auto', 'ball_tree', 'kd_tree', 'brute']}
grid_search=RandomizedSearchCV(KNeighborsClassifier(),param_grid,cv=5)
grid_search.fit(X_train,y_train)
print(grid_search.best_score_)#输出训练集上最优超参数拟合的正确率
```
训练集上最优超参数拟合的正确率：0.9648221343873518。
```
print(grid_search.score(X_test,y_test)) #输出最优模型超参数在测试集上的正确率
```
最优模型超参数在测试集上的正确率：0.9473684210526315。
```
print(grid_search.best_params_)#输出最优超参数
```
输出的最优超参数如下：
```
{'weights': 'uniform', 'n_neighbors': 1, 'algorithm': 'ball_tree'}
```

8.4 贝叶斯搜索

贝叶斯搜索首先在搜索空间中随机选取初始超参数，然后根据已有超参数对应的指标结果拟合概率模型，通过概率模型推测最优超参数，接着试验得到这些超参数的指标结果。如此反复优化，在有限试验次数中搜索出合适的超参数。

贝叶斯搜索算法是基于模型的序贯优化方法（Sequential Model-based Optimization，SMBO），包括两个部分：代理模型（Surrogate Model）和采集函数（Acquisition Function）。

贝叶斯搜索算法使用流程如下。

① 随机取超参数，计算损失值；
② 使用 surrogate 函数拟合超参数与损失的关系；
③ 根据 acquisition 函数确定下一次迭代要尝试的超参数；
④ 根据第③步确定的超参数计算损失值；
⑤ 判断是否满足停止条件，若不满足则返回第②步继续迭代。

与网格搜索一样，贝叶斯搜索也同样与交叉验证一起使用，通过交叉验证评估不同组合超参数的效果。

使用 scikit-optimize 中的 BayesSearchCV 时需要安装 skopt 包，具体安装方法如下：
```
pip install scikit-optimize
```
例 8-6 使用贝叶斯搜索与交叉验证搜索超参数。
```
from skopt import BayesSearchCV
from sklearn.neighbors import KNeighborsClassifier
param_grid={"n_neighbors":list(range(1,10)),"weights":['uniform','distance'],
"algorithm":['auto', 'ball_tree', 'kd_tree', 'brute']}
Bayes_search=BayesSearchCV(KNeighborsClassifier(),param_grid,cv=5)
Bayes_search.fit(X_train,y_train)
print(Bayes_search.best_score_)#输出训练集上最优超参数拟合的正确率
```
最优超参数拟合的正确率：0.9735177865612649。
```
print(grid_search.score(X_test,y_test))#输出最优模型超参数在测试集上的正确率
```
最优超模型参数在测试集上的正确率：0.9473684210526315。

```
print(Bayes_search.best_params_)#输出最优超参数
```
输出的最优超参数如下：
```
OrderedDict([('algorithm', 'kd_tree'), ('n_neighbors', 3), ('weights', 'uniform')])
```

8.5 案例：汽车满意度预测模型参数调优

一、目标

根据以往用户满意度信息以及汽车特征预测用户对新汽车的满意度。使用不同的参数调优方法，寻找最优的超参数。

二、数据集介绍

数据集来源：

UCI Machine Learning Repository: Car Evaluation Dataset。

样本总数：1728。

特征说明如下。

购买价格：非常高、高、中、低。

保养价格：非常高、高、中、低。

车门个数：2、3、4、5 及以上。

载客人数：2、4、4 以上。

车身大小：小、中、大。

安全性：低、中、高。

数据集没有缺失值。

类别分布如下。

不满意（unacc）共 1210 个样本，占比约为 70.023%。

满意（acc）共 384 个样本，占比约为 22.222%。

比较满意（good）共 69 个样本，占比约为 3.993%。

非常满意（vgood）共 65 个样本，占比约为 3.762%。

三、实现代码

1. 导入必要的包

```
from sklearn.model_selection import train_test_split
from sklearn.neighbors import KNeighborsClassifier
from sklearn.tree import DecisionTreeClassifier
import warnings
warnings.filterwarnings("ignore")
import numpy as np
import matplotlib.pyplot as plt
%matplotlib inline
import pandas as pd
```

2. 读取数据

data=pd.read_csv("d:/datasets/car.data",names=["buying","maint","doors","persons","lug_boot","safety","car_Eva"])

3. 探索性分析

data.sample(5)#随机查看 5 个样本
前 5 个样本如下：

	buying	maint	doors	persons	lug_boot	safety	car_Eva
1388	low	vhigh	5more	4	small	high	acc
1384	low	vhigh	5more	2	big	med	unacc
978	med	high	2	2	big	low	unacc
1112	med	med	3	2	med	high	unacc
858	high	low	5more	more	med	low	unacc

data.info()#查看数据集信息
输出结果如下：

```
<class 'pandas.core.frame.DataFrame'>
RangeIndex: 1728 entries, 0 to 1727
Data columns (total 7 columns):
 #   Column     Non-Null Count   Dtype
---  ------     --------------   -----
 0   buying     1728 non-null    object
 1   maint      1728 non-null    object
 2   doors      1728 non-null    object
 3   persons    1728 non-null    object
 4   lug_boot   1728 non-null    object
 5   safety     1728 non-null    object
 6   car_Eva    1728 non-null    object
dtypes: object(7)
memory usage: 94.6+ KB
```

数据集共 1728 个样本，没有缺失值，数据类型均为"object"。
data.describe()#查看数据集基本统计信息
输出结果如下：

	buying	maint	doors	persons	lug_boot	safety	car_Eva
count	1728	1728	1728	1728	1728	1728	1728
unique	4	4	4	3	3	3	4
top	med	med	3	4	med	med	unacc
freq	432	432	432	576	576	576	1210

4. 数据预处理

data=pd.get_dummies(data,columns=["doors","persons","buying","maint","lug_boot","safety"])#对特征编码
data["car_Eva"]=data["car_Eva"].map({"unacc":0,"acc":1,"good":1,"vgood":1})#标

签编码
```
X=data.drop(["car_Eva"],axis=1)  #提取特征
y=data["car_Eva"]#提取标签
X_train,X_test,y_train,y_test=train_test_split(X,y,test_size=0.3,random_state
=10)#测试集与训练集的划分
```

5. 使用人工循环搜索获取决策树分类器的最优参数

```
from sklearn.tree import DecisionTreeClassifier
for i in ["gini", "entropy"]:
    for j in [3,5,7,9,13]:
        d_m=DecisionTreeClassifier(criterion=i,max_depth=j)
        d_m.fit(X_train,y_train)
        print("criterion=",i,"max_depth=",j,"score=",d_m.score(X_test,y_test))
```
输出结果如下：

```
criterion= gini max_depth= 3 score= 0.9017341040462428
criterion= gini max_depth= 5 score= 0.9499036608863198
criterion= gini max_depth= 7 score= 0.976878612716763
criterion= gini max_depth= 9 score= 0.9922928709055877
criterion= gini max_depth= 13 score= 0.9961464354527938
criterion= entropy max_depth= 3 score= 0.9017341040462428
criterion= entropy max_depth= 5 score= 0.9479768786127167
criterion= entropy max_depth= 7 score= 0.976878612716763
criterion= entropy max_depth= 9 score= 0.9942196531791907
criterion= entropy max_depth= 13 score= 1.0
```

6. 使用人工循环搜索获取 K 近邻分类器的最优参数

```
from sklearn.neighbors import KNeighborsClassifier
for i in[3,5,7,9]:
    for j in ["kd_tree","ball_tree","auto"]:
        knn_m=KNeighborsClassifier(n_neighbors=i,algorithm=j)
        knn_m.fit(X_train,y_train)
        print("n_neighbors=",i,"algorithm=",j,"score=",knn_m.score(X_test,y_test))
```
输出结果如下：

```
n_neighbors= 3 algorithm= kd_tree score= 0.9113680154142582
n_neighbors= 3 algorithm= ball_tree score= 0.9132947976878613
n_neighbors= 3 algorithm= auto score= 0.9132947976878613
n_neighbors= 5 algorithm= kd_tree score= 0.930635838150289
n_neighbors= 5 algorithm= ball_tree score= 0.930635838150289
n_neighbors= 5 algorithm= auto score= 0.9614643545279383
n_neighbors= 7 algorithm= kd_tree score= 0.9653179190751445
n_neighbors= 7 algorithm= ball_tree score= 0.9653179190751445
n_neighbors= 7 algorithm= auto score= 0.9788053949903661
n_neighbors= 9 algorithm= kd_tree score= 0.9749518304431599
n_neighbors= 9 algorithm= ball_tree score= 0.9749518304431599
n_neighbors= 9 algorithm= auto score= 0.9884393063583815
```

7. 网格搜索与交叉验证

```
from sklearn.model_selection import GridSearchCV
from sklearn.svm import SVC
```

127

```
param_grid={"C":np.arange(0.1,1,0.1),"gamma":np.arange(0.1,1,0.1)}
grid_search=GridSearchCV(SVC(),param_grid=param_grid,cv=5)
%time grid_search.fit(X_train,y_train)
```

输出搜索时长如下：

```
Wall time: 21.4 s
print(grid_search.best_params_)#输出最优参数组合
```

输出结果如下：

```
{'C': 0.9, 'gamma': 0.6}
print(grid_search.best_score_) #输出最优正确率
```

输出结果如下：

```
0.9793148383114433
print(grid_search.score(X_test,y_test))#输出测试集上的正确率
```

输出结果如下：

```
0.9980732177263969
```

8. 随机搜索与交叉验证

```
from sklearn.model_selection import RandomizedSearchCV
from sklearn.svm import SVC
param_grid={"C":np.arange(0.1,1,0.1),"gamma":np.arange(0.1,1,0.1)}
RD_search=RandomizedSearchCV(SVC(),param_grid,cv=5)
%time RD_search.fit(X_train,y_train)
```

输出搜索时长如下：

```
Wall time: 2.47 s
```

可见随机搜索所用时长明显短于网格搜索。

```
print(RD_search.best_score_) #输出最优正确率
```

输出最优正确率：0.9793148383114433。

```
print(RD_search.score(X_test,y_test))#输出测试集上的正确率
```

输出正确率：0.9980732177263969。

```
print(RD_search.best_params_)#输出最优参数组合
```

最优参数组合：{'gamma': 0.6, 'C': 0.9}。

9. 贝叶斯搜索与交叉验证

```
from skopt  import BayesSearchCV
from sklearn.svm import SVC
B_search=BayesSearchCV(SVC(),param_grid,cv=5)
%time B_search.fit(X_train,y_train)
```

输出贝叶斯搜索时长：

```
Wall time: 57.9 s
print(B_search.best_params_)#输出最优参数组合
```

输出结果：OrderedDict([('C', 0.9), ('gamma', 0.6)])。

```
print(B_search.best_score_) #输出最优得分
```

输出结果：0.9793148383114433。

```
print(B_search.score(X_test,y_test))#输出测试集上的正确率
```

输出结果：0.9980732177263969。

小　结

参数调优是数据挖掘中一个重要的环节，决定了最终模型的性能。本章详细介绍了常用的参数调优方法，包括人工循环搜索、网格搜索、随机搜索、贝叶斯搜索等方法以及各搜索方法的 Python 实现。

人工循环搜索需要编写代码循环输出不同参数的结果，人工查找最优的模型参数，费时、费力，还容易出错，较少采用。网格搜索采用交叉验证评估模型的性能，评价更客观，可以直接给出最优模型参数。但当超参数较多时，这两种方法的计算量都很大。

随机搜索克服了前面两种方法计算量大的问题，但仅随机搜索部分参数，其获得的参数和模型往往不是最优的。贝叶斯搜索也是一种随机搜索，但它通过概率模型推测较优超参数，与单纯的随机搜索相比，往往能获得更优的超参数。

最后，本章以"汽车满意度预测"作为案例，实现了前述的部分搜索方法。

课后习题

1. 什么是超参数？
2. 简述参数调优的目的。
3. 简述人工循环搜索与网格搜索的优缺点。
4. 简述随机搜索与贝叶斯搜索的优缺点。
5. 针对 4.3 节中数据集建立弹性网络回归模型，搜索最优的超参数。
6. 针对 4.3 节中数据集建立支持向量回归模型，搜索最优的超参数。
7. 针对 6.3 节中数据集建立分类模型，搜索最优的超参数。

第**9**章 **降维**

原始数据在被采集时往往包含很高的维度。随着高维数据维度的提高，计算量呈指数增长，导致维度灾难，同时也提高模型的复杂度以及过拟合的风险；高维数据也不便于理解和可视化。在建模前需要把无关或冗余的特征删掉，降低数据的维度。

降维是指采用某种映射方法，将高维空间中的数据映射到低维空间中。降维算法的本质是学习一个映射函数 $f:X \to X'$，其中 X 是原始数据点的向量表达，X' 是数据映射后的低维向量表达，通常 X' 的维度小于 X 的维度。

Python 的 sklearn 包通过 sklearn.decomposition、sklearn.discriminant_analysis 和 sklearn.manifold 这 3 个模块提供了大部分常用的降维方法。

sklearn.decomposition 模块提供了大部分常用的矩阵分解降维方法，其中包括主成分分析（PCA）、核 PCA、非负矩阵分解和独立主成分分析等。

sklearn.discriminant_analysis 模块提供了线性判别分析和二次判别分析两种判别分析降维方法。

sklearn.manifold 模块提供了基于流形学习的数据降维方法，包括局部线性嵌入、多维尺度变换、t 分布随机邻域嵌入等降维方法。

学习目标

（1）掌握主成分分析及其在 Python 中的实现。

（2）了解其他矩阵分解降维方法。

（3）了解线性判别分析法。

（4）掌握基于流形学习的数据降维方法。

9.1 矩阵分解降维

本节使用 REJAFADA 数据集（可从 UCI 网站下载）。该数据集内包含两类共 1996 个样本，每个样本都有 6826 个特征，通过这些特征预测 Jar Files 属于 Malware、Benign 中的哪一种。

例 9-1 读取数据集。

```
import pandas as pd
data=pd.read_csv("d:/datasets/教材数据集
/eg9.csv",names=["jar","Label"]+list([str(i) for i in range(6824)]))
```

```
data.drop(axis=1,columns=["jar"],inplace=True)  #删除"jar"特征（文件名）
X=data.drop(axis=1,columns=["Label"]) #提取特征
Y=data.Label #提取标签
print("数据集的样本数: ",X.shape[0],"数据集的特征数: ",X.shape[1]) #输出数据集的行列数
```
数据集的样本数：1996。数据集的特征数：6824。
```
from sklearn.model_selection import train_test_split
X=data.drop(axis=1,columns=["Label"]) #提取特征
Y=data.Label #提取标签
X_train,X_test,y_train,y_test=train_test_split(X,Y,train_size=0.8) #测试集与训练
```
集的划分

9.1.1 主成分分析

主成分分析（Principal Component Analysis, PCA）是常用的线性降维方法，通过构造原始特征的一系列线性组合，将高维的数据映射到低维的空间中，形成低维的数据，去除数据的相关性。主成分分析在尽量保证信息量不丢失的情况下，对原始特征进行降维，将原始特征向具有最大投影信息量的维度上进行投影，使降维后信息量损失最小。如图 9-1 所示，将二维空间的点向具有最大投影信息量的维度上进行投影，将其映射到一维空间。

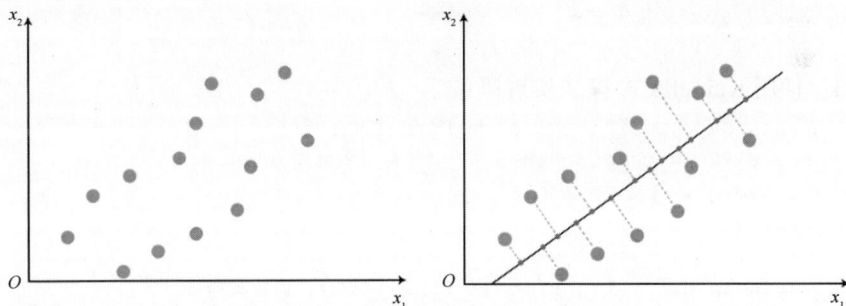

图 9-1　二维空间到一维空间的变换

主成分分析算法使用流程如下。

输入：数据矩阵 X，降维后的维度 n。

输出：转换矩阵。

① 将 X 中每个样本的特征值减去对应特征的均值，即进行中心化处理。

② 计算中心化处理后数据矩阵的协方差。

③ 对协方差矩阵进行特征值分解，并按特征值降序排列。

④ 将最大的 n 个特征值对应的特征向量组合成转换矩阵。

通过 sklearn.decomposition 中的 PCA 模块可实现主成分分析。

PCA 模块主要参数及其说明：
```
PCA(
    n_components=None,#降维后的维度
    svd_solver='auto',# svd_solver 算法
)
```
例 9-2　使用 PCA 模块实现降维。
```
from sklearn.decomposition import PCA
pca = PCA(n_components=5)    #实例化对象，n_components 参数用于指定降维后的维度
```

```
X_pca_train=pca.fit_transform(X_train) #拟合，训练集降维
X_pca_test=pca.transform(X_test) #测试集降维
print("降维后训练集的特征数: ",X_pca_train.shape[1],"降维后测试集的特征数: ", X_pca_
test.shape[1]) #输出数据集的列数
```

降维后训练集的特征数：5。降维后测试集的特征数：5。

9.1.2 核 PCA

核 PCA（Kernel PCA，KPCA）对于输入空间的矩阵 X，先用一个非线性映射（由核函数确定）把 X 中的所有样本映射到一个高维甚至是无穷维的空间，使其线性可分，然后在这个高维空间进行主成分分析。

主成分分析适用于数据的线性降维。核 PCA 可实现数据的非线性降维，用于处理线性不可分的数据集。

通过 sklearn.decomposition 中的 KernelPCA 模块可实现核 PCA 降维。

KernelPCA 模块常用参数及其说明：

```
KernelPCA(
    n_components=None,#降维后的维度
    kernel='linear',#指定核函数
    degree=3,#多项式核的次数
)
```

例 9-3 使用 KernelPCA 模块实现降维。

```
from sklearn.decomposition import KernelPCA
kpca = KernelPCA(n_components=3,    #降维后的维度为 3
kernel="sigmoid",  #指定核函数
random_state=10
        )
X_kpca_train=kpca.fit_transform(X_train)#拟合，训练集降维
X_kpca_test=kpca.transform(X_test) #测试集降维
print("降维后训练集的特征数: ",X_kpca_train.shape[1],", 降维后测试集的特征数: ",
X_kpca_test.shape[1]) #输出数据集的列数
```

降维后训练集的特征数：3。降维后测试集的特征数：3。

9.1.3 非负矩阵分解

非负矩阵分解（Non-Negative Matrix Factorization，NMF）是矩阵分解的一种，非负矩阵分解后的所有分量均为非负值，同时实现非线性降维。通常将非负矩阵分解用于图像数据、文本数据、语音数据的处理。对于给定的非负矩阵，采用非负矩阵分解会找到两个非负矩阵 W 和 H，使得 W 与 H 的乘积与原数据 X 的差尽可能小，即

$$\underset{W,H}{\arg\min}\frac{1}{2}\|X-WH\|_{\mathrm{Fro}}^{2} \tag{9-1}$$

其中，$\|X-WH\|_{\mathrm{Fro}}^{2}$，表示 Frobenius 范数；$X$ 为 $N \times p$ 的数据矩阵；W 为 $N \times r$ 的基矩阵；H 为 $r \times p$ 的权重矩阵；通常 $r << \min(N, p)$。

可通过梯度下降法求解矩阵 W 和 H。

加入正则化项后：

$$\underset{\boldsymbol{W},\boldsymbol{H}}{\arg\min}\left(\frac{1}{2}\|\boldsymbol{X}-\boldsymbol{W}\boldsymbol{H}\|_{\mathrm{Fro}}^{2}+\alpha_{W}\rho\|\boldsymbol{W}\|_{1}+\alpha_{H}\rho\|\boldsymbol{H}\|_{1}+\frac{\alpha_{W}(1-\rho)}{2}\|\boldsymbol{W}\|_{\mathrm{Fro}}^{2}+\frac{\alpha_{H}(1-\rho)}{2}\|\boldsymbol{H}\|_{\mathrm{Fro}}^{2}\right) \quad (9\text{-}2)$$

其中，α_W,α_H 分别为 $\boldsymbol{W}$、$\boldsymbol{H}$ 的 L_1 与 L_2 正则化强度，而 ρ 为 L_1 正则化项占总正则化项的比例。

通过 sklearn.decomposition 中的 NMF 模块可实现非负矩阵分解。

NMF 模块主要参数及其说明：

```
NMF(
    n_components=None,#降维后的维度
    init=None,#初始化方法
    tol=0.0001,#收敛阈值
    max_iter=200,#最多迭代次数
    random_state=None,#随机数种子
    solver #优化算法，分别是'cd'、'mu'
    alpha_W #W 的正则化强度
    alpha_H #H 的正则化强度
    l1_ratio=0.0 #L1 正则化项占总正则化项的比例
)
```

例 9-4 使用 NMF 模块实现降维。

```
from sklearn.decomposition import NMF
nmf = NMF(n_components=6,  #指定降维后的维度为 6
init='nndsvda',
random_state=10)
X_nmf_train=nmf.fit_transform(X_train)  #拟合，训练集降维
X_nmf_test=nmf. transform (X_test)  #测试集降维
X_nmf_train.shape,X_nmf_test.shape  #输出 X_nmf 训练集以及测试集的行列数
```
降维后训练集的特征数：6。降维后测试集的特征数：6。

9.1.4 因子分析

因子分析（Factor Analysis）是一种多变量化简技术。其原理是根据相关性大小把变量分组，使得同组内的变量之间相关性较高，不同组的变量不相关或相关性较低，每组变量代表一个基本结构，即公共因子。

主成分分析试图寻找原有自变量的一个线性组合，这个线性组合方差要大。因子分析假设所有的自变量 X 背后存在一个潜变量 f，也就是因子，在这个因子的作用下，X 可以被观察到。

因子分析首先对数据样本进行标准化处理；然后计算样本的相关矩阵 $\boldsymbol{R}$ 以及 $\boldsymbol{R}$ 的特征值和特征向量，根据设定的累计贡献率确定主因子的个数；最后计算因子载荷矩阵 $\boldsymbol{A}$，确定因子模型。

通过 sklearn.decomposition 中的 FactorAnalysis 模块可实现因子分析。

FactorAnalysis 模块常用参数及其说明：

```
FactorAnalysis(
    n_components=None,#降维后的维度
    tol=0.01,#收敛阈值
    max_iter=1000,#最多迭代次数
    svd_method='randomized',#SVD 分解方法
    random_state=0,#随机数种子
)
```

例 9-5 使用 FactorAnalysis 模块实现降维。

```
from sklearn.decomposition import FactorAnalysis
Fa = FactorAnalysis(n_components=3,random_state=0)
X_Fa_train=Fa.fit_transform(X_train) #拟合，训练集降维
X_Fa_test=Fa.transform(X_test) #测试集降维
print("降维后训练集的特征数:",X_Fa_train.shape[1],",降维后测试集的特征数:",X_Fa_test.
shape[1]) #输出降维后数据集的列数
```

降维后训练集的特征数：3。降维后测试集的特征数：3。

9.1.5 独立主成分分析

独立主成分分析（ICA）认为观测信号是若干个统计独立的分量的线性组合，独立主成分分析实现的是一个解混过程。大多数的独立主成分分析算法先用主成分分析降维得到 Y，再把 Y 的各个分量标准化。

FastICA 为常用的独立主成分分析算法，该算法寻找方向 W 使得随机变量 W^TZ 的某种"非高斯性"（Non-Gaussianity）的度量最大化。常用的非高斯性的度量是四阶矩 $E[(W^TZ)^4]$。首先找到 W_1 使得 $E[(W_1^TZ)^4]$ 最大；然后在与 W_1 正交的空间里找到 W_2，使得 $E[(W_2^TZ)^4]$ 最大；最后，以此类推找到所有的 W_n。

通过 sklearn.decomposition 中的 FastICA 模块可实现独立主成分分析。

FastICA 模块常用参数及其说明：

```
FastICA(
    n_components=None,#降维后的维度
    algorithm='parallel',#算法
    max_iter=200,#最多迭代次数
    tol=0.0001,#收敛阈值
    random_state=None,#随机数种子
)
```

例 9-6 使用 FastICA 模块实现降维。

```
from sklearn.decomposition import FastICA
Fica = FastICA(n_components=3, random_state=10)
X_Fica_train=Fica.fit_transform(X_train)
X_Fica_test=Fica.fit_transform(X_train)
print("降维后训练集的特征数:",X_Fica_train.shape[1],",降维后测试集的特征数:", X_Fica_
test.shape[1]) #输出降维后数据集的列数
```

降维后训练集的特征数：3。降维后测试集的特征数：3。

9.2 判别分析

判别分析（Discriminant Analysis）是多元统计中用于判别样本所属类型的方法。通过训练已知类别的样本集来建立判别准则，然后将其用于判别新的预测样本的类别。

9.2.1 线性判别分析

线性判别分析（Linear Discriminant Analysis，LDA）是一种典型的有监督线性降维方法。线性判别分析的目标是利用样本的类别标签信息，找到一个利于分类的线性低维

表示。在多分类环境下，它是一种强大的降维算法。线性判别分析不仅用于降维，也用于分类。

通过线性判别分析降维后相同类别样本尽可能近，使用类内离散度（Within-Class Scatter）度量；降维后不同类别样本尽可能远，使用类间离散度（Between-Class Scatter）度量。

如图 9-2 所示，线性判别分析的目的是找到直线 b，尽管降维后信息量损失较大，但降维后两类数据能很好地被区分开；而主成分分析的目的是得到直线 a，降维后信息量损失小，但降维后的两类数据无法被很好区分。

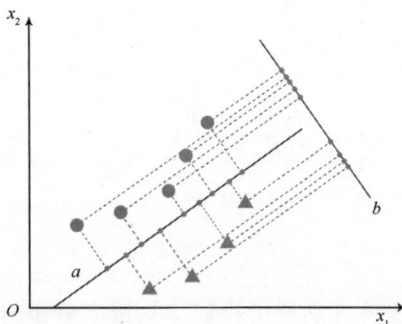

图 9-2　二维空间到一维空间的主成分分析与线性判别分析变换对比

线性判别分析算法使用流程如下。

输入：数据集 X，降维后的维度 n。

输出：转换矩阵。

① 计算类内离散度矩阵 S_w。

② 计算类间离散度矩阵 S_b。

③ 计算矩阵 $S_w^{-1}S_b$。

④ 对矩阵 $S_w^{-1}S_b$ 进行特征分解，取 d 个最大的特征值对应的特征向量组成 W。

⑤ 计算投影后的数据 $Y=W^{T}X$。

通过 sklearn.discriminant_analysis 提供的 LinearDiscriminantAnalysis 类可实现线性判别分析。

LinearDiscriminantAnalysis 类常用参数及其说明：

```
LinearDiscriminantAnalysis(
    solver='svd',# 指定求解最优化问题的算法
    shrinkage=None,# 正则化参数
    priors=None,# 指定每个类别的先验概率
    n_components=None,# 指定数组降维后的维度（<= min(n_classes - 1, n_features)）
    store_covariance=False,# 指定是否存储每个类别的协方差矩阵
    tol=0.0001,# SVD 算法中迭代收敛的阈值
    covariance_estimator=None, # 指定是否计算每个类别的协方差矩阵
)
```

例 9-7　使用 LinearDiscriminantAnalysis 类实现降维分类。

```
from sklearn.discriminant_analysis import LinearDiscriminantAnalysis
lda = LinearDiscriminantAnalysis()
```

```
X_lda=lda.fit_transform(X_train,y_train)#降维
print("降维后训练集的特征数：",X_lda_train.shape[1],"，降维后测试集的特征数：",X_lda_
test.shape[1]) #输出降维后数据集的列数
```

降维后训练集的特征数：1。降维后测试集的特征数：1。

```
y_pre=lda.predict(X_test) #分类预测
from sklearn.metrics import classification_report
print( classification_report(y_test,y_pre)) #输出分类报告
```

分类报告如图 9-3 所示。

	precision	recall	f1-score	support
B	0.85	0.94	0.89	196
M	0.93	0.84	0.89	204
accuracy			0.89	400
macro avg	0.89	0.89	0.89	400
weighted avg	0.89	0.89	0.89	400

图 9-3　例 9-7 分类报告

9.2.2　二次判别分析

二次判别分析（QDA）同线性判别分析相似，从概率分布的角度来实现二次判别分析，区别在于线性判别分析假设每一种类别的协方差矩阵相同，而二次判别分析中每一种类别的协方差矩阵不同。二次判别分析主要用于分类。

通过 sklearn.discriminant_analysis 中的 QuadraticDiscriminantAnalysis 类可实现二次判别分析。

QuadraticDiscriminantAnalysis 类常用参数及其说明：

```
QuadraticDiscriminantAnalysis(
    priors=None,# 类别的先验信息
    reg_param=0.0,# 规范化每个类别的协方差估计, scaling_ =(1 - reg_param) * S2 + reg_
param * np.eye(n_features)
    store_covariance=False, #指定是否计算并保存协方差矩阵
    tol=0.0001,#收敛阈值
)
```

例 9-8　二次判别分析。

```
from sklearn.discriminant_analysis import QuadraticDiscriminantAnalysis #导入包
qda = QuadraticDiscriminantAnalysis() # 实例化二次判别分析器
X_qda=qda.fit (X, y) # 拟合、学习
y_pre=qda.predict(X_test) #预测
print(classification_report(y_test,y_pre))#输出分类报告
```

分类报告如图 9-4 所示。

	precision	recall	f1-score	support
B	0.52	0.98	0.68	196
M	0.90	0.14	0.24	204
accuracy			0.55	400
macro avg	0.71	0.56	0.46	400
weighted avg	0.72	0.55	0.46	400

图 9-4　例 9-8 分类报告

9.3 基于流形学习的数据降维方法

本节使用 sklearn.datasets 的 make_s_curve()、make_swiss_roll()方法分别生成 S 曲线以及瑞士卷（Swiss Roll）。

例 9-9 生成并可视化数据集。

```python
from sklearn.datasets import make_swiss_roll,make_s_curve
data_s_curve,color_s_curve =make_s_curve(n_samples=1000,noise=0.1)
data_swiss,color_swiss= make_swiss_roll ( n_samples=1000,noise=0.1)
import numpy as np
import matplotlib.pyplot as plt
from mpl_toolkits import mplot3d
plt.rcParams["font.sans-serif"]=["SimHei"]
plt.rcParams["axes.unicode_minus"]=False
data=data_s_curve
color=color_s_curve
fig = plt.figure(figsize = (10, 7))
ax = plt.axes(projection ="3d",elev=10,azim=80)
ax.scatter3D(data[:,0], data[:,1], data[:,2],c=color,cmap=plt.cm.Spectral)
plt.title("S_Curve")
```

S 曲线如图 9-5 所示。

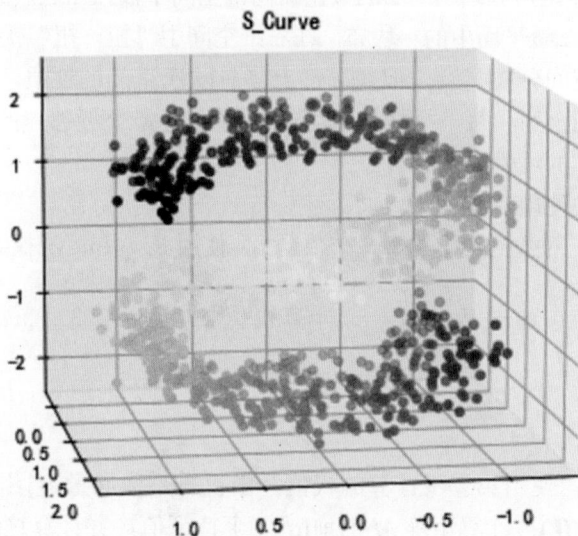

图 9-5 S 曲线

```python
data=data_swiss_roll
color=color_swiss
fig = plt.figure(figsize = (10, 7))
ax = plt.axes(projection ="3d",elev=10,azim=80)
# Creating a plot using the random datasets
ax.scatter3D(data[:,0], data[:,1], data[:,2],c=color,cmap=plt.cm.Spectral)
plt.title("Swiss Roll")
```

Swiss Roll 如图 9-6 所示。

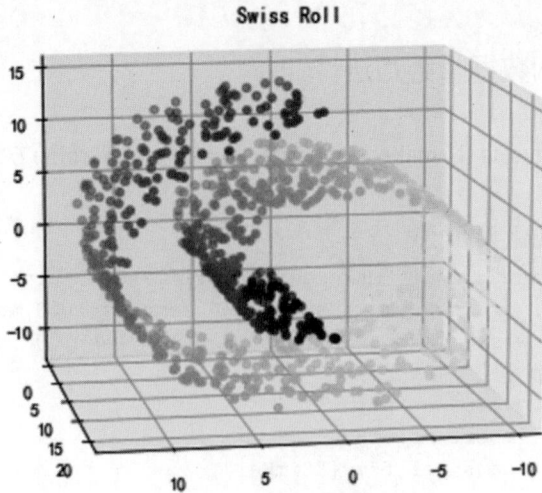

图 9-6 Swiss Roll

9.3.1 局部线性嵌入

使用局部线性嵌入（Locally Linear Embedding，LLE）可在降维时保持样本局部的线性特征，局部线性嵌入广泛用于图像识别、高维数据可视化等领域，属于流形学习（Manifold Learning）的一种。流形是指低维空间中的数据在高维空间中被扭曲之后的结果，低维流形嵌入在高维空间中。例如将二维平面中的一块布，在三维空间中"扭一扭"就变成了一个流形。

考虑样本在高维空间分布复杂，但在局部上具有欧氏空间的性质，在局部建立降维映射关系，再由局部推广到全局。每一个样本点可以被写成其 K 个近邻点的线性组合，从高维嵌入低维时尽量保持局部的线性关系。

局部线性嵌入算法使用流程如下。

① 选择近邻样本：对数据集中的每一个数据 x_i，使用 K 近邻算法找到其 K 个近邻样本 x_{ij}。

② 局部线性重构：通过 $\bar{x}_i = \sum_{j=1}^{k} w_{ij} x_{ij}$ 计算权值 w_{ij}（$i=1,2,3,\cdots,n$，$j=1,2,3,\cdots,k$），使得 $\sum_{i=1}^{n} (x_i - \bar{x}_i)$ 最小。

③ 寻找低维表示：使用第②步计算的权值，由权重系数向量 W_i 组成权重系数矩阵 W；计算矩阵 $M=(I-W)^{\mathrm{T}}(I-W)$；计算矩阵 M 的前$(d+1)$个特征值，并计算这$(d+1)$个特征值对应的特征向量；第二个特征向量到第$(d+1)$个特征向量组成的矩阵即输出的低维样本集矩阵。

通过 sklearn.manifold 中的 LocallyLinearEmbedding 模块可实现局部线性嵌入降维。LocallyLinearEmbedding 模块常用参数及其说明：

```
LocallyLinearEmbedding(
    n_neighbors=5, #搜索样本的近邻数
    n_components=2,#降维后的维度
    method='standard',  # 设置不同的算法
    random_state=10#随机数种子
)
```

例 9-10　使用局部线性嵌入对 S 曲线、Swiss Roll 进行降维并可视化。

```
X=data_s_curve
from sklearn.manifold import LocallyLinearEmbedding
LLE = LocallyLinearEmbedding(n_neighbors=5,random_state=10)
X_lle=LLE.fit_transform(X)  #使用 LLE 进行降维
plt.scatter(X_lle[:,0],X_lle[:,1])
plt.title("LLE 降维可视化")
```

S 曲线的局部线性嵌入降维可视化结果如图 9-7 所示。

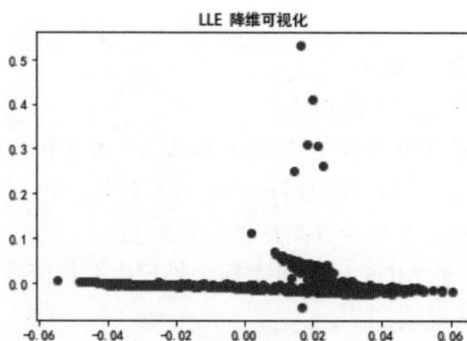

图 9-7　S 曲线的局部线性嵌入降维可视化结果

```
X=data_swiss_roll
LLE = LocallyLinearEmbedding(n_neighbors=5, #设置近邻数为 5
n_components=2,
random_state=10)
X_lle=LLE.fit_transform(X)  # 使用 LLE 进行降维
plt.scatter(X_lle[:,0],X_lle[:,1])
plt.title("LLE 降维可视化")
```

Swiss Roll 的局部线性嵌入降维可视化结果如图 9-8 所示。

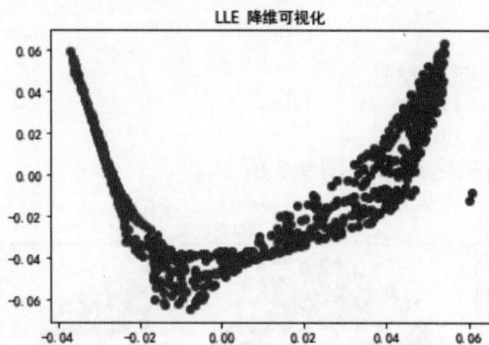

图 9-8　Swiss Roll 的局部线性嵌入降维可视化结果

9.3.2　多维尺度变换

多维尺度变换（Multi-Dimensional Scaling，MDS）的目标是找到数据的低维表示，使得降维前后样本之间的相似度信息尽量得以保留。

多维尺度变换能够只利用样本的距离信息，找到每一个样本的特征表示，且在该特征表示下使样本的距离与原始的距离尽量接近。

假设数据集包含 n 个样本，数据集用 $n \times p$ 的矩阵 X 表示，p 维的特征向量 x_i 表示样本 i，矩阵 D（$n \times n$）表示样本距离，其中元素 d_{ij} 表示样本 i 和样本 j 的距离，z_i 为样本 x_i 在低维空间的表示。

多维尺度变换的优化目标为

$$\min_{z_1, z_2, \cdots, z_n} \sum_{i \neq j} \left(\left\| z_i - z_j \right\|_2 - d_{ij} \right)^2 \tag{9-3}$$

多维尺度变换算法使用流程如下。

① 计算原始空间中数据点的距离矩阵。

② 计算内积矩阵：由特征矩阵 X 构造矩阵 $B = X^T X$，B 中的元素 $b_{ij} = x_i^T x_j$。

③ 对矩阵 B 进行特征值分解，获得特征值矩阵和特征向量矩阵。

④ 取特征值矩阵最大的前 Z 项及其对应的特征向量。

通过 sklearn.manifold 中的 MDS 模块可实现多维尺度变换降维。

MDS 模块常用参数及其说明：

```
MDS(
    n_components=2,#降维后的维度
    metric=True,#指定采用 metric MDS 还是 nonmetric MDS
    n_init=4,#默认值为 4，初始化 SMACOF 算法的运行次数，输出最小结果
    max_iter=300,#最多迭代次数
    verbose=0,#输出信息详细程度
    n_jobs=None,#并行作业数
    random_state=None,#随机数种子
)
```

例 9-11　使用 **MDS** 对 S 曲线、Swiss Roll 进行降维并可视化。

```
from sklearn.manifold import MDS
mds = MDS(n_components=2,
random_state=10)
X_mds = mds.fit_transform(X)
plt.scatter(X_mds[:,0],X_mds[:,1])
plt.title("MDS 降维可视化")
```

S 曲线的 MDS 降维可视化结果如图 9-9 所示。

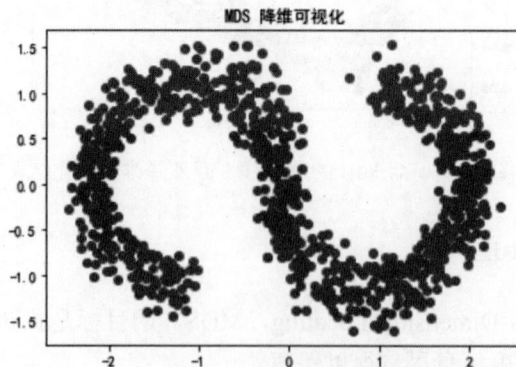

图 9-9　S 曲线的 MDS 降维可视化结果

```
X=data_swiss_roll
mds = MDS(n_components=2,
random_state=10)
X_mds = mds.fit_transform(X)
plt.scatter(X_mds[:,0],X_mds[:,1])
plt.title("MDS 降维可视化")
```

Swiss Roll 的 MDS 降维可视化结果如图 9-10 所示。

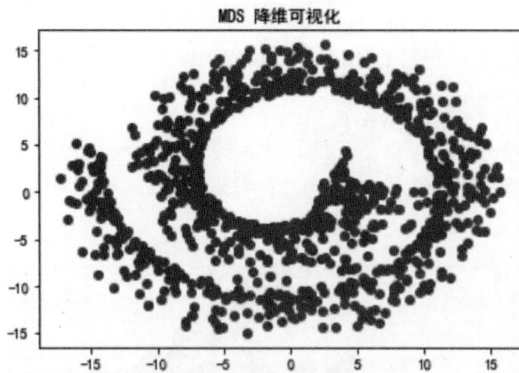

图 9-10　Swiss Roll 的 MDS 降维可视化结果

9.3.3　t 分布随机邻域嵌入

t 分布随机邻域嵌入（t-distributed Stochastic Neighbor Embedding，t-SNE）常用于降维后可视化，t 分布随机邻域嵌入算法由随机邻域嵌入改进而来。

对于给定的 n 个高维数据 $x_1,x_2,\cdots,x_n$，若将其降维至 2 维，随机邻域嵌入的基本思想是若两个数据在高维空间中是相似的，那么降维至 2 维时它们应该离得很近。随机邻域嵌入使用条件概率来描述两个数据之间的相似性，假设 x_i、x_j 是高维空间中的两个点，那么以点 x_i 为中心构建方差为 σ_i 的高斯分布，使用 $p(j|i)$ 表示 x_j 是 x_i 邻域的概率，如果 x_j 离 x_i 很近，那么 $p(j|i)$ 很大；而如果 x_j 离 x_i 很远，则 $p(j|i)$ 很小。随机邻域嵌入中条件概率计算不对称会导致梯度计算复杂，计算目标函数梯度时，由于条件概率 $p(j|i)$ 不等于 $p(i|j)$，$q(j|i)$ 不等于 $q(i|j)$，因此梯度计算中需要的计算量较大。同时，由于高维空间距离分布和低维空间距离分布的差异，不同类别的簇聚在一起，无法区分开来。

t 分布随机邻域嵌入把随机邻域嵌入变为对称随机邻域嵌入，提高了计算效率。在低维空间中采用了 t 分布代替原来的高斯分布，解决了拥挤问题，并解决了随机邻域嵌入过于关注局部特征而忽略全局特征的问题。

t 分布随机邻域嵌入的成本函数非凸，不同的初始化可能获得不同的结果。

通过 sklearn.manifold 中的 TSNE 模块可实现 t 分布随机邻域嵌入。

TSNE 模块常用参数及其说明：

```
TSNE(
    n_components=2,#降维后的维度
    learning_rate='auto',#学习率
    n_iter=1000,#最多迭代次数
    n_iter_without_progress=300,#没有进展时的最多迭代次数（提前结束）
```

```
    min_grad_norm=1e-07, #若梯度范数低于此阈值，则优化将被中止
    metric='euclidean',#距离度量方式
    init='pca',#初始化方法
    verbose=0,#输出信息的详细程度
    random_state=None,#随机数种子
)
```

例 9-12 使用 TSNE 对 S 曲线、Swiss Roll 进行降维并可视化。

```
X=data_s_curve
from sklearn.manifold import TSNE
tsne = TSNE(n_components=2,random_state=0)
X_tsne = tsne.fit_transform(X)
plt.scatter(X_tsne[:,0],X_tsne[:,1])
plt.title("TSNE 降维可视化")
```

S 曲线的 TSNE 降维可视化结果如图 9-11 所示。

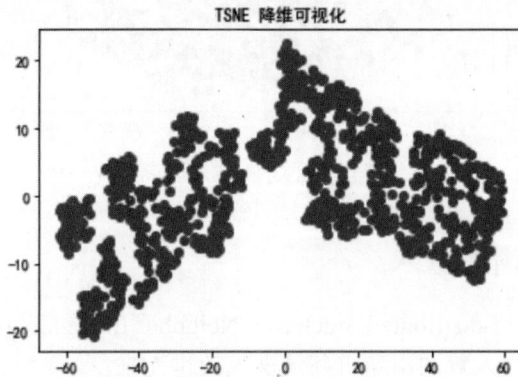

图 9-11 S 曲线的 TSNE 降维可视化结果

```
X=data_swiss_roll
tsne = TSNE(n_components=2,random_state=0)
X_tsne = tsne.fit_transform(X)
plt.scatter(X_tsne[:,0],X_tsne[:,1])
plt.title("TSNE 降维可视化")
```

Swiss Roll 的 TSNE 降维可视化结果如图 9-12 所示。

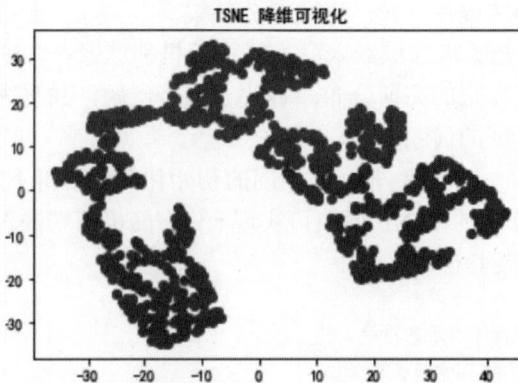

图 9-12 Swiss Roll 的 TSNE 降维可视化结果

9.4 案例：Fashion-MNIST 数据集的降维与可视化

一、目标

对 Fashion-MNIST 数据集进行降维，并实现降维后数据集的可视化。

二、数据集介绍

Fashion-MNIST 数据集（可从 kaggle 网站下载）由拥有 60000 个样本的训练集和拥有 10000 个样本的测试集组成。每个样本都是一个 28×28（单位为像素）灰度图像，共 10 个类别的标签，具体包含 T 恤、裤子、套头衫、连衣裙、外套、凉鞋、衬衫、运动鞋、包、裸靴。

每个样本总共 784 像素。每个像素都有一个与之关联的像素值，表示该像素的亮度或暗度，数字越大表示越暗，该像素值是 0～255 的整数，训练集和测试集有 785 列，第一列是类别标签，其余列为图像对应点的像素值。

本案例选取 T 恤、裤子两个类别进行分析。对 784 维的数据进行降维，并进行可视化。

三、实现代码

1. 导入包

```
import numpy as np
import pandas as pd
from mpl_toolkits.mplot3d import Axes3D
import matplotlib.pyplot as plt
%matplotlib inline
```

2. 读取数据

```
data=pd.read_csv("d:/datasets/fashion mnist/fashion-mnist_train.csv")
```

3. 数据探索

```
data.head()#输出数据集前 5 行
```
输出结果如下：

	label	pixel1	pixel2	pixel3	pixel4	pixel5	pixel6	pixel7	pixel8	pixel9	...	pixel775	pixel776	pixel777	pixel778	pixel779	pixel780	pixel781	pixel782	pixel783	pixel784
0	2	0	0	0	0	0	0	0	0	0	...	0	0	0	0	0	0	0	0	0	0
1	9	0	0	0	0	0	0	0	0	0	...	0	0	0	0	0	0	0	0	0	0
2	6	0	0	0	0	0	0	0	5	0	...	0	0	0	30	43	0	0	0	0	0
3	0	0	0	0	1	2	0	0	0	0	...	3	0	0	0	0	1	0	0	0	0
4	3	0	0	0	0	0	0	0	0	0	...	0	0	0	0	0	0	0	0	0	0

5 rows × 785 columns

```
data.info()#输出数据集基本信息
```
输出结果如下：

```
data.info()

<class 'pandas.core.frame.DataFrame'>
RangeIndex: 60000 entries, 0 to 59999
Columns: 785 entries, label to pixel784
dtypes: int64(785)
memory usage: 359.3 MB
```

4. 提取前两个类别的样本

```
data2=data[data["label"]<2]   #提取前两个类别的样本，本例考虑二分类问题
```

5. 将特征、标签分离

```
X=data2.drop("label",axis=1)
y=data2["label"].values
```

6. 定义可视化函数

```
def plt3d(X,y,title):
    x_min, x_max = np.min(X,axis=0), np.max(X,axis=0)
    X_ = (X - x_min) / (x_max - x_min)
    fig = plt.figure(figsize=(8, 6))
    ax = Axes3D(fig,azim=-60,elev=30) # 依次遍历 X 的第 0、1、2 列作为三维坐标，在三维
坐标系对应位置通过 plt.text 函数添加纯文本注释，注释的内容就是当前 X 数据对应的类别
    ll=X.shape[0]
    lc=len(pd.DataFrame(y).value_counts())+1
    for i in range(ll):
        #print(y[i])
        ax.text(X_[i,0], X_[i, 1], X_[i,2],s=y[i],color=[y[i]/lc,y[i]/lc,y[i]/lc])
    plt.title(title)
def plt2d(X, y,title):
    # 数据归一化
    x_min, x_max = np.min(X,axis=0), np.max(X,axis=0)
    X = (X - x_min) / (x_max - x_min)
        # 绘制散点图
    fig = plt.figure(figsize=(12, 8))
    for i in range(X.shape[0]):
        plt.text(X[i][0], X[i][1],str(y[i]),
                color=plt.cm.Set1(y[i] / 5.),
                fontdict={'size': 9})
# 添加标题
plt.title(title)
```

7. 进行主成分分析降维并可视化

```
from sklearn.decomposition import PCA
pca = PCA(n_components=3, random_state=0)#降维到 3 维
X_pca = pca.fit_transform(X)
plt3d(X_pca,y,"PCA 降维（3 维）")
```
主成分分析降维结果如下（3 维）：

PCA降维（3维）

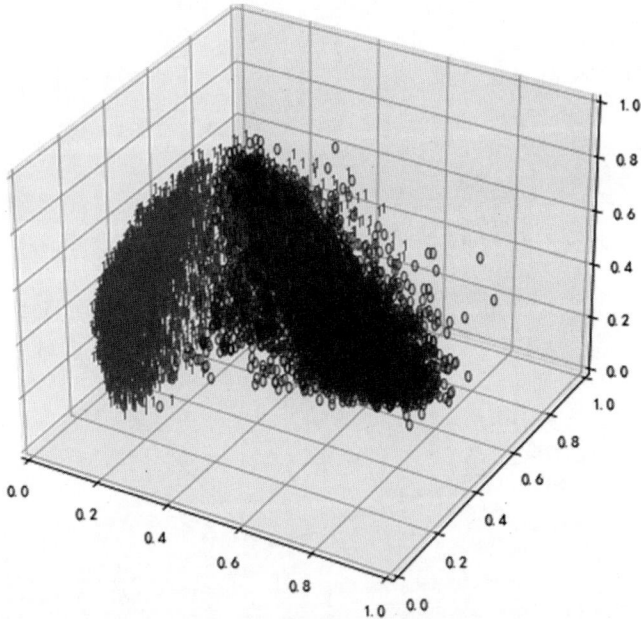

```
from sklearn.decomposition import PCA
pca = PCA(n_components=2, random_state=0)#降维到 2 维
X_pca = pca.fit_transform(X)
plt2d(X_pca,y,"PCA 降维（2维）")
```
主成分分析降维结果如下（2 维）:

PCA降维（2维）

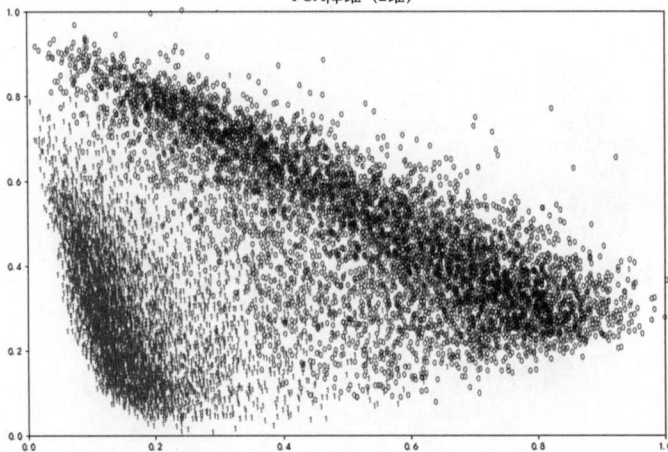

8．进行核 PCA 降维并可视化

```
from sklearn.decomposition import KernelPCA
ker = ['linear','poly','rbf','sigmoid','cosine']
kpca = KernelPCA(n_components=3,kernel=ker[4],random_state=0)
X_kpca = kpca.fit_transform(X)
plt3d(X_kpca,y,"KPCA")
```
核 PCA 降维结果如下（3 维）:

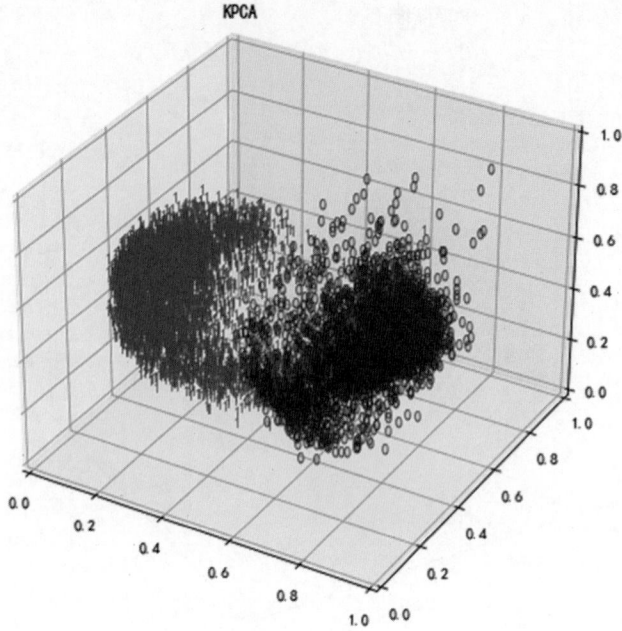

```
from sklearn.decomposition import KernelPCA
ker = ['linear','poly','rbf','sigmoid','cosine']
kpca = KernelPCA(n_components=2,kernel=ker[4],random_state=0)
X_kpca = kpca.fit_transform(X)
plt2d(X_kpca,y,"KPCA")
```
核 PCA 降维结果如下（2 维）：

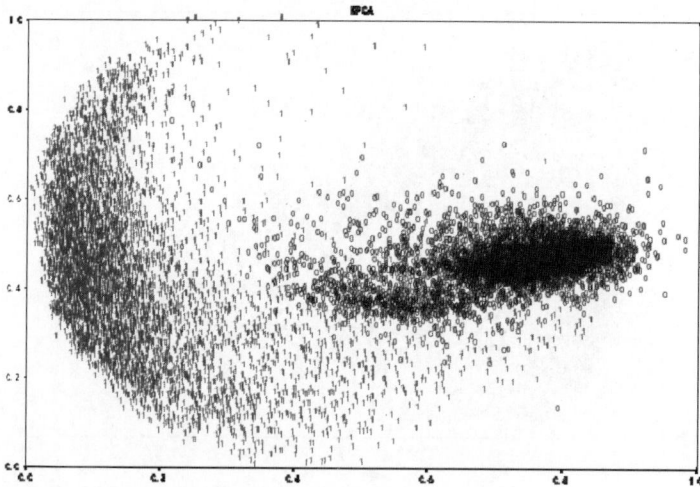

9. 进行线性判别分析降维并可视化

```
from sklearn.discriminant_analysis import LinearDiscriminantAnalysis
lda = LinearDiscriminantAnalysis(n_components=3) #实例化
X_lda = lda.fit_transform(X,y) #降维
plot_3d(X_lda,"LDA 3D") #可视化
```
线性判别分析降维结果如下（3 维）：

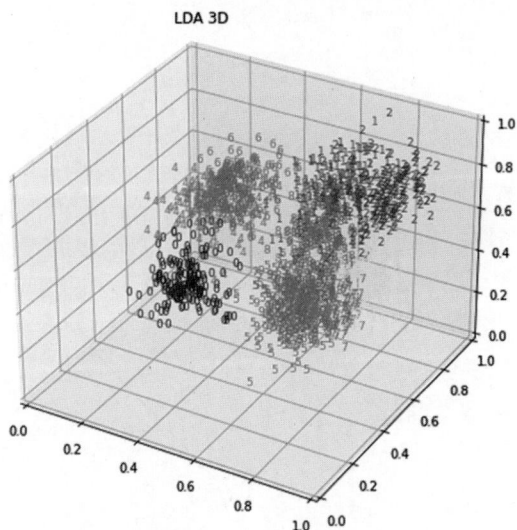

LDA 3D

10. 进行二次判别分析降维并可视化

```
from sklearn.discriminant_analysis import QuadraticDiscriminantAnalysis
qda = LinearDiscriminantAnalysis(n_components=3) #实例化
X_qda = qda.fit_transform(X,y) #降维
plot_3d(X_qda,"QDA_3D") #可视化
```

二次判别分析降维结果如下（3维）：

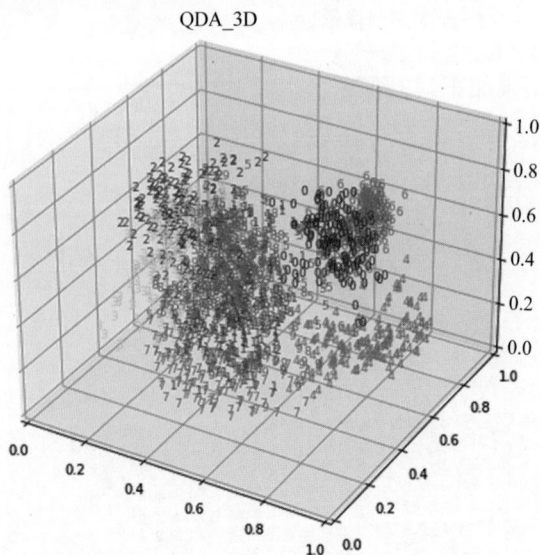

QDA_3D

11. 进行多维尺度变换降维并可视化

```
from sklearn.manifold import MDS
mds = MDS(n_components=3, random_state=0)
X_mds = mds.fit_transform(X)
plt3d(X_mds,y,"mds")
```

多维尺度变换降维结果如下（3维）：

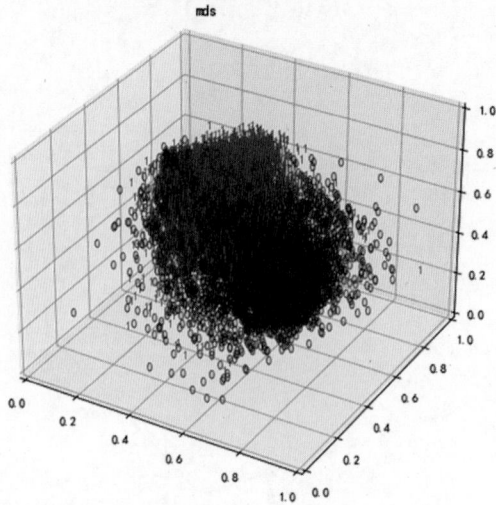

```
from sklearn.manifold import MDS
mds = MDS(n_components=2, random_state=0)
X_mds = mds.fit_transform(X)
plt2d(X_mds,y,"mds")
```

12. 进行局部线性嵌入降维并可视化

```
from sklearn.manifold import LocallyLinearEmbedding
lle = LocallyLinearEmbedding(n_neighbors=30,n_components=3,method='standard',
random_state=0) #实例化
X_lle = lle.fit_transform(X) #降维
plt3d(X,y,"lle") #可视化
```
局部线性嵌入降维结果如下（3 维）：

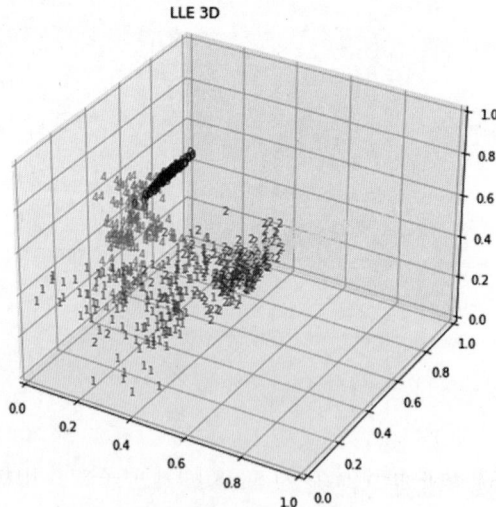

13. 进行 t 分布随机邻域嵌入降维并可视化

```
from sklearn.manifold import TSNE
tsne = TSNE(n_components=3,random_state=0)   #实例化
```

```
X_tsne = tsne.fit_transform(X)  #t-SNE 降维
plot_3d(X_tsne,"TSNE 3D")  #3 维可视化
```

t 分布随机邻域嵌入降维结果如下（3 维）：

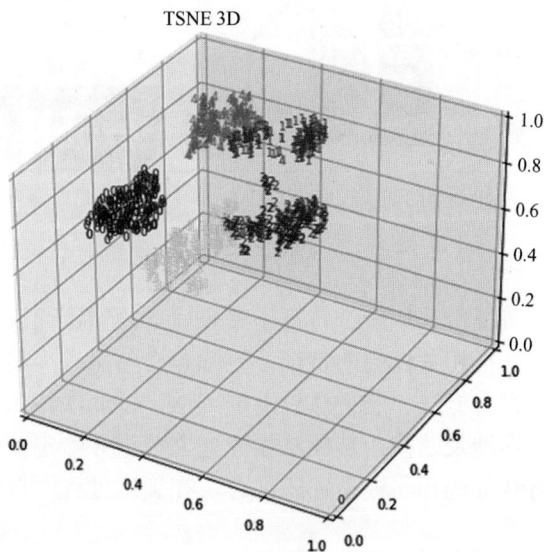

TSNE 3D

小 结

降维可以降低建立模型的时间复杂度和空间复杂度，节省开销；也可以去掉数据集中夹杂的噪声，提高模型的泛化性能；还可以使模型具有更强的鲁棒性，更方便解释数据、可视化。

本章介绍了不同的降维方法：首先介绍基于矩阵分解的降维方法，包括主成分分析、核 PCA、非负矩阵分解、因子分析等；其次介绍基于判别分析的降维方法，即线性判别分析与二次判别分析；最后介绍基于流形学习的局部线性嵌入、多维尺度变换以及 t 分布随机邻域嵌入等方法，并给出了这些方法在 Python 中的实现。

本章还结合 Fashion-MNIST 数据集展示了不同降维方法的实现以及降维后的可视化。

课后习题

1．简述降维的目的。
2．简述判别分析与其他降维方法的区别。
3．提取 Fashion-MNIST 数据集中标签为 5、8 的数据子集，用主成分分析降维并可视化。
4．提取 Fashion-MNIST 数据集中标签为 5、8 的数据子集，用核 PCA 降维并可视化。
5．提取 Fashion-MNIST 数据集中标签为 5、8 的数据子集，用非负矩阵分解降维并可视化。
6．提取 Fashion-MNIST 数据集中标签为 5、8 的数据子集，用多维尺度变换降维并可视化。
7．对波士顿房价数据集采用主成分分析，将其降维为 4 维，并用线性回归方法建模。
8．对鸢尾花数据集采用线性判别分析法进行降维并分类。

第 **10** 章 　特征选择与特征联合

特征选择是指从全部特征中选取一个特征子集来建立模型，通过降低特征维度，提高模型性能。通常保留与目标特征相关性高的特征，剔除包含信息较少的特征。

常用的特征选择方法有过滤法、装袋法以及嵌入法。过滤法指先进行特征选择，再建立模型，特征选择的过程中不涉及建模；装袋法指先建立模型并给定评价标准，选择效果最优的特征子集；嵌入法指将特征选择与模型训练结合，在训练过程中自动进行特征选择。

学习目标

（1）掌握常用的过滤法。
（2）掌握装袋法。
（3）掌握嵌入法。
（4）了解实现特征联合的方法。
（5）了解多项式特征。

10.1 特征选择

本节使用 UCI 网站的 REJAFADA 数据集。该数据集内包含两类共 1996 个样本，每个样本都有 6826 个特征，通过这些特征预测 Jar Files 属于 Malware、Benign 中的哪一种。具体的读取代码参考例 9-1。

10.1.1 过滤法

常用的过滤法有方差选择法、卡方检验法、相关系数法。

1. 方差选择法

考虑方差小的特征波动性小，包含的信息也较少，对模型影响较小。方差选择法指给定一个方差阈值，计算所有特征的方差，保留方差大于阈值的特征，剔除方差小于阈值的特征。sklearn.feature_selection 中的 VarianceThreshold()函数可实现通过方差选择法进行特征选择。VarianceThreshold 函数常用参数及其说明：

```
VarianceThreshold(
    threshold=0.5#设定保留特征的最小阈值
)
```

例 10-1　通过方差选择法进行特征选择。

```
from sklearn.feature_selection import VarianceThreshold
sel_var = VarianceThreshold(threshold=0.5)# 设定方差阈值为 0.5
sel_var_X = sel_var.fit_transform(X) #特征选择
print("选择的特征数量: ",sel_var_X.shape[1])
```

选择的特征数量：272。

2. 卡方检验法

卡方检验法统计样本的实际观测值与理论推断值之间的偏离程度，实际观测值与理论推断值之间的偏离程度决定卡方值的大小，卡方值越大，二者偏离程度越大；卡方值越小，二者偏离程度越小；若两个值完全相等，卡方值就为 0，表明理论推断值完全符合实际。

卡方检验法的原假设 H_0：特征 X 与目标 Y 独立。备择假设 H_1：特征 X 与目标 Y 不独立。

检验统计量：

$$\chi_2 = \sum \frac{(A-E)^2}{E} \tag{10-1}$$

其中，A 为实际观测值，E 为理论推断值。

给定显著水平 a，找到自由度为 n 的卡方分布的 a 分位数 $\chi_a^2(n)$。

若 $\chi^2 > \chi_a^2(n)$，则拒绝原假设，认为特征 X 与目标 Y 存在相关性。

χ^2 的值越大，特征 X 与目标 Y 相关性越强，可以设定一个阈值，将 χ^2 的值大于阈值的特征保留，小于阈值的特征剔除，从而实现特征选择。

3. 相关系数法

相关系数（Corre lation Coefficient）有**皮尔逊相关系数、最大信息系数和距离相关系数**。

皮尔逊相关系数用于度量两个特征 X 与 Y 的线性相关性，取值在 $-1 \sim 1$。-1 表示完全负相关，$+1$ 表示完全正相关，0 表示没有线性相关性。皮尔逊相关系数的计算速度快且计算过程简单。SciPy 的 pearson 方法能够同时计算皮尔逊相关系数和 p 值。

皮尔逊相关系数的一个缺陷是，作为特征排序机制，它只对线性关系敏感。如果关系是非线性的，即便两个变量具有一一对应的关系，皮尔逊相关系数也可能会接近 0。

样本的皮尔逊相关系数的计算公式：

$$r = \frac{\sum_{i=1}^{n}(X_i - \bar{X})(Y_i - \bar{Y})}{\sqrt{\sum_{i=1}^{n}(X_i - \bar{X})^2}\sqrt{\sum_{i=1}^{n}(Y_i - \bar{Y})^2}} \tag{10-2}$$

依次计算每个特征与目标的皮尔逊相关系数，给定一个阈值，保留皮尔逊相关系数大于阈值的特征，剔除皮尔逊相关系数小于阈值的特征。

经典的互信息（Mutual Information）也用于评价类别型变量之间的相关性，如式（10-3）所示。

$$\text{MI}(x_i, y) = \sum_{x_i \in 0,1} \sum_{y_i \in 0,1} p(x_i, y) \log \frac{p(x_i, y)}{p(x_i)p(y)} \tag{10-3}$$

但互信息不属于度量方式，也没有办法实现归一化，在不同数据集上的结果无法进行比较，对于连续变量的计算比较困难，通常需要先离散化变量，而互信息的结果对离散化的方式很敏感。

最大信息系数（Maximal Information Coefficient，MIC）克服了互信息的缺点。它首先寻找一种最优的离散化方式，然后把互信息取值转换成一种度量方式，取值范围为[0,1]。minepy 的 MINE 模块可提供最大信息系数功能。

距离相关系数克服了皮尔逊相关系数的弱点，对于 x 和 x^2，即便皮尔逊相关系数是 0，也不能断定这两个变量是独立的（有可能是非线性相关的）；但如果距离相关系数是 0，那么可以说这两个变量是独立的。

皮尔逊相关系数的计算速度快，这在处理大规模数据的时候很有用，皮尔逊相关系数的取值范围是[-1,1]，而最大信息系数和距离相关系数的取值范围都是[0,1]。这个特点使得皮尔逊相关系数能够表征更丰富的关系，用符号表示关系的正负相关性，用绝对值表示相关程度。

sklearn.feature_selection 中的 feature_selection.SelectKBest 模块可根据给定的得分函数选出 k 个得分最高的特征。feature_selection.SelectPercentile 模块可根据给定的得分函数选出前 $p\%$个得分最高的特征。

通过 sklearn.feature_selection 中的 SelectKBest 模块可根据规则实现特征选择。

SelectKBest 模块参数说明：

```
SelectKBest(
    score_func #特征选择时使用的方法,默认使用适合分类问题的 F 检验分类方法,即默认值为 f_classif。
    k=10 #取得分最高的前 k 个特征
)
```

其中，score_func 的取值如下。

f_regression：计算每个变量与目标变量的相关系数，然后计算出 F 值和 p 值，用于回归任务。

mutual_info_regression：互信息，度量 X 和 Y 共享的信息，已知其中一个，对另一个不确定度减少的程度，通常用于回归任务。

chi2：用于分类任务的非负特征的卡方统计。

f_classif：方差分析（ANOVA），计算方差分析 F 值（组间均方/组内均方），用于分类任务。

mutual_info_classif：互信息，使用互信息方法可以捕捉任何一种统计依赖，但是其为非参数方法，需要更多的样本进行准确的估计。

例 10-2　使用最大信息系数进行特征选择。

```python
import numpy as np
from minepy import MINE
#定义 mic 函数
def mic(x, y,p):
    m = MINE()
    m.compute_score(x, y)
    return (m.mic(), p)
from sklearn.feature_selection import SelectKBest
# 选择 k 个得分最高的特征
sk=SelectKBest(lambda X, Y: np.array(list(map(lambda x:mic(x, Y,0.5), X.T))).T[0],
```

```
k=10)
    sk.fit_transform(X, Y) #特征选择
```
进行特征选择后的数据如图 10-1 所示。

```
array([[ 3,   3,   1, ...,   1,   2, 211],
       [ 3,   3,   1, ...,   4,   0,  11],
       [ 3,   3,   1, ...,  19,   2, 311],
       ...,
       [ 2,   2,   0, ...,   7,   9, 112],
       [ 2,   2,   0, ...,   6,   9, 135],
       [ 2,   2,   0, ...,   0,   0,  26]], dtype=int64)
```

图 10-1 进行特征选择后的数据

例 10-3 使用距离相关系数实现特征选择。

```
from sklearn.feature_selection import SelectKBest  # 根据给定的得分函数选出 k 个得分
最高的特征
import numpy as np
from scipy.stats import pearsonr
pr=SelectKBest(lambda X, Y: np.array(list(map(lambda x:pearsonr(x, Y), X.T))).
T[0], k=5).fit(X_train, y_train)
    # 参数 k 表示选择的特征个数
tata_SKB=pr.fit_transform(X_train, y_train)# 选择 k 个得分最高的特征，返回特征选择后的数据
```

例 10-4 chi2 特征选择（SelectKBest）。

```
from sklearn.feature_selection import SelectKBest
from sklearn.feature_selection import chi2,f_classif,f_regression
sel_chi = SelectKBest(chi2,k=5).fit(X, y) # 选择与目标变量最相关的 5 个特征
print(sel_chi.scores_)  # 输出各个特征变量与目标变量的相关程度
```
特征变量与目标变量的相关程度：
```
[23.52941176 53.68627451 53.68627451 ... 1.         1.   1.        ]
print(pd.Series(sel_chi.get_support(), index=X.columns)) # 输出选择结果
```
特征选择结果：
```
0       False
1       False
2       False
3       False
4       False
    ...
6819    False
6820    False
6821    False
6822    False
6823    False
Length: 6824, dtype: bool
```
例 10-5 chi2 特征选择（SelectPercentile）。
```
from sklearn.feature_selection import SelectPercentile
from sklearn.feature_selection import chi2
sel_chi=SelectPercentile(chi2,percentile=50).fit(data,data_y)  #选择 50%
print(sel_chi.scores_)#特征变量与目标变量的相关程度
```
特征变量与目标变量的相关程度：
```
[23.52941176 53.68627451 53.68627451 ... 1.         1.
```

```
   1.        ]
print(pd.Series(sel_chi.get_support(),index=data.columns).sort_values())
```
特征选择结果：
```
3411     False
3719     False
3718     False
3717     False
3716     False
        ...
1391     True
1390     True
1389     True
1387     True
0        True
Length: 6824, dtype: bool
```

10.1.2 装袋法

装袋法指对于每一个待选的特征子集，都在训练集上训练一遍模型，然后在测试集上根据误差大小选择出合适的特征子集。使用装袋法需要先选定算法，通常选用随机森林、支持向量机、K 近邻等算法。

特征子集的搜索可以采用前向搜索，每次从剩余的未选中的特征选出一个加入特征集中，待特征数达到阈值或者 n 时，从所有的 F 中选出错误率最小的特征。具体过程如下。

① 初始化特征集 F 为空。

② 搜索 i 从 1 到 n，如果第 i 个特征不在 F 中，那么将特征 i 和 F 放在一起作为 Fi。在只使用 Fi 种特征的情况下，利用交叉验证来得到 Fi 的错误率。

③ 从上步中得到的 n 个 Fi 中选出错误率最小的 Fi，将 F 更新为 Fi。

④ 如果 F 中的特征数达到了 n 或者预定的阈值，那么输出整个搜索过程中最好的特征子集；若没达到，则转到步骤②，继续搜索。

特征子集的搜索也可以采用后向搜索。

先将 F 设置为 $\{1,2,\cdots,n\}$，然后每次删除一个特征，并评价，直到特征数达到阈值或者为空，再选择最佳的 F。

这两种算法都可以工作，但是计算复杂度比较大。

递归特征消除法（Recursive Feature Elimination，RFE）使用一个基模型来进行多轮训练，每轮训练后通过学习器返回的 coef_ 或者 feature_importances_ 消除若干权重较低的特征，再基于新的特征集进行下一轮训练。

利用可以学习到特征权重或重要性的模型，通过递归的方式减少特征数来进行特征选择。

具体步骤：

① 基于所有特征训练模型，得到每个特征的权重或重要性；

② 剔除权重或重要性最低的特征，基于新的特征集训练模型；

③ 重复上述步骤，进行递归消除，直到剩下的特征数满足条件为止。

执行递归特征消除的过程中，可以通过交叉验证的方式来评价模型在某个特征集上的表现，以此来选择最佳的特征集。

例 10-6 使用递归特征消除法实现特征选择。

```
from sklearn.feature_selection import RFE
from sklearn.tree import DecisionTreeClassifier
rfe = RFE(DecisionTreeClassifier(random_state=10), step=200,n_features_to_select=7)
rfe.fit_transform(train_X,train_y)
# 先对 test_X 进行转换，再用设定好的学习器进行预测
y_pred = rfe.predict(test_X)
# 对 test_X 进行特征选择后，再用设定好的学习器评分
print("正确率: ",rfe.score(X_test, y_test))#输出正确率
```

输出的正确率如下：

正确率：0.9775

```
# 特征排名
print(rfe.ranking_)
```

输出的特征排名如下：

```
[36 35 34 ...  7  8  5]
```

例 10-7 采用交叉验证的递归特征消除法。

```
from sklearn.feature_selection import RFECV
rfeCV = RFECV(DecisionTreeClassifier(random_state=10),
        cv=5,step=200,
        scoring='roc_auc')
rfeCV.fit(X_train,y_train)
# 查看特征排名
print(pd.Series(rfeCV.ranking_, index=X.columns))
```

输出的特征排名如下：

```
0          7
1          6
2          5
3          4
4          3
    ...
6819       1
6820       1
6821       1
6822       1
6823       1
Length: 6824, dtype: int32
```

10.1.3 嵌入法

嵌入法指将模型训练和特征选择结合，在优化过程中自动选择特征。

通过惩罚项来进行特征选择，对于回归问题，可以直接引入 LASSO 回归，通过 LASSO 回归对数据集进行训练，挑选非零向量所对应的特征。

也可以为特征权重或重要性设定阈值，若某特征的权重或重要性低于阈值，则将该特征剔除，如决策树、支持向量机。

例 10-8 使用嵌入法实现特征选择。

```
feature_selection.SelectFromModel #嵌入法
from sklearn.feature_selection import SelectFromModel
from sklearn.ensemble import RandomForestClassifier
```

```
# 使用随机森林模型作为监督学习器
select = SelectFromModel(RandomForestClassifier(n_estimators=200,
random_state=10), max_features=7,
    threshold='median')
select.fit(train_X, train_y)
support=pd.Series(select.get_support(),index=X_train.columns)
print(support[support==True]) #输出选择的特征
```
输出选择的特征：
```
21       True
22       True
23       True
24       True
26       True
5497     True
5990     True
dtype: bool
```

10.2 案例：对中学教育学生成绩数据集进行特征选择

一、目标

对中学教育学生成绩数据集采用不同的方法进行特征选择。

二、数据集介绍

本节使用的数据集包含两所葡萄牙中学学生成绩的数据。数据集特征如下，这些特征是通过使用学校报告和问卷收集的。目标属性为 G3，即学生第三学期的成绩（最终成绩）。

School：学生所在学校。

sex：学生的性别（F 表示女性，M 表示男性）。

age：学生年龄（数字：15～22）。

address：学生的家庭地址类型（二进制数：U 表示城市，R 表示农村）。

famsize：家庭成员数量（二进制数：LE3 表示小于或等于 3；GT3 表示大于 3）。

Pstatus：父母的婚姻状况（二进制数：T 表示同居，A 表示分开）。

Medu：母亲受教育程度（数字：0 表示无，1 表示小学教育（四年级），2 表示五至九年级，3 表示中学教育，4 表示高等教育）。

Fedu：父亲受教育程度（数字：0 表示无，1 表示小学教育（四年级），2 表示五至九年级，3 表示中学教育，4 表示高等教育）。

Mjob：母亲的职业（teacher 表示教师，health 表示保健相关，services 表示民事服务（例如行政或警察），at_home 表示在家，other 表示其他）。

Fjob：父亲的职业（teacher 表示教师，health 表示保健相关，services 表示民事服务（例如行政或警察），at_home 表示在家，other 表示其他）。

Reason：选择这所学校的理由（离家近、学校声誉、课程偏好、其他）。

Guardian：学生的监护人（母亲、父亲、其他）。

Traveltime：从家到学校的时间（数字：1 表示<15min，2 表示 15～30min，3 表示 30min～

1h，4 表示>1h）。

studytime：每周学习时间（数字：1 表示<2h，2 表示 2～h，3 表示 5～10h，4 表示>10h）。

failures：转班次数（当 n>4 时，取值 4）。

schoolup：是否有额外的教育支持（二进制：是或否）。

famsup：是否有家庭教育支持（二进制：是或否）。

paid：是否有课程科目（数学或葡萄牙语）内的额外付费课程（二进制：是或否）。

activities：是否有课外活动（二进制：是或否）。

nursery：是否就读托儿所（二进制：是或否）。

higher：是否想接受高等教育（二进制：是或否）。

internet：是否在家上网（二进制：是或否）。

romantic：是否有浪漫关系（二进制：是或否）。

famrel：家庭关系的质量（数字：从 1 - 非常差到 5 - 非常好）。

freetime：放学后的空闲时间（数字：从 1 - 非常低到 5 - 非常高）。

goout：与朋友外出的频率（数字：从 1 - 非常低到 5 - 非常高）。

Dalc：工作日饮酒量（数字：从 1 - 非常低到 5 - 非常高）。

Walc：周末饮酒量（数字：从 1 - 非常低到 5 - 非常高）。

health：当前健康状况（数字：从 1 - 非常差到 5 - 非常好）。

absences：上学缺勤次数（数字：从 0 到 93）。

G1：第一学期成绩（数字：从 0 到 20）。

G2：第二学期成绩（数字：从 0 到 20）。

G3：最终成绩（数字：从 0 到 20）。

三、实现代码

1. 导入必要的包

```
import pandas as pd
import numpy as np
import warnings
warnings.filterwarnings("ignore")
```

2. 读取数据集

```
data=pd.read_csv("d:/datasets/student-por.csv",delimiter=";")
```

3. 随机查看 5 个样本

```
data.sample(5)
```
输出结果如下：

	school	sex	age	address	famsize	Pstatus	Medu	Fedu	Mjob	Fjob	...	famrel	freetime	goout	Dalc	Walc	health	absences	G1	G2	G3
248	GP	M	16	U	LE3	T	1	1	other	other	...	3	4	2	1	1	5	2	9	9	9
231	GP	M	18	U	LE3	T	3	3	services	health	...	3	2	4	2	4	4	10	10	10	10
10	GP	F	15	U	GT3	T	4	4	teacher	health	...	3	3	3	1	2	2	2	14	14	14
479	MS	F	17	U	GT3	T	2	2	other	at_home	...	4	5	3	1	1	5	4	9	10	10
45	GP	F	15	U	LE3	A	4	3	other	other	...	5	2	2	1	1	5	4	10	11	11

5 rows × 33 columns

4．查看数据的样本量、缺失情况以及类型

```
data.info()
```
输出结果如下：
```
<class 'pandas.core.frame.DataFrame'>
RangeIndex: 649 entries, 0 to 648
Data columns (total 33 columns):
 #   Column    Non-Null Count   Dtype
---  ------    --------------   -----
 0   school    649 non-null     object
 1   sex       649 non-null     object
 2   age       649 non-null     int64
 3   address   649 non-null     object
 4   famsize   649 non-null     object
 5   Pstatus   649 non-null     object
 6   Medu      649 non-null     int64
...
```

5．对 object 类型的数据进行标签编码

```
from sklearn.preprocessing import LabelEncoder
Le=LabelEncoder()
for k in data.columns:   #标签编码，遍历所有数据类型为 object 的特征
    if data[k].dtype=="object":
        data[k]=Le.fit_transform(data[k])#编码
```

6．查看编码后的数据类型

```
data.info()
```
输出结果如下：
```
<class 'pandas.core.frame.DataFrame'>
RangeIndex: 649 entries, 0 to 648
Data columns (total 33 columns):
 #   Column    Non-Null Count   Dtype
---  ------    --------------   -----
 0   school    649 non-null     int32
 1   sex       649 non-null     int32
 2   age       649 non-null     int64
 3   address   649 non-null     int32
 4   famsize   649 non-null     int32
 5   Pstatus   649 non-null     int32
 6   Medu      649 non-null     int64
...
```

7．将特征、标签分离

```
X=data.drop("G3",axis=1)
Y=data["G3"]
```

8．使用方差选择法进行特征选择

```
from sklearn.feature_selection import VarianceThreshold
```

```
sel_var=VarianceThreshold(threshold=0.9)
sel_var_x=sel_var.fit_transform(X)
print(sel_var_x.shape[1]) #输出方差选择后的特征数量
```

方差选择后的特征数量为 13。

9. 查看特征选择情况

```
for i,j in zip(sel_var.get_support(),X.columns):
    if i:
        print(j,end=", ")
```

选择的特征：age、Medu、Fedu、Mjob、Reason、famrel、freetime、goout、Walc、health、absences、G1、G2。

10. 使用卡方检验法进行特征选择并指定保留的特征数

```
from sklearn.feature_selection import SelectKBest
from sklearn.feature_selection import chi2
sel_chi=SelectKBest(chi2,k=10).fit(X,Y)
for i,j in zip(sel_chi.get_support(),X.columns):
    if i:
        print(j,end=", ")
```

选择的特征：school、Medu、Fedu、Mjob、Reason、failures、Dalc、absences、G1、G2。

11. 使用卡方检验法进行特征选择并指定保留特征的比例

```
from sklearn.feature_selection import SelectPercentile
from sklearn.feature_selection import chi2
sel_chi_p=SelectPercentile(chi2,percentile=20).fit(X,Y)
for i,j in zip(sel_chi_p.get_support(),X.columns):
    if i:
        print(j,end=", ")
```

选择的特征：school、Mjob、failures、Dalc、absences、G1、G2。

12. 使用递归特征消除法进行特征选择

```
from sklearn.feature_selection import RFE
from sklearn.model_selection import train_test_split
from sklearn.linear_model import LogisticRegression
from sklearn.neighbors import KNeighborsClassifier
X_train,X_test,y_train,y_test=train_test_split(X,Y,test_size=0.15,random_state=5)
rfe=RFE(LogisticRegression(),n_features_to_select=5)
rfe.fit (X_train,y_train)   #模型训练以及特征选择
for i,j in zip(rfe.support_,X.columns): #输出选中的特征
    if i:
        print(j,end=" ")
```

选择的特征为：school、age、freetime、G1、G2。

13. 使用嵌入法进行特征选择

```
from sklearn.feature_selection import SelectFromModel
from sklearn.ensemble import RandomForestClassifier
```

```
select=SelectFromModel(RandomForestClassifier(n_estimators=200,random_state=10),
threshold="1.25*mean")
select.fit(X_train,y_train) #模型训练以及特征选择
for i,j in zip(select.get_support(),X.columns):  #输出选择的特征
    if i:
        print(j,end=" ")
```
选择的特征为：age、goout、absences、G1、G2。

10.3 多项式特征

多项式特征（Polynomial Features）是指组合原始特征的所有多项式创建一个新的特征组合，新的特征组合包含次数等于以及小于指定次数的所有多项式组合，将低维的特征转化为高维的多项式特征。

如原始特征包含 a、b 两个特征，那么二阶的多项式特征就包含 1、a、b、$a·a$、$a·b$、$b·b$）这 6 个特征。

10.4 案例：为同心圆数据集构建多项式特征

一、目标

构建多项式特征，实现同心圆上的点的正确区分。

二、数据集介绍

sklearn.datasets 中的 make_circles()方法可生成同心圆数据集。参数 n_samples 用于设定样本的数量，noise 用于设定噪声的大小，factor 用于设定内外圆半径的比例因子。很明显，该数据集中同心圆上的点线性不可分。

三、实现代码

1. 生成同心圆数据集

```
import pandas  as pd
from sklearn.datasets import make_circles
from sklearn.model_selection import train_test_split
data=make_circles(n_samples=10000,factor=0.3,noise=0.15)
X=pd.DataFrame(data[0])
Y=data[1]
X_train,X_test,y_train,y_test=train_test_split(X,data[1],train_size=0.8)
```

2. 可视化数据集

```
import matplotlib.pyplot as plt
plt.scatter(X.iloc[:,0],X.iloc[:,1],c=Y)
plt.title("double circles")
```
可视化结果如下：

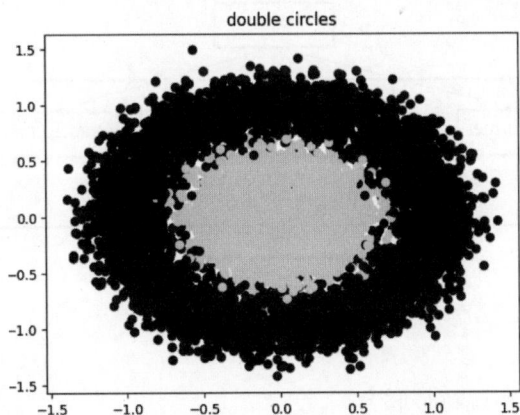

double circles

3. 使用逻辑回归进行分类

```
lr=LogisticRegression()
lr.fit(X_train,y_train)
print("训练集正确率（拟合精度）: ",lr.score(X_train,y_train))
```
训练集正确率（拟合精度）：0.625625。
```
print("测试集正确率: ",lr.score(X_test,y_test))
```
测试集正确率：0.619。

可见在原始数据集上直接进行逻辑回归时，分类的正确率较低。

4. 构建多项式特征并使用逻辑回归进行分类

```
from sklearn.preprocessing import PolynomialFeatures
pf=PolynomialFeatures(degree=2)
X_train_pf=pf.fit_transform(X_train)
X_test_pf=pf.transform(X_test)
lr_pf=LogisticRegression()
lr_pf.fit(X_train_pf,y_train)
print("训练集正确率（拟合精度）:",lr_pf.score(X_train_pf,y_train))
```
训练集正确率（拟合精度）：0.988625。
```
print("测试集正确率:",lr_pf.score(X_test_pf,y_test))
```
测试集正确率：0.9895。

可见对原始数据集进行多项式特征升维后，再进行逻辑回归，分类的正确率会得到较大的提高。

10.5 特征联合

特征联合（Feature Union）不同于特征选择，通过特征联合，通常会生成比原始数据集维度更高的数据集。

特征联合如图10-2所示，将列表中的transformer并行应用于数据，然后将多个transformer的结果横向连接，实现将多个特征提取机制组合到一个transformer中，拼接成一个更大的特征向量矩阵。

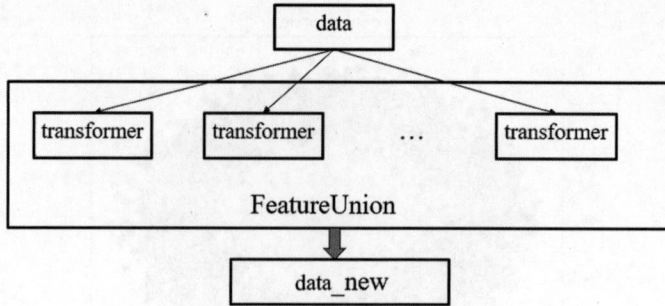

图 10-2　特征联合

可通过 FeatureUnion 实现特征联合。

FeatureUnion 用法：

```
FeatureUnion([('D_1', D1(…)),
('D_2',D2(…)),
        ('D_3',D3(…)),
            …
])
```

其中，D1、D2、D3 为不同的降维方法，D_1、D_2、D_3 为每个 transformer 的名称。

使用 make_union 实现特征联合时，不需要为每个 transformer 命名。

make_union 用法：

```
make_union([(D1(…),
D2(…),
        D3(…)
            …
])
```

10.6　案例：基于波士顿房价数据集实现特征联合

一、目标

本案例仅展示如何实现特征联合，采用主成分分析将 13 维的波士顿房价数据集降维为 4 维，再采用 PolynomialFeatures(degree=3)，将其升维为 164 维，然后将其组合成 168 维的数据集，如图 10-3 所示。

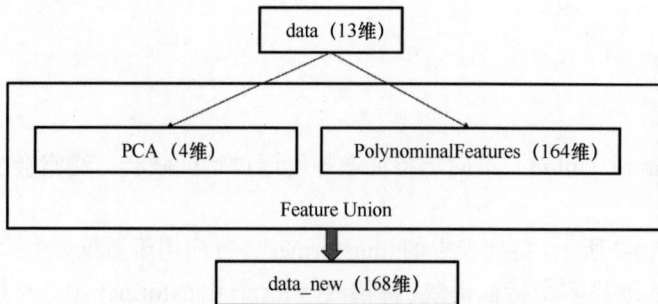

图 10-3　特征联合

二、数据集介绍

样本总数：10000。

特征数量：13 个相关特征（即 13 个指标变量），1 个目标变量（房价）。

特征说明如下。

CRIM：城镇人均犯罪率。

ZN：大于 25000 平方英尺的地块被划分为住宅用地的比例。

INDUS：每个城镇非零售业务的比例。

CHAS：查尔斯河虚拟变量（如果为 1 则沿河，如果为 0 则不沿河）。

NOX：一氧化氮浓度。

RM：每间住宅的平均房间数。

AGE：自住房屋建造于 1940 年之前的比例。

DIS：到加利福尼亚 5 个就业中心的加权距离。

RAD：对径向高速公路的可达性指数。

TAX：每 10000 美元中的物业税。

PTRATIO：城镇的学生与教师比例。

B：$1000（Bk-0.63）^2$：其中 Bk 是城镇中黑人比例。

LSTAT：低社会阶层人口比例（%）。

MEDV：以 1000 美元为单位的自住房屋价格的中位数。

三、实现代码

1. 导入必要的包

```
import pandas as pd
from sklearn.decomposition import PCA
from sklearn.pipeline import FeatureUnion
from sklearn.preprocessing import PolynomialFeatures
from sklearn.pipeline import make_union
from sklearn.pipeline import FeatureUnion
```

2. 读取数据

```
data = pd.read_csv("d:/datasets/HousingData.csv") #读取.csv 文件
```

3. 划分测试集与训练集

```
from sklearn.model_selection import train_test_split
data=data.dropna()
X=data.iloc[:,:-1]
Y= data.iloc[:,-1]
X_train,X_test,y_train,y_test=train_test_split(X,Y,train_size=0.8)
```

4. 使用 FeatureUnion 实现特征联合

```
# 构建 FeatureUnion 时，需要为每个 transformer 命名
```

```
fea_un = FeatureUnion([('pca', PCA(n_components=4)),
               ('poly',PolynomialFeatures(degree=2))])
#使用 PolynomialFeatures(degree=2)将原始的 14 维变成了 120 维
#data 训练集特征集 X
data_new = fea_un.fit_transform(data)
# 查看转换前后数据的维度
print("原始数据维度: ",data.shape[1])
print("特征联合后维度: ",data_new.shape[1])
```
原始数据维度：14。

特征联合后维度：124。

5. 使用 make_union 实现特征联合

```
fea_un_make = make_union(PCA(n_components=4), PolynomialFeatures(degree=2))
# 查看每个 transformer 的名称
data_new=fea_un_make.fit_transform(data)
fea_un_make.transformer_list  #输出 transformer 的名称等
# 在流水线中使用特征联合
pipeline=Pipeline([("fea",fea_un_make),("lr",LogisticRegression(random_state=
10))])
param_grid={"fea__pca__n_components":[1,2,3,4,5,6],"lr__C":[0.01,0.1,0.2,0.5,1],
"lr__class_weight":[None,"balanced"],
         "lr__penalty":["l1","l2"]}
grid_search=GridSearchCV(estimator=pipeline,param_grid=param_grid,cv=5)
grid_search.fit(X_train,y_train)#训练
print("测试集得分: ",grid_search.score(X_test,y_test))#评价
```
测试集得分：0.7948281399852114。

小　结

本章首先介绍了不同的特征选择方法，如过滤法、装袋法以及嵌入法。通过特征选择可以降低数据的维度，提高模型的性能。本章以"对中学教育学生成绩数据集进行特征选择"作为案例，介绍了以上方法的具体实现。

然后介绍了多项式特征，并以"为同心圆数据集构建多项式特征"作为案例，介绍了如何实现同心圆上的点的高精度分类。

最后介绍了特征联合的概念以及特征联合在 Python 中的实现，特征联合不同于特征选择，特征联合提高了数据的维度，但在一些线性不可分的数据集上使用能取得较好的效果。并以"基于波士顿房价数据集实现特征联合"作为案例，介绍了特征联合的具体实现方法。

课后习题

1．简述什么是特征选择。

2．简述什么是特征联合。

3．提取 Fashion-MNIST 数据集中标签为 5、8 的数据子集，用过滤法进行特征选择并可视化。

4. 提取 Fashion-MNIST 数据集中标签为 5、8 的数据子集，用装袋法进行特征选择并可视化。

5. 提取 Fashion-MNIST 数据集中标签为 5、8 的数据子集，用嵌入法进行特征选择并可视化。

6. 将中学教育学生成绩数据集去掉 G1、G2 特征后进行特征选择。

7. 采用 PolynomialFeatures(degree=3)将 8 维的原始数据集变成 164 维的，如果数据集为 4 维的，那么通过 PolynomialFeatures(degree=2)可将多项式特征变为多少维？

8. 对波士顿房价数据集采用主成分分析，将其降维为 4 维，采用方差选择法选取 4 个特征，然后将其组合成新的数据集。

第 11 章 流水线

流水线（pipeline）也称为管道，可以将数据挖掘的不同步骤组合在一起，封装所有的数据挖掘步骤，例如特征选择、归一化和分类，形成复杂的估计器，只需要对数据调用 fit() 拟合一次，就可以拟合整个估计序列。结合网格搜索可以一次对流水线中所有估计器的参数进行搜索。在交叉验证中，流水线有助于避免将测试数据中的统计信息泄露到训练好的模型中。

学习目标

（1）了解流水线结构。
（2）了解构建预处理流水线的方法。
（3）了解构建带学习器的流水线的方法。
（4）了解采用网格搜索寻找流水线中模型参数的方法。
（5）了解采用网格搜索选择流水线中模型的方法。
（6）了解构建复杂流水线的方法。

11.1 流水线结构

流水线结构如图 11-1 所示。流水线主要包含以下几个部分。

① 数据预处理学习器，用于数据标准化、特征编码等。此部分的学习器必须有 transform() 方法，用于数据转换。

② 特征选择、降维学习器。此部分的学习器同样必须有 transform() 方法，用于数据转换。

③ 算法学习器，用于选择最优的模型，通常具有 predict() 方法，是执行预测的学习器。

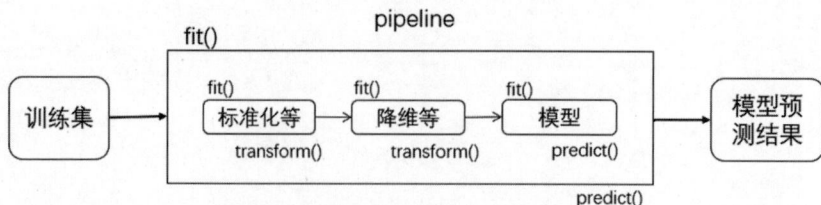

图 11-1　流水线结构

11.2 预处理流水线

预处理流水线用于将数据预处理中的各个步骤组合，包含缺失值处理、特征编码、标准化等。

通过 sklearn.pipeline 中的 Pipeline 模块可实现流水线。

Pipeline 模块主要参数及其说明：

```
Pipeline(
    Steps=[]  #元组构成的列表，每一个元组表示一个步骤，包含两个元素：名称（自定义）、实例化对象
)
```

例 11-1 缺失值处理与标准化的组合。

```
from sklearn.pipeline import Pipeline
from sklearn.preprocessing import StandardScaler
from sklearn.impute import SimpleImputer
pre_pipeline=Pipeline(steps=[("imputer",SimpleImputer(strategy="mean")),("std",
StandardScaler())])
```

其中，imputer、std 为流水线中两个步骤的自定义名称。

每一个步骤用一个元组表示，元组的第一个元素为名称，第二个元素为方法。将所有的步骤按顺序放在一个列表中。

以上方法可以将数据预处理的不同步骤组合，处理时，后面步骤的输入是前面步骤的输出，前面步骤都必须有 transform()方法。

如果需要对不同特征分别进行处理，然后将不同处理的输出组合，可以使用 sklearn.compose 提供的 ColumnTransformer()方法将不同特征的处理组合。

ColumnTransformer()方法常用参数及其说明：

```
ColumnTransformer(
    []  #元组构成的列表，每一个元组表示一个步骤，包含 3 个元素：名称、实例化对象、属性列表
    remainder='drop'  #没有处理的列的处理办法，{'drop', 'passthrough'}
)
```

例 11-2 将不同特征的处理组合。

```
from sklearn.pipeline import Pipeline
from sklearn.compose import ColumnTransformer
from sklearn.preprocessing import LabelEncoder,OneHotEncoder
attr_1=["x1","x2","x3"]#属性 x1、x2、x3
attr_2=["x4","x5"]#属性 x4、x5
cat=["x6"]#标签
attr_pipeline=ColumnTransformer([("1",LabelEncoder(),attr_1),("2", pre_pipeline,
attr_2),("3",OneHotEncoder(),cat)],remainder='passthrough')
    data_new=attr_pipeline.fit_transform(data)
```

其中，attr_1、attr_2 为数据的两类特征，对第一类特征采用标签编码，第二类特征采用例 11-1 中的流水线处理；cat 为类别属性，采用 OneHotEncoder 进行编码。默认情况下原始数据集中没有在 ColumnTransformer 中处理的特征不在 data_new 中，通过设置 remainder='passthrough'，可保留未处理的特征。

11.3 带学习器的流水线

前面介绍的流水线将预处理过程组合在一起，可以是对数据集的顺序处理，也可以是对不同特征单独处理后组合，输出结果仍然是一个数据集。以下例子将在流水线中加入分类学习器。

例 11-3 标准化与 K 近邻分类的流水线。

```
from sklearn.pipeline import Pipeline
from sklearn.tree import KNeighborsClassifier
# 构建流水线
pipe = Pipeline(steps=[('scaler',StandardScaler()),
                ('knn', KNeighborsClassifier())])#构建带标准化与 K 近邻分类学习器的流水线
# 训练
pipe.fit(X_train, y_train)#标准化与 K 近邻分类
# 评估
print("测试集分类正确率: ", round(pipe.score(X_test, y_test), 2))
```

11.4 采用网格搜索寻找流水线中模型的最优参数

流水线中的参数调优也可以采用网格搜索来实现，通过 param_grid 指定流水线中的参数。指定"步骤名"+"双下画线"+"参数名"参数的取值范围，设定该步骤参数的搜索空间。

例 11-4 采用网格搜索寻找例 11-3 流水线中 K 近邻模型的最优参数。

```
from sklearn.model_selection import GridSearchCV
# 设置参数网络，流水线中对 K 近邻分类的命名 knn__（双下画线）后接对应模型的参数
param_grid = {'knn__n_neighbors': [2, 4, 6, 8, 10],
        'knn__weights': ['uniform', 'distance']}  #指定搜索邻居数量分别为 2、4、6、8、
10 以及是否按距离对邻居进行加权
# 网格搜索
grid_search = GridSearchCV(estimator=pipe, param_grid=param_grid, cv=5)  #设定
网格搜索、5 折交叉划分
grid_search.fit(X_train, y_train)  #训练
# 测试集上的得分
print(grid_search.score(X_test, y_test))  #输出测试集上的得分
```

11.5 采用网格搜索选择流水线中的模型

前面介绍了通过网格搜索寻找流水线中模型的最优参数。本节介绍通过网格搜索寻找最优的模型组合。图 11-2 包含标准化（StandardScaler、MinMaxScaler 共 2 个模型）和分类（LogisticRegression、KNeighborsClassifier、SVC 共 3 个模型），可以组合成 6 条不同的流水线。通过网格搜索寻找最优的标准化模型与分类模型的组合。

例 11-5 通过网格搜索寻找最优的模型组合。

```
from sklearn.preprocessing import MinMaxScaler
from sklearn.preprocessing import StandardScaler
from sklearn.linear_model import LogisticRegression
```

```
from sklearn.neighbors import KNeighborsClassifier
from sklearn.svm import SVC
from sklearn.pipeline import Pipeline
pipe=Pipeline(steps=[("scaler",MinMaxScaler()),("model",LogisticRegression())])
#建立流水线
scale_selector=[StandardScaler(),MinMaxScaler()]  #设置搜索的两种标准化模型
model_selector=[KNeighborsClassifier(),SVC(),LogisticRegression()] #设置分类的3
种模型
param_grid={"scaler":scale_selector,"model":model_selector} #设定网格搜索的参数
grid_search=GridSearchCV(estimator=pipe,param_grid=param_grid,cv=5)  #设定网格搜索
grid_search.fit(X_train_s,y_train) #训练
print(grid_search.best_estimator_) #输出最优的参数
grid_search.score(X_test_s,y_test) #输出测试集上的得分
```

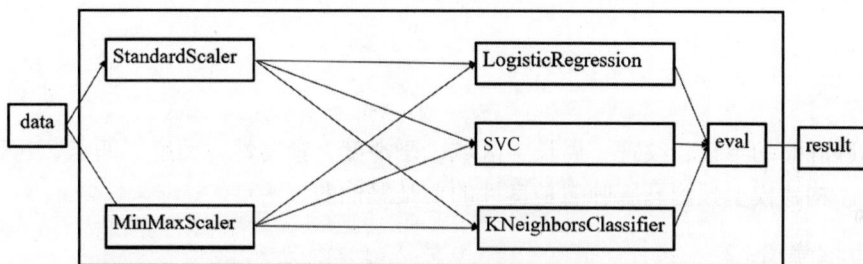

图 11-2　含模型选择的流水线

11.6　复杂流水线

除了将标准化以及分类组合，还可以将降维、特征选择组合到流水线中形成复杂流水线。复杂流水线如图 11-3 所示。

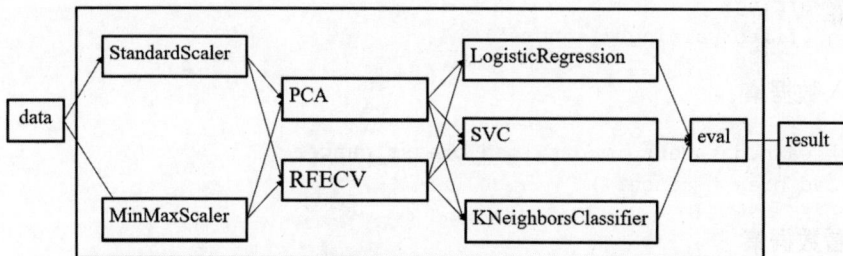

图 11-3　复杂流水线

例 11-6　含特征选择的流水线。

```
from sklearn.decomposition import PCA
from sklearn.feature_selection import RFECV
from sklearn.tree import DecisionTreeClassifier
from sklearn.ensemble import RandomForestClassifier
pipe_new2=Pipeline(steps=[("scaler",StandardScaler),("selector",PCA(3)),("model",
KNeighborsClassifier())])
model_selector=[LogisticRegression(random_state=10),SVC(),KNeighborsClassifier()]
```

169

```
    scaler_selector=[StandardScaler(),MinMaxScaler()]
    selector_selector=[PCA(3),RFECV(DecisionTreeClassifier(random_state=10),cv=5)]
    param_grid_2={"scaler":scaler_selector,"selector":selector_selector,"model":m
odel_selector  # 实现对模型的选择
        ,"model__class_weight":["balanced",None],  #模型参数的选择，模型共同的参数
        "model__C":[0.01,0.1,0.2,0.5,1]}  #模型参数的选择，模型共同的参数
    grid_search=GridSearchCV(estimator=pipe_new2,param_grid=param_grid_2,cv=5)
#网格搜索
    grid_search.fit(X_train,y_train)  #训练
    grid_search.best_estimator_.named_steps["selector"].explained_variance_ratio_.sum()
#输出最好的模型组合
```

11.7 案例：乳腺癌数据集的分类模型的选择

一、目标

根据乳腺肿瘤的半径、纹理、周长、区域、平滑度、紧凑性、凹度、凹点、对称、分形维数等特征，构建模型预测乳腺肿瘤是良性的还是恶性的。

二、数据集介绍

乳腺癌数据集包含 569 个患者样本，30 个特征。该数据集为 sklearn 自带的数据集。

三、实现代码

1. 导入包

```
import pandas as pd
import numpy as np
import warnings
warnings.filterwarnings("ignore")
```

2. 导入数据集

```
from sklearn.datasets import load_breast_cancer
data=load_breast_cancer()
```

3. 查看数据集

```
print(data.DESCR)
```
数据集介绍：

```
.. _breast_cancer_dataset:

Breast cancer wisconsin (diagnostic) dataset
--------------------------------------------

**Data Set Characteristics:**

    :Number of Instances: 569

    :Number of Attributes: 30 numeric, predictive attributes and the class
```

```
:Attribute Information:
    - radius (mean of distances from center to points on the perimeter)
    - texture (standard deviation of gray-scale values)
    - perimeter
    - area
    - smoothness (local variation in radius lengths)
    - compactness (perimeter^2 / area - 1.0)
    - concavity (severity of concave portions of the contour)
    - concave points (number of concave portions of the contour)
    - symmetry
    - fractal dimension ("coastline approximation" - 1)

    The mean, standard error, and "worst" or largest (mean of the three
    worst/largest values) of these features were computed for each image,
    resulting in 30 features.  For instance, field 0 is Mean Radius, field
    10 is Radius SE, field 20 is Worst Radius.

    - class:
            - WDBC-Malignant
            - WDBC-Benign

:Summary Statistics:

=================================== ====== ======
                                     Min    Max
=================================== ====== ======
radius (mean):                       6.981  28.11
texture (mean):                      9.71   39.28
nerimeter (mean):                    43.79  188.5
```

4. 测试集与训练集的划分

```
X=data.data
y=data.target
from  sklearn.model_selection import  train_test_split
X_train,X_test,y_train,y_test=train_test_split(X,y,test_size=0.2,random_state=10)
```

5. 构建流水线并训练

```
#包含标准化与 K 近邻分类模型
from sklearn.pipeline import Pipeline
pipe=Pipeline(steps=[("scaler",StandardScaler()),("knn",KNeighborsClassifier())])
#构建流水线
pipe.fit(X_train_s,y_train)    #训练
print(pipe.score(X_test_s,y_test))   #输出模型的正确率
```
正确率：0.9912280701754386。

6. 采用网格搜索寻找最优的模型组合

```
from sklearn.decomposition import PCA
from sklearn.ensemble import RandomForestClassifier
pipe_new2=Pipeline(steps=[("scaler",StandardScaler),("selector",PCA(3)),("model",
KNeighborsClassifier())])
model_selector=[LogisticRegression(random_state=10),SVC()]
scaler_selector=[StandardScaler(),MinMaxScaler()]
selector_selector=[PCA(3),RFECV(DecisionTreeClassifier(random_state=10),cv=5)]
param_grid_2={"scaler":scaler_selector,"selector":selector_selector,"model":
```

171

```
model_selector
            ,"model__class_weight":["balanced",None],
            "model__C":[0.01,0.1,0.2,0.5,1]}
    grid_search=GridSearchCV(estimator=pipe_new2,param_grid=param_grid_2,cv=5)
    grid_search.fit(X_train_s,y_train)
    grid_search.best_estimator_.named_steps["selector"].explained_variance_ratio_.sum()
    grid_search.score(X_train_s,y_train)
```
正确率：0.9758241758241758。
```
    grid_search.best_estimator_.named_steps#输出最优模型组合
```
最优模型组合：

```
{'scaler': StandardScaler(),
 'selector': RFECV(cv=5, estimator=DecisionTreeClassifier(random_state=10)),
 'model': LogisticRegression(C=0.5, random_state=10)}
```

小　结

　　流水线是组合数据挖掘一系列操作的方式。使用流水线可以按步骤组合数据挖掘的不同阶段，解决程序代码冗长的问题。进行交叉验证时，需根据不同的训练数据、测试数据比例来反复拟合训练数据和测试数据，使用流水线技术可以实现并行，提高效率。

　　本章首先介绍了流水线结构；其次分别介绍了如何构建预处理流水线与带学习器的流水线以及代码实现；再次介绍了如何使用网格搜索寻找流水线中模型的参数以及代码实现；然后介绍了如何使用网格搜索选择流水线中的模型以及代码实现；最后通过"乳腺肿瘤数据集的分类模型的选择"案例，利用流水线实现最优模型参数以及分类模型的选择。

课后习题

1．简述什么是流水线。
2．简述流水线的作用。
3．如何构建预处理流水线？
4．如何构建带学习器的流水线？
5．构建流水线并采用网格搜索寻找最优的波士顿房价数据集模型。
6．构建流水线并采用网格搜索寻找最优的汽车满意度数据集模型。

第 **12** 章 聚类

聚类是指将数据集中相似的样本分到一组，一个组称为一个簇，相同簇的样本之间相似度较高，不同簇的样本之间相似度较低。样本之间的相似度通常是通过距离定义的，距离越远，相似度越低。

分类是有监督学习方法，样本带有标签，分类模型侧重于模型的泛化能力；而聚类是无监督学习方法，按要求给样本加标签，侧重于的聚类效果，通常不需要进行训练集与测试集的划分。

聚类被广泛应用于社会的各个领域。如根据客户的消费记录将客户分成不同的消费群体；根据学生的不同行为习惯，将学生聚类，以便因材施教；根据全球各地观测到的气候特征，将全球划分为不同的气候区域。聚类也常用于数据预处理，可找出数据集中的离群值。

常用的聚类方法有 K 均值聚类、层次聚类、带噪声的基于密度的聚类、均值漂移聚类、谱聚类等方法。

学习目标

（1）掌握常用的样本距离计算方法。
（2）掌握 K 均值聚类方法。
（3）掌握层次聚类方法。
（4）了解其他聚类方法。
（5）掌握聚类模型的评价方法。

12.1 样本距离计算

在数据挖掘算法中，K 近邻、聚类算法等都需要计算样本距离，也就是计算不同样本的相似度。样本距离的计算方法与具体解决的问题相关。常用的样本距离计算方法有以欧氏距离计算、以曼哈顿距离计算、以切比雪夫距离计算、以闵可夫斯基距离计算、以余弦相似度计算等。

12.1.1 欧氏距离

欧氏距离是欧几里得空间中两点之间的直线距离，通常把样本的不同特征看成欧几里得空间的不同维度，是最常用的一种距离计算方法，n 维空间的欧氏距离计算公式如下：

$$d(x_1, x_2) = \sqrt{\sum_{i=1}^{n}(x_{1i} - x_{2i})^2} \qquad\qquad (12\text{-}1)$$

例 12-1 使用 NumPy 计算两个样本的欧氏距离。

```
import numpy as np
x1=np.array([1,2,3])
x2=np.array([4,5,6])
d12=np.sqrt(np.sum(np.square(x1-x2)))# 计算 x1、x2 的欧氏距离
print(d12) #输出 x1、x2 的欧氏距离
```

x1、x2 的欧氏距离为 5.196152422706632。

例 12-2 使用 scipy.spatial.distance 中的 pdist()方法计算欧氏距离。

```
from scipy.spatial.distance import pdist
d12=pdist([x1,x2],"euclidean")# 计算 x1、x2 的欧氏距离
print(d12) #输出 x1、x2 的欧氏距离
```

x1、x2 的欧氏距离为 5.19615242。

12.1.2　曼哈顿距离

曼哈顿距离是在欧几里得空间的固定直角坐标系上两点所形成的线段在坐标轴上产生的投影的距离总和。如在城市中不能直接从一点到达另一点，必须沿着街道走。曼哈顿距离也称为城市街区距离（City Block Distance）。n 维空间两点的曼哈顿距离计算公式为

$$d(x_1, x_2) = \sum_{i=1}^{n}|x_{1i} - x_{2i}| \qquad\qquad (12\text{-}2)$$

例 12-3 使用 NumPy 计算 x1、x2 两个样本的曼哈顿距离。

```
import numpy as np
import numpy as np
x1=np.array([1,2,3])
x2=np.array([4,5,6])
d12=sum(np.abs(x1-x2)) #计算 x1、x2 的曼哈顿距离
print(d12) #输出 x1、x2 的曼哈顿距离
```

x1、x2 的曼哈顿距离：9。

例 12-4 使用 scipy.spatial.distance 包中的 pdist()方法计算曼哈顿距离。

```
from scipy.spatial.distance import pdist
d12=pdist([x1,x2],"cityblock")#计算 x1、x2 的曼哈顿距离
print(d12) #输出 x1、x2 的曼哈顿距离
```

x1、x2 的曼哈顿距离：9。

12.1.3　切比雪夫距离

切比雪夫距离是 n 维空间各坐标数值差的绝对值的最大值。如国际象棋中"国王"走一步能够移动到相邻 8 个方格中的任意一个，那么"国王"从方格(x_1,y_1)走到方格(x_2,y_2)最少需要的步数是 $\max(|x_2-x_1|, |y_2-y_1|)$。$n$ 维空间中类似的一种距离称为切比雪夫距离。

$$d(x_1, x_2) = \lim_{k \to \infty}\left(\sum_{i=1}^{n}|x_{1i} - x_{2i}|^k\right)^{1/k} = \max\left(|x_{1i} - x_{2i}|\right) \qquad (12\text{-}3)$$

例 12-5 使用 NumPy 计算 x1，x2 两个样本的切比雪夫距离。

```
import numpy as np
np.abs(x1-x2).max()
```

切比雪夫距离为 3。

例 12-6　使用 scipy.spatial.distance 中的 pdist() 方法计算切比雪夫距离。

```
from scipy.spatial.distance import pdist
d12=pdist([x1,x2],"chebyshev")
```

切比雪夫距离为 3。

12.1.4　闵可夫斯基距离

闵可夫斯基距离（Minkowski Distance）不是一种距离，而是将多个距离公式（如曼哈顿距离、欧氏距离、切比雪夫距离）总结成为的一个公式。两个 n 维变量 x_1 与 x_2 的闵可夫斯基距离定义为

$$d(x_1, x_2) = \left(\sum_{i=1}^{n} \left| x_{1i} - x_{2i} \right|^p \right)^{1/p} \tag{12-4}$$

其中，p 是一个变量，可以根据需要取值。

当 $p=1$ 时，计算曼哈顿距离；

当 $p=2$ 时，计算欧氏距离；

当 $p \rightarrow \infty$ 时，计算切比雪夫距离。

例 12-7　使用 NumPy 包计算 x1，x2 两个样本的闵可夫斯基距离。

```
import numpy as np
p=3
np.sum(np.abs(x1-x2)**p)**(1/p)
```

闵可夫斯基距离为 4.3267487109222245。

例 12-8　使用 scipy.spatial.distance 中的 pdist() 方法计算闵可夫斯基距离。

```
from scipy.spatial.distance import pdist
pdist([x1,x2],"minkowski",p=3)
```

闵可夫斯基距离为 4.32674871。

12.1.5　余弦相似度

对文本数据进行分析时，常用余弦相似度计算文本的相似度，其值越大说明文档越相似。计算余弦相似度的公式为

$$\text{sim}(x_1, x_2) = \frac{x_1 \cdot x_2}{\|x_1\| \cdot \|x_2\|} \tag{12-5}$$

可使用 scipy.spatial.distance 中的 pdist() 方法计算 x1，x2 两个样本的余弦相似度。

例 12-9　使用 pdist() 方法计算 x1，x2 两个样本的余弦相似度。

```
from scipy.spatial.distance import pdist
pdist([x1,x2],"cosine")
```

x1，x2 的余弦相似度为 0.02536815。

对于使用 NumPy 包计算余弦相似度，读者可参考计算欧氏距离的代码自行编写。

12.1.6　相关距离

相关系数是衡量随机变量 X 与 Y 的相关程度的一种方法，相关系数的取值范围是 [-1,1]。

相关系数的绝对值越大，则表明 X 与 Y 相关程度越高。当 X 与 Y 线性相关时，相关系数取值为 1（正线性相关）或–1（负线性相关）。其计算公式为

$$r(X,Y) = \frac{\mathrm{Cov}(X,Y)}{\sqrt{\mathrm{Var}(X)\mathrm{Var}(Y)}}$$ （12-6）

对于 n 维随机变量，它返回一个 $n \times n$ 矩阵 $\boldsymbol{M}$，其中 $\boldsymbol{M}(i,j)$ 表示随机变量 i 和 j 之间的相关系数。由于变量与变量自身的相关系数为 1，因此所有对角线项 (i,i) 均等于 1。

对应的相关距离计算公式为

$$D_{xy} = 1 - r(X,Y)$$ （12-7）

例 12-10 使用 scipy.spatial.distance 中的 pdist()方法计算 x1、x2 两个样本的相关距离。

```
from scipy.spatial.distance import pdist
import numpy as np
x1=np.array([1,2,3])
x2=np.array([4.5,5.2,6.1])
pdist([x1,x2],"correlation")  #相关距离
```

x1、x2 的相关距离为 0.00259404。

例 12-11 使用 NumPy 计算相关距离。

```
x12corr=np.corrcoef([x,y])   #相关系数
1- x12corr #计算相关距离
```

取输出矩阵中[1,2]或[2,1]位置的元素，x1、x2 的相关距离为 0.002594038。

12.1.7 杰卡德距离

二元属性常常用 1 和 0 代表两种取值，此类属性对象的相似度可以用杰卡德距离计算。

杰卡德相似系数是指两个集合 A、B 的交集元素在 A、B 的并集中所占的比例，用符号 $J(A,B)$ 表示：

$$J(A,B) = \frac{|A \cap B|}{|A \cup B|}$$ （12-8）

杰卡德距离（Jaccard Distance）与杰卡德相似系数相反，用两个集合中不同元素占所有元素的比例来衡量两个集合的区分度。

$$J_\delta(A,B) = 1 - J(A,B)$$ （12-9）

例 12-12 使用 scipy.spatial.distance 中的 pdist()方法计算 x1、x2 两个样本的杰卡德距离。

```
from scipy.spatial.distance import pdist
import numpy as np
x1=np.array([1,2,3,4,5])
x2=np.array([2,3,4,5,6])
pdist([x1,x2],"Jaccard")#计算并输出 x1、x2 两个样本的杰卡德距离
```

x1、x2 对应位置无相同元素，杰卡德相似系数为 0，杰卡德距离为 1。

```
x1=np.array([2,2,3,4,5])
x2=np.array([2,3,4,4,5])
```

```
pdist([x1,x2],"Jaccard") #计算、输出 x1、x2 两个样本的杰卡德距离
```
x1、x2 两个向量的 5 个对应位置上有 3 个相同元素，杰卡德相似系数为 0.6，杰卡德距离为 0.4。

12.1.8 汉明距离

汉明距离也称为汉明重量，其定义为将两个等长字符串 s1 与 s2 的其中一个变为另外一个所需要进行的最少替换的次数。

例 12-13 使用 scipy.spatial.distance 中的 pdist()方法计算 x1、x2 两个样本的汉明距离。
```
from scipy.spatial.distance import pdist
import numpy as np
x1=list("12345")
x2=list("12356")
pdist([x1,x2], 'hamming')  #计算并输出两个样本的汉明距离
```
x1、x2 两个样本的汉明距离（替换次数/距离）：0.4。

12.2 常用的聚类方法

本节使用 sklearn.datasets 的 make_moons()方法生成双月亮数据集，使用 make_blobs()方法生成多类别的数据集。

例 12-14 生成数据集并可视化。
```
from sklearn.datasets import make_circles,make_moons,make_blobs
data_blobs,label_blobs=make_blobs(n_samples=1000,n_features=2,random_state=1)
data_moons,label_moons= make_moons(n_samples=1000,noise=0.1,random_state=1)
color_blobs=label_blobs
color_moons=label_moons
import matplotlib.pyplot as plt
plt.rcParams[""font.sans-serif""]=[""SimHei""]
plt.rcParams[""axes.unicode_minus""]=False
data=data_blobs
color=color_blobs
fig = plt.figure(figsize = (5, 3))
plt.scatter(data[:,0], data[:,1],c=color,cmap=plt.cm.Spectral)
plt.title(""blobs"")
```
输出的 blobs 图如图 12-1 所示。

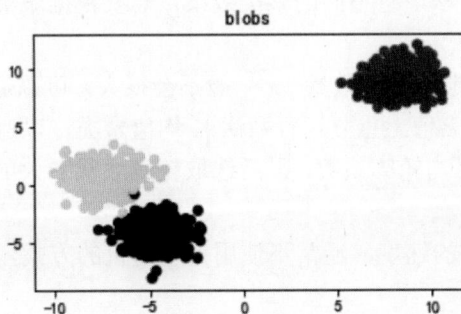

图 12-1 blobs 图

```
data=data_moons
color=color_moons
fig = plt.figure(figsize = (5, 3))
# 可视化双月亮数据集
plt.scatter(data[:,0], data[:,1],c=color,cmap=plt.cm.Spectral)
plt.title("D_moons")
```

输出的 moons 图如图 12-2 所示。

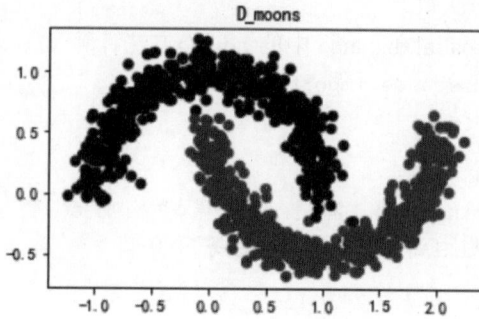

图 12-2　moons 图

12.2.1　K 均值聚类

K 均值聚类是使用非常广泛的聚类方法。该方法首先从数据集中随机抽取 k 个样本作为初始的聚类中心，由这个中心代表各个聚类；然后计算数据集中所有样本到这 k 个中心点的距离，并将数据集的样本点归到离其最近的聚类里；最后计算各个聚类的均值，以此作为新的聚类中心。

重复以上过程直到聚类中心不再移动或者移动距离足够短，此时收敛；当迭代的次数达到上限也会结束计算，同时输出提示信息。

K 均值聚类的计算量较大。

其时间复杂度：上限为 $O(tkmn)$，下限为 $O(kmn)$。

其空间复杂度：$O((m+k)n)$。

其中，t 为迭代次数，k 为簇的数目，m 为样本数，n 为维度。

在计算过程中距离的计算可采用欧氏距离、曼哈顿距离、闵可夫斯基距离、余弦相似度等实现。

采用不同的距离计算方法，有不同的聚类效果，需要根据聚类效果来确定最优的距离计算方法。

k 为超参数，是用户确定的类的数量。k 一般不会很大，可以通过枚举，令 k 从 2 取到一个固定值（如 10），在每个 k 值上重复运行数次 K 均值聚类，以避免获取局部最优解，并计算当前 K 均值聚类结果的平均轮廓系数，最后选取轮廓系数最大的结果对应的 k 值作为最终的集群数目。

初始点的选择影响收敛的速度，通常不使用完全随机的方式，而采用以下方法。

方法 1：K-means++。

① 从输入的数据点集合中随机选择一个点作为第一个聚类中心。

② 对于数据集中的每一个点 i，计算它与最近的聚类中心（指已选择的聚类中心）的距离 $D(i)$。

③ 选择一个新的数据点作为新的聚类中心，选择的原则：$D(i)$ 较大的点被选择作为聚类中心的概率较大。

④ 重复第②和第③步直到 K 个聚类中心被选出来。

⑤ 利用这 K 个初始的聚类中心来运行标准的 K-means 算法。

方法 2：选用层次聚类或 Canopy 算法进行初始聚类，然后从 K 个类别中分别随机选取 K 个点，来作为 K-means 的初始聚类中心。

方法 3：指定点。

K-means 参数说明：

```
KMeans(
    n_clusters=8,#簇数
    init='k-means++',#初始质心算法
    n_init=10,#初始化次数
    max_iter=300,#最多迭代次数
    tol=0.0001,#收敛阈值
    precompute_distances='deprecated',
    verbose=0,#控制输出信息详细程度
    random_state=None,
    copy_x=True,#指定是否修改原始数据。预计算距离，将数据减去均值后再加上均值会造成数值的微
小差别
    algorithm='auto',#K-means 使用的算法
)
```

例 12-15　K 均值聚类。

```
data=data_moons
model_km=KMeans(n_clusters=2,random_state=10,algorithm="elkan").fit(data)
auto_label=model_km.labels_
auto_cluster=model_km.cluster_centers_
data=data_moons
color=auto_label
fig = plt.figure(figsize = (5, 3))
plt.scatter(data[:,0], data[:,1],c=color)
plt.title("D_moons 聚类结果可视化")
```

D_moons 聚类结果可视化如图 12-3 所示。

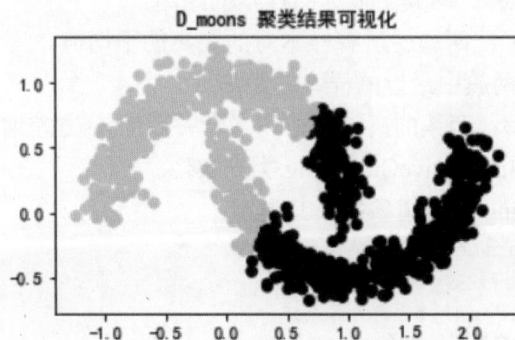

图 12-3　例 12-15 D_moons 聚类结果可视化

```
data=data_blobs
model_km=KMeans(n_clusters=3,random_state=10,algorithm="elkan").fit(data)
auto_label=model_km.labels_
auto_cluster=model_km.cluster_centers_
color=auto_label
fig = plt.figure(figsize = (5, 3))
plt.scatter(data[:,0], data[:,1],c=color)
plt.title("blobs 聚类结果可视化")
```

blobs 聚类结果可视化如图 12-4 所示。

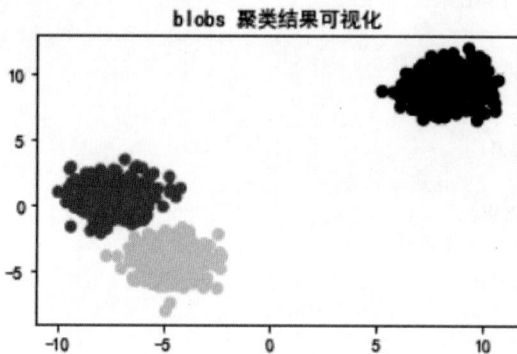

图 12-4　例 12-15 blobs 聚类结果可视化

12.2.2　层次聚类

层次聚类是指通过计算不同类别数据点间的相似度来创建一棵有层次的嵌套聚类树，不同类别的原始数据点是树的底层，树的顶层是一个聚类的根节点。层次聚类有两种常用的形式：自顶向下和自底向上。

自顶向下的层次聚类以树的根节点开头，将所有对象放在单个聚类中，根据不同簇的簇间、簇内的相似度重复分裂簇，直到簇的个数达到给定值。

自底向上的层次聚类在开始时，将每个样本视为一个簇，重复合并最近的两个簇，直到簇的个数达到给定值。

通常用谱系图来描述自底向上合并簇的过程。

常用的度量簇间距离的方式如下。

完整连接法（complete）：两簇中最远的样本的距离。

平均连接法（average）：两簇中所有样本对的距离的平均值。

单连接法（single）：两簇中最近的样本的距离。

离差平方和法（ward）：两簇的离差平方和（合并后的 $n \times$ 方差增量最小）。

层次聚类可通过 AgglomerativeClustering 类来实现。

AgglomerativeClustering 类常用参数及其说明：

```
AgglomerativeClustering(
    n_clusters=2,   #簇数
    affinity='euclidean',#距离计算方法
    memory=None,#指定缓存的目录
    connectivity=None,# 其值为数组或者可调用对象，也可为 None，用于指定连接矩阵，它给出了
```

每个样本的可连接样本

```
        compute_full_tree='auto',#指定是否训练生成一棵完整的树
        linkage='ward',# 簇的距离计算方法
)
```

例 12-16　层次聚类的实现。

```
data=data_blobs
from sklearn.cluster import AgglomerativeClustering
model = AgglomerativeClustering(n_clusters=3,linkage="average")
model.fit(data)  # 训练模型
auto_label = model.labels_  # 输出模型结果
color=auto_label
fig = plt.figure(figsize = (5, 3))
plt.scatter(data[:,0], data[:,1],c=color)
plt.title("blobs 聚类结果可视化")
```

blobs 聚类结果可视化如图 12-5 所示。

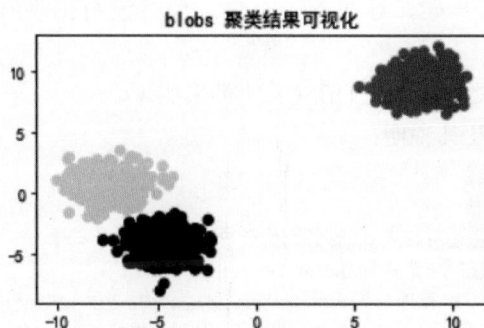

图 12-5　例 12-16 blobs 聚类结果可视化

```
data=data_moons
from sklearn.cluster import AgglomerativeClustering
model = AgglomerativeClustering(n_clusters=3,linkage="average")
model.fit(data)  # 训练模型
auto_label = model.labels_  # 输出模型结果
color=auto_label
fig = plt.figure(figsize = (5, 3))
plt.scatter(data[:,0], data[:,1],c=color)
plt.title("moons 聚类结果可视化")
```

moons 聚类结果可视化如图 12-6 所示。

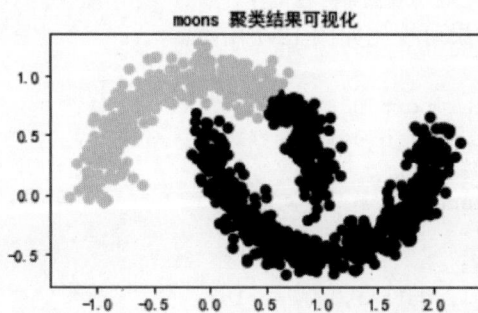

图 12-6　例 12-16 moons 聚类结果可视化

12.2.3　带噪声的基于密度的聚类

带噪声的基于密度的聚类（Density-based Spatial Clustering of Applications with Noise，DBSCAN）的主要思想是把样本空间中不同的高密度区域划分为不同簇。对于一个样本点，如果在以它为圆心的半径为ε的超球体（邻域）内的样本点个数大于 $N_{\min}$，则认为这个样本点在一个高密度区域内，称这个样本点为核心对象。对于两个都处在高密度区域的样本点，如果它们的距离足够近（即互相在对方的邻域内），则认为它们同属于一个簇。

具体的 DBSCAN 算法使用流程如下。

① 从一个点开始，为以其为圆心的半径为ε的邻域内的点赋予同一个簇标记，并寻找邻域内的其他核心对象。

② 对找到的核心对象，重复第①步。

③ 重复上述过程直到无法找到新的高密度点为止，认为一个簇被完整找出。

④ 从未被访问过的点开始，寻找下一个簇，最终没有出现在任何簇内的点被标记为孤立点。

带噪声的基于密度的聚类可通过 DBSCAN 类来实现。

DBSCAN 类主要参数及其说明：

```
DBSCAN(
    eps=0.5,# 设置ε的值
    min_samples=5,#设置高密度点ε的邻域的最少样本数
    metric='euclidean',#距离计算方法
    algorithm='auto',# 最近邻搜索算法参数，brute、kd_tree、ball_tree
    leaf_size=30,# 最近邻搜索算法参数，为使用 KD 树或者球树时，停止建子树的叶节点数量的阈值
    p=None,# 最近邻距离度量参数，p=1 表示曼哈顿距离，p=2 表示欧氏距离
    n_jobs=None,
)
```

例 12-17　DBSCAN 的实现。

```
data=data_blobs
from sklearn.cluster import DBSCAN
model = DBSCAN(eps=1.5, min_samples=4)
model.fit(data) # 训练模型
auto_label = model.labels_  # 保存模型结果
color=auto_label
fig = plt.figure(figsize = (5, 3))
plt.scatter(data[:,0], data[:,1],c=color)
plt.title("blobs DBSCAN 聚类结果可视化")
```

blobs DBSCAN 聚类结果可视化如图 12-7 所示。

```
data=data_moons
from sklearn.cluster import DBSCAN
model = DBSCAN(eps=1.5, min_samples=4)
model.fit(data) # 训练模型
auto_label = model.labels_  # 保存模型结果
color=auto_label
fig = plt.figure(figsize = (5, 3))
plt.scatter(data[:,0], data[:,1],c=color)
plt.title("moons DBSCAN 聚类结果可视化")
```

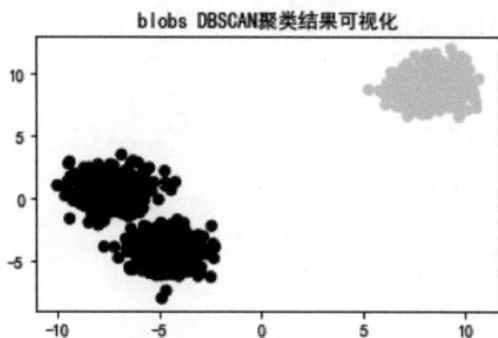

图 12-7　例 12-17 blobs DBSCAN 聚类结果可视化

moons DBSCAN 聚类结果可视化如图 12-8 所示。

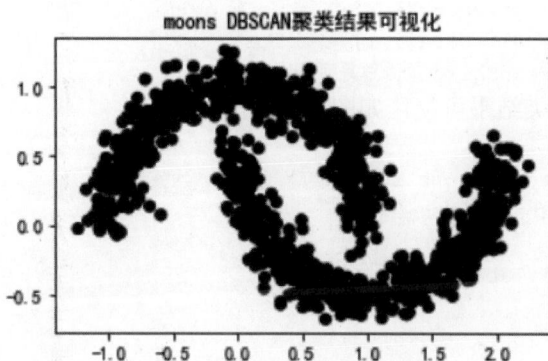

图 12-8　例 12-17 moons DBSCAN 聚类结果可视化

12.2.4　均值漂移聚类

均值漂移聚类假设簇的质心在簇内点最密集的地方，寻找质心的方法是随机选择一个点（seed），从这个点开始不断地将这个点更新为这个点邻域内点的均值点，这样，这个点就会不断地向高密度区域移动，直至到达最密集处。

均值漂移聚类具体使用流程如下。

① 初始从多个 seed 点开始，如果几个不同的 seed 点经过移动最终聚集在一起，则认为它们寻找的是同一个簇的质心，将它们合并。通常不使用全部样本点作划为 seed 点，而是将窗宽（bandwidth）作为网格间隔，选择起始点。选好簇的质心后，将样本点划分到最近的簇。

② 在更新 seed 点的过程中，求均值时考虑邻近点与当前 seed 点的距离，使用高斯核函数进行加权平均，即距离越近的点权重越大。

③ 高斯核函数需要一个输入参数 bandwidth，用来控制 seed 点邻域范围的大小。

bandwidth 参数可选，如果不输入，则使用 estimate_bandwidth 函数来计算。默认使用样本两两之间距离的 0.3 分位数作为 bandwidth 的值。

seeds 参数同样，若没有设置且 bin_seeding=True，则使用 get_bin_seeds 函数来计算，默认使用 bandwidth 作为网格大小来选择起始点。

cluster_all 的值为 True 时，孤立点会被划分到最近的簇内；若为 False，则将孤立点标记为-1。

均值漂移聚类可通过 MeanShift 类来实现。

MeanShift 类主要参数及其说明：

```
MeanShift(
    bandwidth=None,#窗宽
    seeds=None,#初始点设置
    max_iter=300,#最多迭代次数
)
```

例 12-18 MeanShift 的实现。

```
data=data_blobs
from sklearn.cluster import MeanShift
model = MeanShift(bandwidth=2)
model.fit(data)
data_label = model.labels_   #样本的标签
color=data_label
fig = plt.figure(figsize = (5, 3))
plt.scatter(data[:,0], data[:,1],c=color)
plt.title("moons MeanShift 聚类结果可视化")
```

moons MeanShift 聚类结果可视化如图 12-9 所示。

```
data=data_moons
from sklearn.cluster import MeanShift
model = MeanShift(bandwidth=2)
model.fit(data)
data_label = model.labels_   #样本的标签
color=data_label
fig = plt.figure(figsize = (5, 3))
plt.scatter(data[:,0], data[:,1],c=color)
plt.title("moons MeanShift 聚类结果可视化")
```

moons MeanShift 聚类结果可视化如图 12-10 所示。

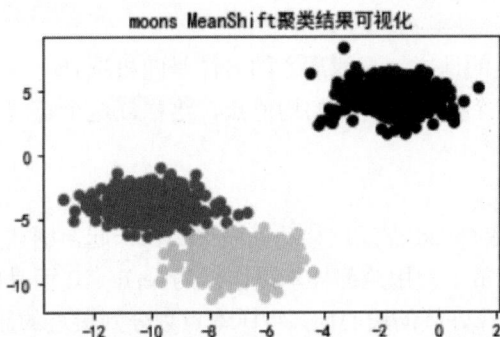

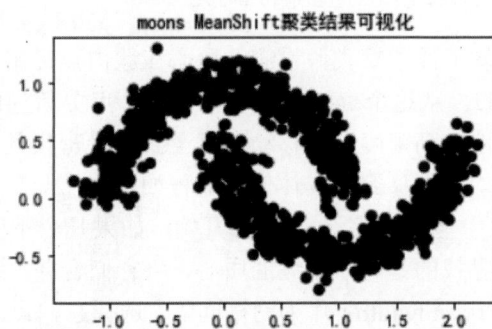

图 12-9 例 12-18 moons MeanShift 聚类结果可视化 1   图 12-10 例 12-18 moons MeanShift 聚类结果可视化 2

12.2.5 谱聚类

谱聚类是一种基于图论的聚类方法，将所有的数据看成空间中的点，可用线段将这些点连接起来，距离较远的点之间线段的权重低，距离较近的点之间线段的权重高，然后对原图进行切分，使得不同子图间线段的权重之和尽可能低，子图内线段的权重之和尽可能高，迭代删除最长的线段，从而达到聚类的目的。可将谱聚类理解为将高维空间的数据映射到低维

空间，然后在低维空间用其他聚类方法（如 K-means）进行聚类。

谱聚类使用流程如下。

输入：n 个样本点 $X = \{x_1, x_2, \cdots, x_n\}$ 和聚类的簇的数目 k。

输出：聚类的簇 $C_1, C_2, \cdots, C_k$。

① 使用下面公式计算 $n \times n$ 的相似度矩阵 W。

$$s_{ij} = s(x_i, x_j) = \sum_{i=1,j=1}^{n} \exp\frac{-\left\|x_i - x_j\right\|^2}{2\sigma^2} \quad (12\text{-}10)$$

W 为 s_{ij} 组成的相似度矩阵。

② 使用下面公式计算矩阵 D。

$d_i = \sum_{j=1}^{n} w_{ij}$，即相似度矩阵 W 的每一行元素之和。

D 为 d_i 组成的 $n \cdot n$ 对角矩阵。

③ 计算拉普拉斯矩阵 $L = D - W$。

④ 计算 L 的特征值，将特征值从小到大排序，取前 k 个特征值，并计算前 k 个特征值的特征向量 $u_1, u_2, \cdots, u_k$。

⑤ 将上面的 k 个列向量组成矩阵 $U = \{u_1, u_2, \cdots, u_k\}$。

⑥ 令 $y_i \in R^k$，表示是第 i 行的向量，其中 $i = 1, 2, \cdots, n$。

⑦ 使用 K-means 等算法将新样本点 $Y = \{y_1, y_2, \cdots, y_n\}$ 聚类成簇 $C_1, C_2, \cdots, C_k$。

⑧ 输出簇 $C_1, C_2, \cdots, C_k$。

谱聚类可以通过 SpectralClustering 类来实现。

SpectralClustering 类常用参数及其说明：

```
SpectralClustering(
    n_clusters=8,#簇数
    eigen_solver=None,#特征值分解策略
    n_components=None,# 用于谱聚类的特征向量的个数
    random_state=None,
    n_init=10,# 使用不同的质心种子运行的次数
    gamma=1.0,# rbf、poly、sigmoid、laplacian 和 chi2 内核的内核系数
    affinity='rbf',#构建相似度矩阵的算法
    n_neighbors=10,# 使用的邻居的数量
    eigen_tol=0.0,# 拉普拉斯矩阵特征分解的停止标准
    assign_labels='kmeans',# 在嵌入空间中分配标签的策略
    degree=3,# 多项式核的次数
    coef0=1,# 多项式和 sigmoid 内核的零系数
    kernel_params=None,# 内核参数
    n_jobs=None,# 并行作业数
    verbose=False,#输出详细程度
)
```

例 12-19 SpectralClustering 的实现。

```
data=data_blobs
from sklearn.cluster import SpectralClustering
```

```
model= SpectralClustering(n_clusters=3,assign_labels='discretize')
model.fit(data)
data_label=model.labels_
color=data_label
fig = plt.figure(figsize = (5, 3))
plt.scatter(data[:,0], data[:,1],c=color)
plt.title("moons 谱聚类结果可视化")
```

moons 谱聚类结果可视化如图 12-11 所示。

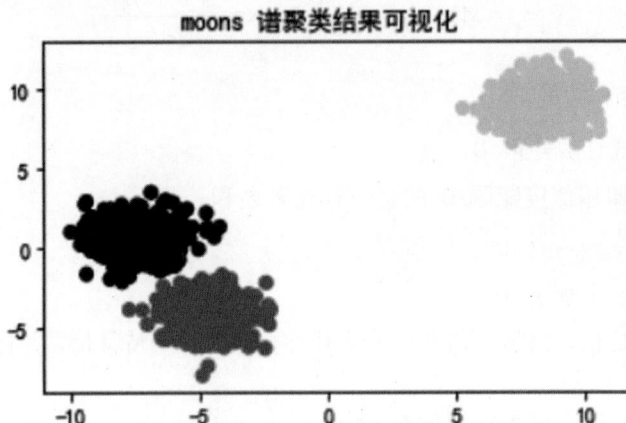

图 12-11　例 12-19 moons 谱聚类结果可视化 1

```
data=data_moons
from sklearn.cluster import SpectralClustering
model= SpectralClustering(n_clusters=2,assign_labels='cluster_qr')
model.fit(data)
data_label=model.labels_
color=data_label
fig = plt.figure(figsize = (5, 3))
plt.scatter(data[:,0], data[:,1],c=color)
plt.title("moons 谱聚类结果可视化")
```

moons 谱聚类结果可视化如图 12-12 所示。

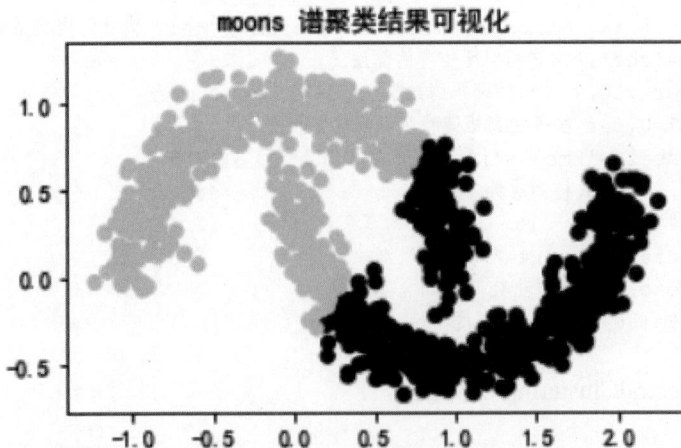

图 12-12　例 12-19 moons 谱聚类结果可视化 2

12.3　聚类模型评价

12.3.1　轮廓系数

轮廓系数是最常用的评价聚类效果的指标之一，轮廓系数结合了聚类的类内凝聚度（Cohesion）和类间分离度（Separation），用于评价聚类效果。该值为-1～1，值越大，表示聚类效果越好。

对于每个样本点 i，计算 i 与其同一个簇内所有其他元素的距离的平均值，记作 $a(i)$，用于量化簇内的凝聚度。

选取 i 外的一个簇 B，计算 i 与 B 中所有点的平均距离，遍历所有其他簇，找到最近的平均距离，记作 $B(i)$，即 i 的邻居类，用于量化簇间的分离度。

对于样本点 i，轮廓系数：

$$s(i) = \frac{B(i) - a(i)}{\max\{a(i), B(i)\}} \tag{12-11}$$

计算所有 i 的轮廓系数，求出平均值即当前聚类的整体轮廓系数，用于度量聚类的紧密程度。

若 $s(i)$ 小于 0，说明 i 与其簇内元素的平均距离小于与最近的其他簇内元素的，表示聚类效果不好。如果 $a(i)$ 趋于 0，或者 $B(i)$ 足够大，即 $a(i)<<B(i)$，那么 $s(i)$ 趋于 1，说明聚类效果比较好。

sklearn.metrics 中使用 silhouette_score 实现轮廓系数的计算。

输入参数为数据集与模型生成的聚类标签。

例 12-20　使用轮廓系数对谱聚类结果进行评价。

```
data=data_moons
from sklearn.cluster import SpectralClustering
model= SpectralClustering(n_clusters=2,assign_labels='cluster_qr')
model.fit(data)
data_label=model.labels_
from sklearn.metrics import silhouette_score
silhouette_score(data,model.labels_)
```

输出的轮廓系数为 0.4901910327755411。

12.3.2　兰德指数

使用轮廓系数可以在未知类别信息时很好地评价聚类效果，在类别信息已知的情况下可以采用兰德指数（Rand Index）评价聚类效果。

给定真实类别信息 C 和聚类结果 K，$RI = (a+b)/(a+b+c+d)$。

a：表示在 C 和 K 中都为同一类的样本对的数量。

b：表示在 C 和 K 中都属于不同类的样本对的数量。

c：表示在 C 中属于同一类，在 K 中属于不同类的样本对的数量。

d：表示在 C 中属于不同类，在 K 中属于同一类的样本对的数量。

RI 的取值范围为[0,1]，值越大则聚类结果与真实情况越接近。

兰德指数的缺点：在聚类结果随机产生的情况下，不能保证指数接近于 0。因而对兰德指数进行了调整，通常采用调整兰德指数（Adjusted Rand Index）来评价。

调整兰德指数：

$$ARI = (RI - E(RI)) / (max(RI) - E(RI)) \qquad (12\text{-}12)$$

调整兰德指数的取值范围为[−1,1]，负数表示结果不好，越接近于 1 结果越好。

使用 sklearn.metrics.cluster 中的 adjusted_rand_score 可计算调整兰德指数。

adjusted_rand_score 的参数为真实标签和预测标签。

例 12-21　使用调整兰德指数对谱聚类结果进行评价。

```
data=data_moons
from sklearn.cluster import SpectralClustering
model= SpectralClustering(n_clusters=2,assign_labels='cluster_qr')
model.fit(data)
data_label=model.labels_
from sklearn.metrics.cluster import adjusted_rand_score
adjusted_rand_score(label_moons,data_label)    #计算调整兰德指数，需要有真实的类别标签
```

调整兰德指数为 0.2738494132868083。

12.4　案例：汽车车型聚类

一、目标

根据汽车的排量、马力、重量等特征对不同汽车车型进行聚类。

二、数据集介绍

数据集来源：UCI 机器学习存储库。

数据集名称：Auto MPG Dataset。

数据涉及燃料消耗，以英里/加仑为单位。

样本数：398。

特征数：9。

特征如下。

mpg：油耗（连续）。

cylinders：气缸数（离散）。

displacement：排量（连续）。

horsepower：马力（连续）。

weight：重量（连续）。

acceleration：加速性能（连续）。

model year：年份（离散）。

origin：产地（离散）。

car name：车名（字符串，每个实例唯一）。

注意：horsepower 有 6 个缺失值。

三、实现代码

1．导入必要的包

```
from sklearn.cluster import KMeans
from sklearn.cluster import AgglomerativeClustering
from sklearn.cluster import DBSCAN
from sklearn.cluster import MeanShift
from sklearn.cluster import SpectralClustering
from sklearn import metrics
import numpy as np
import pandas as pd
import matplotlib.pyplot as plt
import warnings
warnings.filterwarnings("ignore")
```

2．读取数据

```
data=pd.read_csv("d:/datasets/auto-mpg.csv")
```

3．数据探索

```
data.head()  #输出数据集前 5 行
```
数据集前 5 行：

	mpg	cylinders	displacement	horsepower	weight	acceleration	model year	origin	car name
0	18.0	8	307.0	130	3504	12.0	70	1	chevrolet chevelle malibu
1	15.0	8	350.0	165	3693	11.5	70	1	buick skylark 320
2	18.0	8	318.0	150	3436	11.0	70	1	plymouth satellite
3	16.0	8	304.0	150	3433	12.0	70	1	amc rebel sst
4	17.0	8	302.0	140	3449	10.5	70	1	ford torino

```
data.info()  #查看数据类型及缺失值情况
```
数据类型及缺失值情况：

```
<class 'pandas.core.frame.DataFrame'>
RangeIndex: 398 entries, 0 to 397
Data columns (total 9 columns):
 #   Column        Non-Null Count  Dtype
---  ------        --------------  -----
 0   mpg           398 non-null    float64
 1   cylinders     398 non-null    int64
 2   displacement  398 non-null    float64
 3   horsepower    398 non-null    object
 4   weight        398 non-null    int64
 5   acceleration  398 non-null    float64
 6   model year    398 non-null    int64
 7   origin        398 non-null    int64
 8   car name      398 non-null    object
dtypes: float64(3), int64(4), object(2)
memory usage: 28.1+ KB
```

```
data.describe(include= "all")  #查看各特征的统计信息
```

各特征的统计信息：

	mpg	cylinders	displacement	horsepower	weight	acceleration	model year	origin	car name
count	398.000000	398.000000	398.000000	398	398.000000	398.000000	398.000000	398.000000	398
unique	NaN	NaN	NaN	94	NaN	NaN	NaN	NaN	305
top	NaN	NaN	NaN	150	NaN	NaN	NaN	NaN	ford pinto
freq	NaN	NaN	NaN	22	NaN	NaN	NaN	NaN	6
mean	23.514573	5.454774	193.425879	NaN	2970.424623	15.568090	76.010050	1.572864	NaN
std	7.815984	1.701004	104.269838	NaN	846.841774	2.757689	3.697627	0.802055	NaN
min	9.000000	3.000000	68.000000	NaN	1613.000000	8.000000	70.000000	1.000000	NaN
25%	17.500000	4.000000	104.250000	NaN	2223.750000	13.825000	73.000000	1.000000	NaN
50%	23.000000	4.000000	148.500000	NaN	2803.500000	15.500000	76.000000	1.000000	NaN
75%	29.000000	8.000000	262.000000	NaN	3608.000000	17.175000	79.000000	2.000000	NaN
max	46.600000	8.000000	455.000000	NaN	5140.000000	24.800000	82.000000	3.000000	NaN

4. 数据预处理

```
data =data.drop("car name",axis=1)  #删除 car name 特征
data[data["horsepower"]=="?"]  #输出["horsepower"]=="?"的样本
```

["horsepower"]=="?"的样本：

	mpg	cylinders	displacement	horsepower	weight	acceleration	model year	origin
32	25.0	4	98.0	?	2046	19.0	71	1
126	21.0	6	200.0	?	2875	17.0	74	1
330	40.9	4	85.0	?	1835	17.3	80	2
336	23.6	4	140.0	?	2905	14.3	80	1
354	34.5	4	100.0	?	2320	15.8	81	2
374	23.0	4	151.0	?	3035	20.5	82	1

```
#删除含"?"的不完整样本
data_auto=data[data["horsepower"]!="?"]  #获取不含"?"的样本
data_auto.horsepower=data_auto.horsepower.astype("int64") #将 data_auto.horsepower 转
换为int64 类型
#标准化
model_sc=StandardScaler()
model_sc.fit(data_auto)
data_auto_sc=model_sc.transform(data_auto)
```

5. 建模

（1）使用 K 均值聚类法聚类

```
model_km=KMeans(n_clusters=2,random_state=10)
model_km.fit(data_auto_sc)#聚类
auto_label=model_km.labels_ #获取聚类标签
```

（2）寻找最优的 k 值

```
from sklearn import metrics
print("n_clusters","   ","silhouette_score")
for k in [2,3,4,5,6,7,8,9]:
    model_km=KMeans(n_clusters=k,random_state=10).fit(data_auto_sc)
    auto_label=model_km.labels_
    auto_cluster=model_km.cluster_centers_
```

```
print(k," ",round(metrics.silhouette_score(data_auto_sc,auto_label),4))
```

输出如下，可见当 *n*=2 时，轮廓系数最大。

n_clusters	silhouette_score
2	0.4165
3	0.3245
4	0.3133
5	0.3339
6	0.3366
7	0.2954
8	0.2865
9	0.2857

（3）使用均值漂移法聚类

```
from sklearn.cluster import MeanShift
model_mn=MeanShift(bandwidth=2).fit(data_auto_sc)
auto_label=model_mn.labels_
auto_cluster=model_mn.cluster_centers_
bandwidth_grid=np.arange(1,3,0.5)
cluster_number=[]
slt_score=[]
for i in bandwidth_grid:
    model=MeanShift(bandwidth=i).fit(data_auto_sc)
    cluster_number.append(len(np.unique(model.labels_)))
    slt_score.append(metrics.silhouette_score(data_auto_sc,model.labels_))
from prettytable import PrettyTable
x = PrettyTable(["窗宽","簇的个数","轮廓系数"])#实例化表格，定义表头
for i,j,k in zip(bandwidth_grid,cluster_number,slt_score):
    x.add_row([i,j,k]) #增加一行
```

print(x) #输出窗宽、簇的个数、轮廓系数的表格

输出窗宽、簇的个数、轮廓系数的表格：

窗宽	簇的个数	轮廓系数
1.0	48	0.2186014799755772
1.5	13	0.2303712531447848
2.0	3	0.28103411078857976
2.5	2	0.4157996097600726

（4）使用层次聚类法聚类

```
model=AgglomerativeClustering(n_clusters=3,linkage="average").fit(data_auto_sc)
auto_label=model.labels_
lbs=pd.Series(auto_label).value_counts()
#plt.bar(x=lbs.index,height=lbs )
lbs.plot(kind="bar",rot=0)
# 绘制谱系图
from scipy.spatial.distance import pdist
from scipy.cluster.hierarchy import linkage, dendrogram
import matplotlib.pyplot as plt
plt.rcParams['font.sans-serif'] = ['SimHei']
#利用 SciPy 中的 pdist、linkage、dendrogram 函数绘制谱系图
#pdist 函数返回距离矩阵，linkage 函数返回一个 ndarray 对象，描述了簇合并的过程
```

```
#使用 dendrogram 函数绘制谱系图
row_clusters = linkage(pdist(data_auto_sc,metric='euclidean'),method='ward')
fig = plt.figure(figsize=(16,8))
#参数 p 和参数 truncate_mode 用来将谱系图截断，部分节点的子树被剪枝，横轴显示的是该节点包含的
样本数
row_dendr = dendrogram(row_clusters, p=50,
truncate_mode='lastp',color_threshold=5)
plt.tight_layout()
plt.title('谱系图', fontsize=15)
```

谱系图：

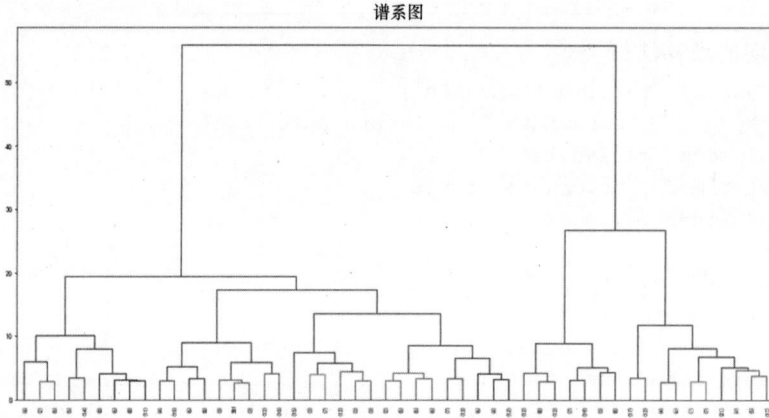

（5）DBSCAN

```
from sklearn.cluster import DBSCAN
model = DBSCAN(eps=1,min_samples=2).fit(data_auto_sc)
auto_label = model.labels_
min_samples=[1,2,3,5]
clu_num=[]
slt_score=[]
for min_ in min_samples:
    model = DBSCAN(eps=1,min_samples=min_).fit(data_auto_sc)
    slt_score.append(metrics.silhouette_score(data_auto_sc,model.labels_))
    labels=model.labels_
    n_clusters_ = len(set(labels)) - (1 if -1 in labels else 0)
    clu_num.append(n_clusters_)
from prettytable import PrettyTable
x = PrettyTable(["最少样本数","簇的个数","轮廓系数"])
for i,j,k in zip(min_samples,cluster_number,slt_score):
    slt_score.append(metrics.silhouette_score(data_auto_sc,model.labels_))
    x.add_row([i,j,k])
print(x)
```

输出结果如下：

最少样本数	簇的个数	轮廓系数
1	48	0.0070279081593221035
2	13	0.13035012589377734
3	3	0.15898708633180764
5	2	0.2472211994225611

（6）SpectralClustering

```
from sklearn.cluster import SpectralClustering
model= SpectralClustering(n_clusters=3)
model.fit(data_auto_sc)
metrics.silhouette_score(data_auto_sc,model.labels_)
```

输出轮廓系数：0.31690742006821687。

小　结

聚类指根据样本的相似度将相似样本聚为同一类，不相似样本聚为不同的类。本章首先介绍样本距离（样本相似度）的常用计算方法，如以欧氏距离计算、以曼哈顿距离计算、以切比雪夫距离计算等。其次介绍常用的聚类方法，即 K 均值聚类、层次聚类、带噪声的基于密度的聚类、均值漂移聚类以及谱聚类，同时介绍不同聚类方法在 Python 中的实现。然后介绍聚类模型的评价指标，即轮廓系数和兰德指数及这些指标的计算方法。最后以"汽车车型聚类"作为案例进行聚类。

课后习题

1. 什么是聚类？
2. 简述 K 均值聚类的原理。
3. 简述 DBSCAN 的原理。
4. 简述不同样本距离计算方法的区别。
5. 编写代码计算 x1、x2 两个样本的余弦相似度。
6. 简述如何使用轮廓系数评价聚类结果。
7. 从 UCI 网站下载物种数据集，用 K 均值聚类进行聚类，并评价聚类结果。
8. 针对第 7 题中的物种数据集，采用层次聚类进行聚类，并评价聚类结果。

第 **13** 章　关联规则

关联规则（Association Rule）反映的是一个事物与其他事物之间的相互依存性和关联性，如果两个或多个事物之间存在一定的关联关系，那么，其中一个事物就能通过其他事物预测到。

关联规则的经典案例是"沃尔玛超市啤酒与尿布"的故事，沃尔玛利用关联规则根据顾客装入购物车中的不同商品之间的关系来分析顾客的购物习惯，发现与尿布一同购买最多的商品是啤酒。

目前关联规则不仅被应用于购物推荐，还被广泛应用于新闻推荐、音乐推荐、精准营销、用户投资推荐等领域。

学习目标

（1）熟悉关联规则的基本概念。
（2）掌握关联规则的评价准则。
（3）掌握关联规则算法 Apriori。
（4）掌握关联规则算法 FP-Growth。

13.1　基本概念

13.1.1　项与项集

数据库中不可分割的最小单位信息，称为项，用符号 i 表示。项的集合 $\{i_1, i_2, \cdots, i_k\}$ 称为项集，若项集中项的个数为 k，则该项集称为 k-项集。

13.1.2　事务

设 $I = \{i_1, i_2, \cdots, i_k\}$ 是由数据库中所有项目构成的集合，一次处理（交易）所含项目的集合用 T 表示，$T = \{t_1, t_2, \cdots, t_n\}$，$T$ 就是一次事务，其中 t_i 属于 I。

13.1.3　频繁项集

设 $U = \{u_1, u_2, \cdots, u_n\}$ 为项目的集合，且 u_i、U 均为非空集合，项集 U 在所有事务中出现

194

的比例也称为支持度 support(U)，对于给定的最小支持度 min_sup，如果 support(U)大于或等于 min_sup，则称 U 为频繁项集（Frequent Itemsets），否则，U 为非频繁项集。

13.1.4 关联规则

关联规则是形如 $X \rightarrow Y$ 的蕴含式，其中 X、Y 分别是 I 的真子集，并且 $X \cap Y = \varnothing$，X 和 Y 分别称为关联规则的前项（Antecedent）和后项（Consequent）。关联规则反映 X 中的项目出现时，Y 中的项目也跟着出现的规律。

13.2 评价准则

关联规则的好坏通常用支持度、置信度来评价，通常好的关联规则的支持度以及置信度都比较高。

13.2.1 支持度

对于关联规则 $R: X \rightarrow Y$，其中 $X \in I$，$Y \in I$，并且 $X \cap Y = \varnothing$。

规则 R 的支持度是事务集中同时包含 X 和 Y 的事务数与所有事务数之比。

$$\text{support}(X \rightarrow Y) = \frac{\text{count}(X \cup Y)}{|D|} \qquad (13\text{-}1)$$

其中，$|D|$ 为数据集的所有事务数；count($X \cup Y$)为同时包含 X 和 Y 的事务数。

关联规则的最小支持度就是衡量频繁项集的最小支持度（Minimum Support），记为 min_sup，用于衡量关联规则需要满足的最低频繁度。

通常也将 count($X \cup Y$) 记为支持度计数。

13.2.2 置信度

设条件项的集合为 X，结果项的集合为 Y。置信度是在 X 中同时也含有 Y 的概率，即 confidence($X \rightarrow Y$) $= p(Y \mid X)$，表示这条规则在多大程度上可信。

关联规则的最小置信度（Minimum Confidence），记为 min_conf，表示关联规则需要满足的最低可靠性。

13.2.3 强关联规则与弱关联规则

如果规则 $R: X \rightarrow Y$ 满足 support($X \rightarrow Y$) $>$ min_sup 且 confidence($X \rightarrow Y$) 大于 min_conf，称关联规则 $X \rightarrow Y$ 为强关联规则，否则称关联规则 $X \rightarrow Y$ 为弱关联规则。

在选用关联规则时，通常认为强关联规则更能用于指导商务决策；但弱关联规则有时也能很好地指导商务决策，如对小众商品的推荐，虽然支持度不高，但具有很高的提升度，也能体现该规则的商业价值。

13.2.4 杠杆率

杠杆率是用来衡量 X 和 Y 的关系密切程度的，其值越小说明 X 和 Y 越独立；反之，说明

X 和 Y 的关系越密切。杠杆率的计算公式如下。

$$\text{leverage}(X \rightarrow Y) = \text{support}(X \rightarrow Y) - \text{support}(X) \cdot \text{support}(Y) \qquad (13\text{-}2)$$

13.2.5　确信度

确信度用来衡量 X 和 Y 的独立性。确信度越大，前项与后项的关联性越强。确信度的具体计算公式如下。

$$\text{conviction}(X \rightarrow Y) = \frac{1 - \text{support}(Y)}{1 - \text{confidence}(X \rightarrow Y)} = \frac{1 - \dfrac{\text{count}(X)}{\|D\|}}{1 - \dfrac{\text{同时包含} X、Y \text{样本的数量}}{\text{包含} X \text{的样本数量}}} \qquad (13\text{-}3)$$

13.2.6　提升度

提升度是指相对于不使用规则时，使用规则时置信度提高多少，其对非频繁项集的关联规则的评价特别有意义。具体计算公式如下。

$$\text{lift}(X \rightarrow Y) = \text{confidence}(X \rightarrow Y) / \text{support}(Y) = p(XY) / p(X)p(Y) \qquad (13\text{-}4)$$

13.3　关联规则算法

关联规则算法常用的是 Apriori 算法以及在此基础上改进实现的 FP-Growth 算法，本节详细介绍这两种算法的原理以及实现方法。

关联规则挖掘过程主要包含两个阶段：第一阶段必须先从数据集中找出所有的频繁项集，第二阶段再根据这些频繁项集产生关联规则。

第一阶段，找出所有的频繁项集。

① 找出满足支持度的单个商品；

② 将以上商品两两组合，找出满足支持度的两两组合；

③ 依次在以上商品中找到 3 个、4 个、……满足条件的组合。

第二阶段，产生关联规则。

在满足条件的组合中找满足置信度条件的关联规则。

13.3.1　Apriori 算法

Apriori 算法使用流程如下。

输入：数据集 D、支持度阈值 α。

输出：最大的频繁 k-项集。

① 扫描整个数据集，得到所有出现过的项集，将其作为候选频繁项集。

② 挖掘频繁 k-项集。

a. 扫描数据计算候选频繁 k-项集的支持度。

b. 去除候选频繁 k-项集中支持度低于阈值的项集，得到频繁 k-项集。如果得到的频繁 k-项集为空，则直接返回频繁 $(k-1)$ 项集的集合作为算法结果，算法结束。如果得到的频繁 k-

项集只有一项，则直接返回频繁 *k*-项集的集合作为算法结果，算法结束。

　　c．基于频繁 *k*-项集，连接生成候选频繁(*k*+1)项集。

　　③ 令 *k*=*k*+1，转入步骤②。

　　例 13-1　Apriori 算法。

　　现有数据集如表 13-1 所示，为某商店单日交易数据集的子集，已做脱敏处理，用字母代替商品名。找出支持度与置信度都大于或等于 50%的强关联规则。

表 13-1　　　　　　　　　　　　　　　某商店单日交易数据集的子集

TID	项集
1	A、B、C
2	D、E、F、G、H
3	A、C、E
4	A、C、D、E

　　（1）搜索频繁项集并计算支持度

　　计算 1-项集的支持度，结果如表 13-2 所示。

表 13-2　　　　　　　　　　　　　　　　1-项集的支持度

商品代码	A	B	C	D	E	F	G	H
支持度	75%	25%	75%	50%	75%	25%	25%	25%

　　计算 2-项集的支持度，结果如表 13-3 报示。

　　注意：频繁项集的子集一定是频繁项集，非频繁项集的超集一定不是频繁项集。

　　B、F、G、H 的支持度都小于 50%，不可能出现包含 B、F、G、H 的商品组合的支持度大于或等于 50%的情况，因此 2-项集不考虑包含这些商品组合。

表 13-3　　　　　　　　　　　　　　　　2-项集的支持度

商品组合	A、C	D、E	C、D	A、D	A、E	C、E
支持度	75%	50%	25%	25%	50%	50%

　　计算 3-项集的支持度，结果如表 13-4 所示。

　　将 2-项集支持度大于或等于 50%的商品组合再次两两组合，得到 3-项集，组合产生的 4-项集不考虑（如果该 4-项集为频繁项集，一定有对应的 3-项集都为频繁项集）。

表 13-4　　　　　　　　　　　　　　　　3-项集的支持度

商品组合	A、C、E	A、D、E	C、D、E
支持度	50%	25%	25%

　　3-项集中，仅 A、C、E 满足支持度大于等于 50%的要求，因此不存在 4-项集为频繁项集。如果有某 4-项集为频繁项集，则该 4-项集对应的 4 个 3-项子集应该都为频繁项集，而此例只有一个 3-项集为频繁项集。

　　通过计算得到满足支持度大于或等于 50%的 *k*-项集（*k*≥2），如表 13-5 所示。

表 13-5 3-项集的支持度

商品组合	A、C	D、E	A、C、E	A、E	C、E
支持度	75%	50%	50%	50%	50%

（2）计算规则的置信度

对支持度大于或等于 50%的频繁项集，计算规则的置信度，如表 13-6 所示。

表 13-6 规则的置信度

规则	置信度
A→C	1
C→A	1
D→E	1
E→D	0.667
A→E	0.667
E→A	0.667
C→E	0.667
E→C	0.667
A→（C、E）	0.667
(C、E)→A	0.667
C→（A、E）	1
(A、E)→C	1
E→（A、C）	0.667
(A、C)→E	0.667

由表 13-6 可推出，购买 C 商品的顾客 100%购买 A、E 商品，购买 A、E 商品的顾客 100%购买 C 商品；购买 A 商品的顾客 100%购买 C 商品，购买 D 商品的顾客 100%购买 E 商品，而购买 E 商品的顾客只有约 66.7%的概率购买 D 商品。

Apriori 算法缺点如下。

① 可能产生大量的候选频繁项集，计算过程中，通过排列组合的方式将所有可能的项集都组合出来。

② 每次计算需要重新扫描数据集，来计算每个项集的支持度。

Apriori 算法目前比较常用的包为 mlxtend，13.4 节将使用该包实现 Apriori 算法。

13.3.2　FP-Growth 算法

FP-Growth（频繁模式增长）算法对 Apriori 算法上的缺点进行了弥补，只需要生成一个频繁模式而不需要生成候选模式。

FP-Growth 将提供频繁项集的数据库压缩为一棵频繁模式树（FP 树），但仍保留项集关联信息。无论有多少数据，都只需要扫描两次，大大提高了效率。

FP 树由以下 3 部分构成。

项头表：存储所有频繁 1-项集出现的次数，并按次数降序排列；

FP Tree：将原始数据集映射到内存中的一棵 FP 树；

节点链表：项头表中所有频繁 1-项集都是节点链表的头，并依次指向 FP 树中该频繁 1-项集出现的位置。

FP-Growth 算法使用流程如下。

输入：数据集 D，支持度阈值 α。

输出：最大的频繁 k-项集。

① 扫描数据，得到所有 1-项集的计数，然后删除支持度低于阈值的项，将频繁 1-项集放入项头表，并按照支持度降序排列。

② 扫描数据，对数据集 D 中的每个事务，去除非频繁项，并按项支持度的降序排列。

③ 构建 FP 树。初始化 FP 树，根节点为空节点。依次读取排序后的数据集并将其插入 FP 树，插入时按照排序后的顺序插入，排序靠前的节点是祖先节点，而靠后的是子孙节点。如果有共用的祖先，则对应的共用祖先节点计数加 1。插入后，如果有新节点出现，则项头表对应的节点会通过节点链表连接上新节点。直到所有的数据集都插入 FP 树后，FP 树的建立完成。

④ 从项头表底部依次向上找到项头表项对应的条件模式基，即项头表项为叶节点的所有前缀路径的集合，是项头表项作为叶节点所对应的 FP 子树。将 FP 子树中每个节点的计数设置为叶节点的计数，并删除计数低于支持度的节点。

⑤ 组合子树上非叶节点与叶节点（项头表项），形成 k-项集，k-项集的支持度为叶节点的计数，递归遍历所有的 k-项集（$k=2,\cdots,n$，n 为子树的深度），从条件模式基递归挖掘得到项头表项的频繁项集。

例 13-2 FP-Growth 算法。

算法数据集如表 13-7 所示。

表 13-7   数据集

TID	项集
1	A、B、C、D
2	D、F、G、H
3	A、B、C、E
4	A、C、D
5	A、C
6	A、B、C、E
7	A、C、E
8	B、I
9	A、J、K
10	B、E

① 扫描数据集，得到所有 1-项集的计数，然后删除支持度低于阈值的项，本例设置阈值为 20%，将频繁 1-项集放入项头表，并按照支持度降序排列。

根据数据集计算 1-项集的计数，结果如表 13-8 所示。

表 13-8　　　　　　　　　　　　　　　　1-项集的计数

项集	A	B	C	D	E	F	G	H	I	J	K
计数	7	5	6	3	4	1	1	1	1	1	1

删除 F、G、H、I、J、K 节点，将余下节点排序后放入项头表，如表 13-9 所示。

表 13-9　　　　　　　　　　　　　　　　项头表

项	计数	指针
A	7	
C	6	
B	5	
E	4	
D	3	

② 扫描数据集，对数据集 D 中的每个事务，去除非频繁项，对每一个交易中的项按其支持度降序排列；如表 13-10 第 1 个交易中由于 C 的支持度大于 B 的，所以 C 排在 B 的前面，其他交易同样排序。

表 13-10　　　　　　　　　去除非频繁项并排序后的数据集

TID	原项集	去除非频繁项并排序后
1	A、B、C、D	A、C、B、D
2	D、F、G、H	D
3	A、B、C、E	A、C、B、E
4	A、C、D	A、C、D
5	A、C	A、C
6	A、B、C、E	A、C、B、E
7	A、C、E	A、C、E
8	B、I	B
9	A、J、K	A
10	B、E	B、E

至此，已两次读取数据集，不需要再读取原始数据集。

③ 构建 FP 树。

基于项头表和排序后的数据集，构建 FP 树。

初始 FP 树为空，置根节点为 null，然后读取排序后的数据集中的交易并将其插入 FP 树，插入时按照排序后的顺序插入，排序靠前的节点是祖先节点，而靠后的是子孙节点，直到所有的交易读取完成。如果有共用的祖先，则对应的共用祖先节点计数加 1。插入后，如果有新节点出现，则项头表对应的节点会通过节点链表连接上新节点。直到所有的数据都插入 FP 树后，FP 树的建立完成，如图 13-1 所示。

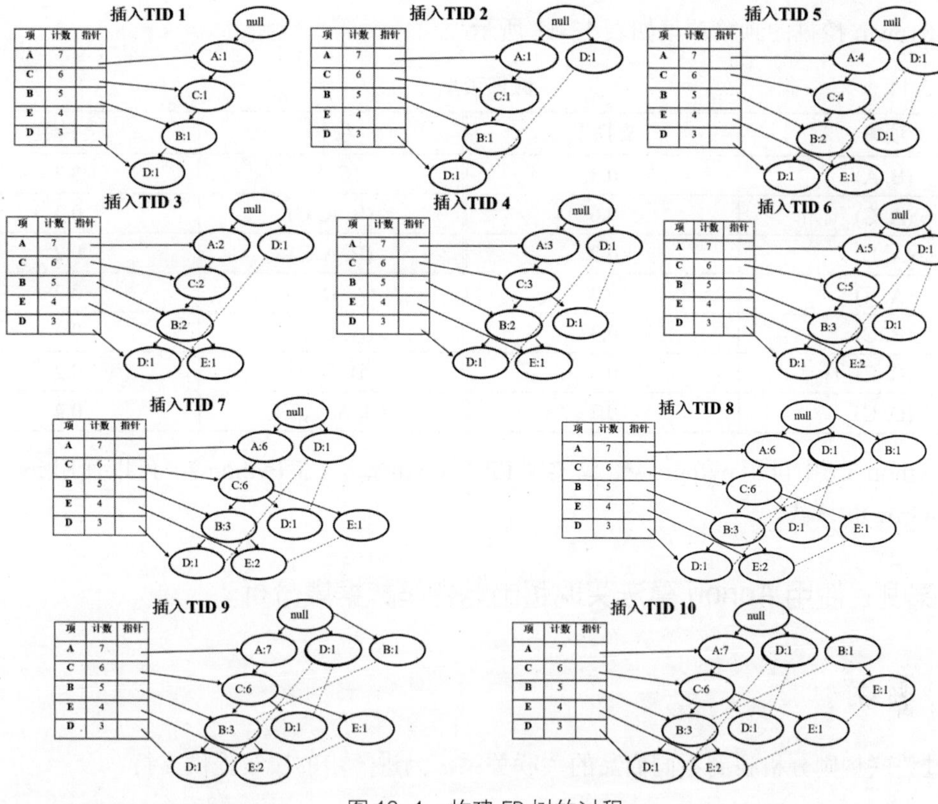

图 13-1 构建 FP 树的过程

④ 递归挖掘频繁项集。

取项头表底部的项 D，从 FP 树中取 D 的子树，根据支持度阈值裁剪，由该子树生成包含 D 的频繁项集。依次取 E、B、C、A，从对应的子树生成包含该项的频繁项集。

具体过程如图 13-2 所示。

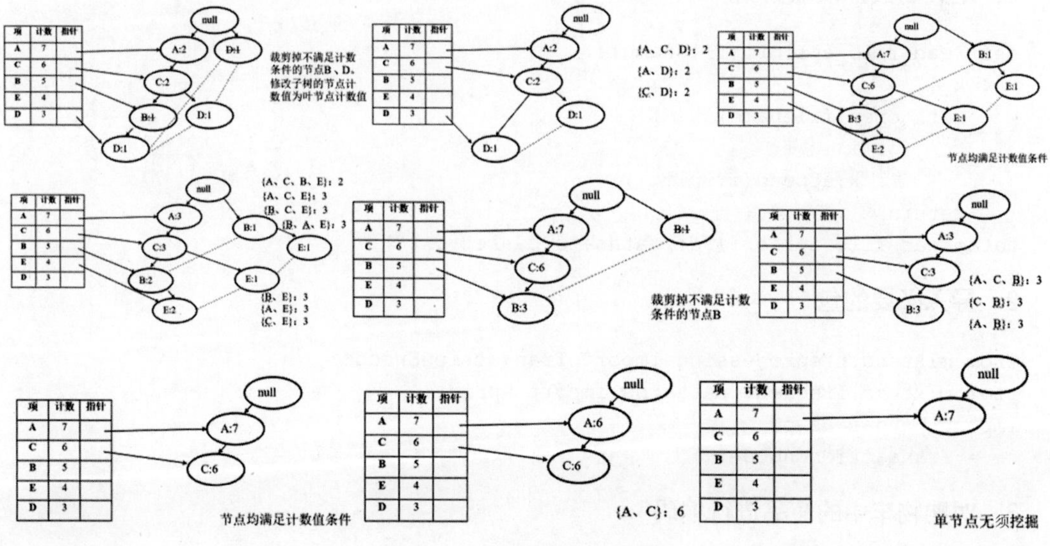

图 13-2 递归挖掘频繁项集

FP-Growth 挖掘的频繁项集如表 13-11 所示。

表 13-11 频繁项集

项集	支持度	项集	支持度
(B, A)	0.3	(C, E)	0.3
(A, C)	0.6	(B, A, C)	0.3
(A, D)	0.2	(B, A, E)	0.2
(A, E)	0.3	(A, D, C)	0.2
(B, C)	0.3	(A, C, E)	0.3
(B, E)	0.3	(B, C, E)	0.2
(D, C)	0.2	(B, A, C, E)	0.2

在 Python 3.x 中可用 pyfpgrowth 包实现 FP-Growth 算法，在 Python 2.x 可以使用 fp-growth 实现 FP-Growth 算法。

13.4 案例：使用 Apriori 算法实现超市购物车数据集分析

一、目标

通过关联规则分析找到不同商品的关联关系，为进一步的决策提供支持。

二、数据集介绍

数据集来源为阿里云天池，包含某超市一段时间的销售记录。

三、实现代码

1．定义函数并读取数据

```
def read_file_apriori(filename):
    k=[]
    with open(filename) as f:
        for i in f:
            k.append(i.split())
    return k
data=read_file_apriori("d:/datasets/basket.txt")
```

2．导入必要的包

```
from mlxtend.preprocessing import TransactionEncoder
from mlxtend.frequent_patterns import apriori
import pandas as pd
te = TransactionEncoder()
```

3．对购物车中的商品进行编码

```
te_ary = te.fit(data).transform(data)
```

类似独热编码，将所有的商品都视为特征，样本中对应商品特征为 True，表示样本中包含此商品，为 False 表示未包含。

编码结果如下。

df											
	beer	cannedmeat	cannedveg	confectionery	dairy	fish	freshmeat	frozenmeal	fruitveg	softdrink	wine
0	False	False	False	True	True	False	True	False	False	False	False
1	False	False	False	True	False	False	True	False	False	False	False
2	True	False	True	False	False	True	False	True	False	False	False
3	False	False	False	False	True	False	False	False	False	False	True
4	False	False	False	False	False	True	True	False	False	False	True
...	...	...	...	...	...	...	...	...	...	...	...
935	False	False	True	False	False	False	False	False	False	False	False
936	False	False	True	False	False	True	False	False	False	False	False
937	False	False	False	False	False	False	True	False	False	False	False
938	False	False	False	True	False	False	False	False	True	False	True
939	False	False	False	True	True	False	False	False	False	True	False

4. 找出满足最小支持度的商品

```
df = pd.DataFrame(te_ary, columns=te.columns_)
freq=apriori(df,min_support=0.05, use_colnames=True)  #找出满足最小支持度为 0.05 的商品
freq  #输出 freq
```

freq 的内容如下：

freq	support	itemsets
0	0.311702	(beer)
1	0.217021	(cannedmeat)
2	0.322340	(cannedveg)
3	0.293617	(confectionery)
4	0.188298	(dairy)
...	...	...
57	0.155319	(cannedveg, beer, frozenmeal)
58	0.053191	(beer, frozenmeal, fish)
59	0.052128	(fruitveg, beer, fish)
60	0.050000	(fruitveg, beer, frozenmeal)
61	0.054255	(cannedveg, frozenmeal, fish)

5. 找出满足条件的规则

```
#导入关联规则包
from mlxtend.frequent_patterns import association_rules
#查找满足条件的规则
result = association_rules(freq, metric="confidence", min_threshold=0.4)  #找出
满足置信度大于 0.4 的规则
```

其中，metric 参数指定考察的指标，如 support、confidence、lift、leverage、conviction 等。

结果如下：

	antecedents	consequents	antecedent support	consequent support	support	confidence	lift	leverage	conviction
0	(beer)	(cannedveg)	0.311702	0.322340	0.177660	0.569966	1.768211	0.077185	1.575827
1	(cannedveg)	(beer)	0.322340	0.311702	0.177660	0.551155	1.768211	0.077185	1.533487
2	(frozenmeal)	(beer)	0.321277	0.311702	0.180851	0.562914	1.805935	0.080708	1.574742
3	(beer)	(frozenmeal)	0.311702	0.321277	0.180851	0.580205	1.805935	0.080708	1.616796
4	(frozenmeal)	(cannedveg)	0.321277	0.322340	0.184043	0.572848	1.777151	0.080482	1.586459
5	(cannedveg)	(frozenmeal)	0.322340	0.321277	0.184043	0.570957	1.777151	0.080482	1.581948
6	(wine)	(confectionery)	0.305319	0.293617	0.153191	0.501742	1.708832	0.063545	1.417706
7	(confectionery)	(wine)	0.293617	0.305319	0.153191	0.521739	1.708832	0.063545	1.452515
8	(fish, beer)	(cannedveg)	0.090426	0.322340	0.051064	0.564706	1.751893	0.021916	1.556786
9	(fish, cannedveg)	(beer)	0.094681	0.311702	0.051064	0.539326	1.730260	0.021552	1.494110
10	(frozenmeal, beer)	(cannedveg)	0.180851	0.322340	0.155319	0.858824	2.664337	0.097024	4.800089
11	(frozenmeal, cannedveg)	(beer)	0.184043	0.311702	0.155319	0.843931	2.707491	0.097953	4.410205
12	(beer, cannedveg)	(frozenmeal)	0.177660	0.321277	0.155319	0.874251	2.721180	0.098241	5.397467
13	(fish, frozenmeal)	(beer)	0.095745	0.311702	0.053191	0.555556	1.782328	0.023348	1.548670
14	(fish, beer)	(frozenmeal)	0.090426	0.321277	0.053191	0.588235	1.830931	0.024140	1.648328
15	(fish, beer)	(fruitveg)	0.090426	0.318085	0.052128	0.576471	1.812316	0.023365	1.610077
16	(fruitveg, beer)	(fish)	0.094681	0.310638	0.052128	0.550562	1.772356	0.022716	1.533830
17	(fruitveg, frozenmeal)	(beer)	0.091489	0.311702	0.050000	0.546512	1.753314	0.021483	1.517785
18	(fruitveg, beer)	(frozenmeal)	0.094681	0.321277	0.050000	0.528090	1.643723	0.019581	1.438247
19	(fish, frozenmeal)	(cannedveg)	0.095745	0.322340	0.054255	0.566667	1.757976	0.023393	1.563830
20	(fish, cannedveg)	(frozenmeal)	0.094681	0.321277	0.054255	0.573034	1.783615	0.023837	1.589642

第一列为前项，第二列为后项，第三列为前项的支持度，第四列为后项的支持度，第五列为规则的支持度，第六列为规则的置信度，后面依次为提升度、杠杆率以及确信度。

第一行表示购买"cannedveg"的客户购买"beer"的置信度为 0.569966，规则的支持度（同时购买这两个商品）为 0.177660。"cannedveg"的支持度为 0.322340，"beer"的支持度为 0.311702。

13.5 案例：使用 FP-Growth 算法实现超市购物车数据集分析

一、目标

通过关联规则分析找到不同商品的关联关系，为进一步的决策提供支持。

二、数据集介绍

数据集为用户单次超市的购物数据集，仅包含不同商品的名称，不含数量。

三、实现代码

1. 定义函数并读取购物车数据

```
def read_file_apriori(filename):
```

```
    k=[]
    with open(filename) as f:
        for i in f:
            k.append(i.split())
    return k
data=read_file_apriori("d:/datasets/basket.txt")
```

2. 导入 pyfpgrowth 包

```
import pyfpgrowth()
```

3. 查找频繁项集，找出满足最小支持度的商品

```
fq=pyfpgrowth.find_frequent_patterns(data, 100)   #指定项目出现次数的阈值为100
fq#输出频繁项集
```
频繁项集如下：

```
1 | fq

{('dairy',): 177,
 ('freshmeat',): 183,
 ('softdrink',): 184,
 ('cannedmeat',): 204,
 ('confectionery',): 276,
 ('confectionery', 'wine'): 144,
 ('wine',): 287,
 ('fish',): 292,
 ('fish', 'fruitveg'): 145,
 ('beer', 'cannedveg'): 167,
 ('beer', 'cannedveg', 'frozenmeal'): 146,
 ('beer', 'frozenmeal'): 170,
 ('fruitveg',): 299,
 ('frozenmeal',): 302,
 ('cannedveg', 'frozenmeal'): 173,
 ('cannedveg',): 303}
```

其中，字典的 key 为项集，值为该项集出现的次数。

4. 在频繁项集中找出满足最小置信度的规则

```
pyfpgrowth.generate_association_rules(fq,confidence_threshold=0.1)
```
关联规则如下：

```
1 | pyfpgrowth.generate_association_rules(fq, confidence_threshold=0.1)

{('confectionery',): (('wine',), 0.5217391304347826),
 ('wine',): (('confectionery',), 0.5017421602787456),
 ('fish',): (('fruitveg',), 0.4965753424657534),
 ('fruitveg',): (('fish',), 0.48494983277591974),
 ('cannedveg',): (('frozenmeal',), 0.570957095709571),
 ('frozenmeal',): (('cannedveg',), 0.5728476821192053),
 ('beer', 'cannedveg'): (('frozenmeal',), 0.874251497005988),
 ('beer', 'frozenmeal'): (('cannedveg',), 0.8588235294117647),
 ('cannedveg', 'frozenmeal'): (('beer',), 0.8439306358381503)}
```

其中，字典的 key 为前项，值为后项以及规则的支持度。

输出字典的第一行表示购买"confectionery"的客户购买"wine"的置信度约为 0.5217。

小　　结

关联规则是数据挖掘的一个重要技术，用于从大量数据中挖掘出有价值的数据之间的关联关系。

本章首先介绍了关联规则相关的概念、关联规则的评价准则；然后分别介绍了常用的关联规则算法，如 Apriori 算法、FP-Growth 算法，讲解了这些算法的原理以及在 Python 中的实现；最后以超市购物车数据集为例，分别采用两种方法分析了商品的关联性。

课后习题

1. 简述关联规则的应用领域。
2. 简述 Apriori 算法的原理。
3. 简述支持度的计算方法。
4. 简述置信度的计算方法。
5. 简述提升度在评价关联规则中的意义。
6. 简述 FP-Growth 算法的原理。
7. 简述关联规则的评价方法。
8. 强关联是否一定比弱关联有价值？为什么？
9. 从阿里云天池下载购物车数据集，进行关联分析。

第 **14** 章 PageRank 算法

在现实生活中，许多数据都以图的形式存在，如互联网网页链接、社交网络、交通网络以及人际关系等都可以被看作一张图。PageRank 算法是图的链接分析的代表性算法之一，是无监督的学习方法，是早期 Google 搜索引擎中根据网页之间的链接关系计算网页重要性的排名算法。

学习目标

（1）理解 PageRank 算法。
（2）掌握 PR 值的计算方法。
（3）掌握 PageRank 算法的应用方法。

14.1 PageRank 算法简介

PageRank 算法最初由 Larry Page 作为计算互联网网页重要性的算法提出，是定义在网页集合上的一个函数，它对每个网页给出一个正实数，表示网页的重要性，整体构成一个向量，PageRank 值（PR 值）越大，网页就越重要，在互联网搜索结果的排序中就被排在越前面。

PageRank 算法的基本思想是在有向图上定义一个随机游走模型，即一阶马尔可夫链，描述随机游走模型沿着有向图随机访问各个节点的行为。PageRank 算法是递归定义的，PageRank 值的计算通过迭代算法进行。若访问每个节点的概率能收敛到平稳分布，这时各个节点的平稳概率就是其 PageRank 值，表示节点的重要性。

直观上看，若某网页 A 上有链接指向网页 B，则可以说网页 A 认为网页 B 有链接价值，是比较重要的网页。某网页被其他网页链接的次数越多，它的重要性越高；同时 PageRank 算法还考虑"从许多优质的网页链接过来的网页，必定还是优质网页"的回归关系，来判定所有网页的重要性，越是重要的网页，所链接的网页的重要性也越高。

目前 PageRank 算法不仅可以被应用于网页排名，还被广泛应用于社会影响力分析、文本分析、学术论文的重要性排名、机场的重要性排名、人物的重要性排名等方面。

14.2 PageRank 值的计算

把互联网上网页的链接关系看作一张有向图，假定浏览者在每个网页依照链接出去的超链接以等概率跳转到下一个网页，并在网上持续不断进行这样的随机跳转，这个过程就形成一阶马尔可夫链。PageRank 值表示这个马尔可夫链的平稳分布，每个网页的 PageRank 值就是平稳概率。

图 14-1 所示为网页链接关系，表示一张有向图。节点 A、B、C、D、F 表示网页，节点之间的有向边表示网页之间的超链接，用户从一个网页等概率地通过不同的链接跳转到另一个网页。假设有一个浏览者，在网上随机浏览，如果浏览者在网页 A，A 有 3 个链接分别指向 B、C 和 D，则浏览者下一步以 1/3 的概率转移到网页 B、C 或 D。如果浏览者在网页 C，C 有两个链接分别指向 A 和 F，则下一步以 1/2 的概率转移到网页 A 或 F。如果浏览者在网页 F，F 只有一个链接指向 A，则下一步以 1 的概率转移到网页 A。

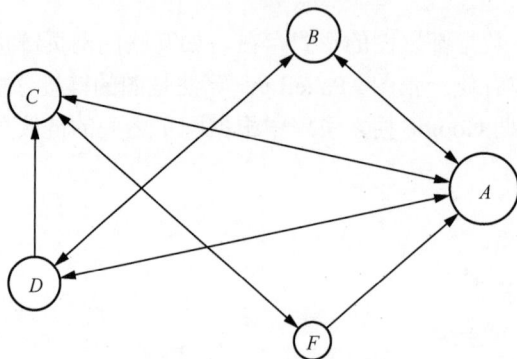

图 14-1　网页链接关系

对于节点 A 从时刻 t 到时刻 $(t+1)$ 的 PR 值变换可以表示为

$$\mathrm{PR}A_{t+1} = \mathrm{PR}A_t \cdot \frac{1}{K_a} \cdot A_A + \mathrm{PR}B_t \cdot \frac{1}{K_b} \cdot B_A + \mathrm{PR}C_t \cdot \frac{1}{K_c} \cdot C_A + \mathrm{PR}D_t \cdot \frac{1}{K_d} \cdot D_A + \mathrm{PR}F_t \cdot \frac{1}{K_f} \cdot F_A$$

其中，$\mathrm{PR}A_t$、$\mathrm{PR}B_t$、$\mathrm{PR}C_t$、$\mathrm{PR}D_t$、$\mathrm{PR}F_t$ 分别为 A、B、C、D、F 节点 t 时刻的 PR 值。$\mathrm{PR}A_{t+1}$ 为 A 节点 $(t+1)$ 时刻的 PR 值。

当 A 到节点 A 有链接，A_A 取值为 1，若无链接则 A_A 取值为 0；当 B 到 A 节点有链接时 B_A 取值为 1，若无链接则取值为 0，C_A、D_A、F_A 的取值同以上规则。

K_a、K_b、K_c、K_d、K_f 分别为 A、B、C、D、F 节点上的链接数（链出）。

同样可以计算 B、C、D、F 节点 $(t+1)$ 时刻的 PR 值。

用矩阵表示为

$$R_{t+1} = MR_t$$

其中，

$$R_{t+1} = \begin{bmatrix} \mathrm{PR}A_{t+1} \\ \mathrm{PR}B_{t+1} \\ \mathrm{PR}C_{t+1} \\ \mathrm{PR}D_{t+1} \\ \mathrm{PR}F_{t+1} \end{bmatrix}$$

$$R_t = \begin{bmatrix} \mathrm{PR}A_t \\ \mathrm{PR}B_t \\ \mathrm{PR}C_t \\ \mathrm{PR}D_t \\ \mathrm{PR}F_t \end{bmatrix}$$

$$M = \begin{bmatrix} \dfrac{1}{K_a} \cdot A_A & \dfrac{1}{K_b} \cdot B_A & \dfrac{1}{K_c} \cdot C_A & \dfrac{1}{K_d} \cdot D_A & \dfrac{1}{K_f} \cdot F_A \\[2ex] \dfrac{1}{K_a} \cdot A_B & \dfrac{1}{K_b} \cdot B_B & \dfrac{1}{K_c} \cdot C_B & \dfrac{1}{K_d} \cdot D_B & \dfrac{1}{K_f} \cdot F_B \\[2ex] \dfrac{1}{K_a} \cdot A_c & \dfrac{1}{K_b} \cdot B_c & \dfrac{1}{K_c} \cdot C_c & \dfrac{1}{K_d} \cdot D_c & \dfrac{1}{K_f} \cdot F_c \\[2ex] \dfrac{1}{K_a} \cdot A_D & \dfrac{1}{K_b} \cdot B_D & \dfrac{1}{K_c} \cdot C_D & \dfrac{1}{K_d} \cdot D_D & \dfrac{1}{K_f} \cdot F_D \\[2ex] \dfrac{1}{K_a} \cdot A_F & \dfrac{1}{K_b} \cdot B_F & \dfrac{1}{K_c} \cdot C_F & \dfrac{1}{K_d} \cdot D_F & \dfrac{1}{K_f} \cdot F_F \end{bmatrix}$$

若有向图强连通且非周期性，其一阶马尔可夫链具有平稳分布。即存在 $k>0$，对任意的 t 大于或等于 k 有

$$R = R_t = MR_t$$

其中，R 是有向图的 PR 值。

给定一个含有 n 个节点 v_i ($i=1, 2, \cdots, n$)的任意有向图，在图上定义一个随机游走模型，其转移矩阵是 M，从一个节点到其链出的所有节点的转移概率相等，这个马尔可夫链不一定具有平稳分布。假设考虑另一个完全随机游走的模型，其转移矩阵的元素全部为 $1/n$，也就是说从另一个节点到另一个节点的转移概率都是 $1/n$。两个转移矩阵的线性组合又构成一个新的转移矩阵，在其上可以定义一个新的马尔可夫链。容易证明这个马尔可夫链一定具有平稳分布，且平稳分布满足

$$R = \left(dM + \frac{1-d}{n} E \right) R = dMR + \frac{1-d}{n} ER = dMR + \frac{1-d}{n} I$$

式中，$d (0 \leqslant d \leqslant 1)$ 是系数，称为阻尼因子，一般取 0.85，E 是全为 1 的矩阵，R 是 n 维向量，I 是所有分量为 1 的 n 维向量。R 表示的就是有向图的一般 PR 值。

初始有向图上所有网页都具有相同的 PR 值，经过多轮循环传递，每轮循环时每个网页都把其上一轮的 PR 值均分传递给其链出的网页，每一个网页的 PR 值都等于其链入网页的 PR 值的总和，以收敛后网页的 PR 值为最终值进行排名。

14.3　案例：机场排名

一、目标

现有 A、B、C、D、E 这 5 个机场，根据各机场间的关系计算各机场最终的 PR 值，并

可视化。

二、数据集介绍

数据集包含 A、B、C、D、E 这 5 个机场的相关信息，其中各机场间的航班如下：
[(A→B),(A→C),(A→D),(B→A),(B→D),(C→A),(D→B),(D→C),(D→A),(E→A),(C→E)]。
其中(A→B)表示有一条 A 到 B 的航班，其他类似。

三、实现代码

1. 创建有向图

```
import networkx as nx
import numpy as np
G = nx.DiGraph()
# 有向图之间边的关系
edges = [("A", "B"), ("A", "C"), ("A", "D"), ("B", "A"),
        ("B", "D"), ("C", "A"), ("D", "B"), ("D", "C"),
        ("D","A"),("E","A"),("C","E")]
# 添加节点、边到有向图
for edge in edges:
    G.add_edge(edge[0], edge[1])
#计算 PR 值
pagerank = nx.pagerank(G, alpha=1)
print("pagerank 值是: ", pagerank)
#设置边权重
ep=[[i,j,1] for i,j in edges]
```

2. 定义函数并画有向图

```
def draw_graph( graph, layout='circular_layout'):
    # 使用 SpringLayout 布局，类似中心放射状
    if layout == 'circular_layout':
        positions=nx.circular_layout(graph)
    else:
        positions=nx.spring_layout(graph)
    # 设置有向图中的节点大小，节点大小与 PR 值相关，因为 PR 值很小所以需要乘 9000
    nodesize = [x['pagerank']*9000 for v,x in graph.nodes(data=True)]
    # 设置有向图中边的长度
    edgesize = [np.sqrt(e[2]['weight']) for e in graph.edges(data=True)]
    # 绘制节点
    nx.draw (graph, positions, node_size=nodesize, alpha=0.4)
    # 绘制边
    nx.draw_networkx_edges(graph, positions, alpha=0.5)
    # 绘制节点的标签
    nx.draw_networkx_labels(graph, positions, font_size=10)
nx.set_node_attributes(G, name = 'pagerank', values=pagerank)
nx.set_edge_attributes(G, name = 'weight', values=2)
G.edges(data=True)
draw_graph(G)
```

输出结果如下：

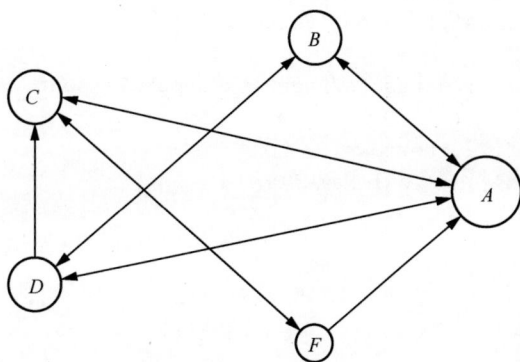

```
graph.nodes(data=True)  #输出节点的 PR 值
NodeDataView({'A': {'pagerank': 0.33544969363163013}, 'B': {'pagerank':
0.1674489929971391}, 'C': {'pagerank': 0.1674489929971391}, 'F': {'pagerank':
0.09628340701120136}, 'E': {'pagerank': 0.06591992036575106}, 'D': {'pagerank':
0.1674489929971391}})
```

由以上输出可见，A 机场的 **PR** 值最大，是最重要的机场。

14.4　案例：邮件集人物关系

一、目标

根据用户的邮件往来关系，按 **PageRank** 算法，计算不同人物的 **PR** 值，并可视化邮件集中的人物关系。

二、数据集介绍

本例所用数据集为邮件集，以每封邮件中发件人与收件人的关系为链接，由发件人指向收件人。已对邮件集中的敏感信息进行了处理。可以从 SNAP 网站下载该数据集。

三、实现代码

1．导入必要的包

```
import pandas as pd
import networkx as nx
import numpy as np
from collections import defaultdict
import matplotlib.pyplot as plt
```

2．加载数据

```
#读取邮件
emails = pd.read_csv("d:/datasets/PageRank/input/Emails.csv")
# 读取别名文件
file = pd.read_csv("d:/datasets/PageRank/input/Aliases.csv")
```

```
aliases = {}
for index, row in file.iterrows():
    aliases[row['Alias']] = row['PersonId']
# 读取人名文件
file = pd.read_csv("d:/datasets/PageRank/input/Persons.csv")
persons = {}
for index, row in file.iterrows():
    persons[row['Id']] = row['Name']
```

3. 定义必要的函数

```
#定义别名转换函数
def unify_name(name):
    # 姓名统一小写
    name = str(name).lower()
    # 去掉","和"@"后面的内容
    name = name.replace(",","").split("@")[0]
    # 别名转换
    if name in aliases.keys():
        return persons[aliases[name]]
    return name
#定义可视化函数
def show_graph(graph, layout='spring_layout'):
    # 缺省采用 Spring Layout 布局，星形
    # 采用 circular_layout 布局，环形
    if layout == 'circular_layout':
        positions=nx.circular_layout(graph)
    else:
        positions=nx.spring_layout(graph)
    # 设置有向图中的节点大小，节点大小与 PR 值相关，考虑此处 PR 值很小，所以乘 20000，可根据实
际情况调整
    nodesize = [x['pagerank']*20000 for v,x in graph.nodes(data=True)]
    # 设置有向图中的边长度
    edgesize = [np.sqrt(e[2]['weight']) for e in graph.edges(data=True)]
    # 绘制节点
    nx.draw (graph, positions, node_size=nodesize, alpha=0.4)
    # 绘制边
    nx.draw_networkx_edges(graph, positions,  alpha=0.5)
    # 绘制节点的标签
    nx.draw_networkx_labels(graph, positions, font_size=10)
```

4. 可视化

```
# 将寄件人和收件人的姓名规范化
emails.MetadataFrom = emails.MetadataFrom.apply(unify_name)
emails.MetadataTo = emails.MetadataTo.apply(unify_name)
# 设置边的权重等于发邮件的次数
edges_weights_temp = defaultdict(list)
for row in zip(emails.MetadataFrom, emails.MetadataTo, emails.RawText):
    temp = (row[0], row[1])
    if temp not in edges_weights_temp:
        edges_weights_temp[temp] = 1
```

```
        else:
            edges_weights_temp[temp] = edges_weights_temp[temp] + 1
    # 转化格式 (from, to), weight => from, to, weight
    edges_weights = [(key[0], key[1], val) for key, val in edges_weights_temp.items()]
# 创建有向图
    graph = nx.DiGraph()
    # 设置有向图中的路径及权重 (from, to, weight)
    graph.add_weighted_edges_from(edges_weights)
    # 计算每个节点（人）的 PR 值，并将其作为节点的 PageRank 属性
    pagerank = nx.pagerank(graph)
    # 将 PR 数值作为节点的属性
    nx.set_node_attributes(graph, name = 'pagerank', values=pagerank)
    # 画有向图
    show_graph(graph)
```

输出结果如下：

5. 限定可视化 PR 值大于 0.005 的人物关系

```
#以上输出内容太多，为突出重要人物关系设置 PR 值的阈值，筛选大于阈值的重要核心节点
pagerank_threshold = 0.005
# 复制一份绘制好的有向图
small_graph = graph.copy()
# 剪掉 PR 值小于阈值的节点
for n, p_rank in graph.nodes(data=True):
    if p_rank['pagerank'] < pagerank_threshold:
        small_graph.remove_node(n)
# 画有向图，采用 circular_layout 布局让筛选出来的点近似组成一个圆
show_graph(small_graph) #, 'circular_layout')
```

输出结果如下：

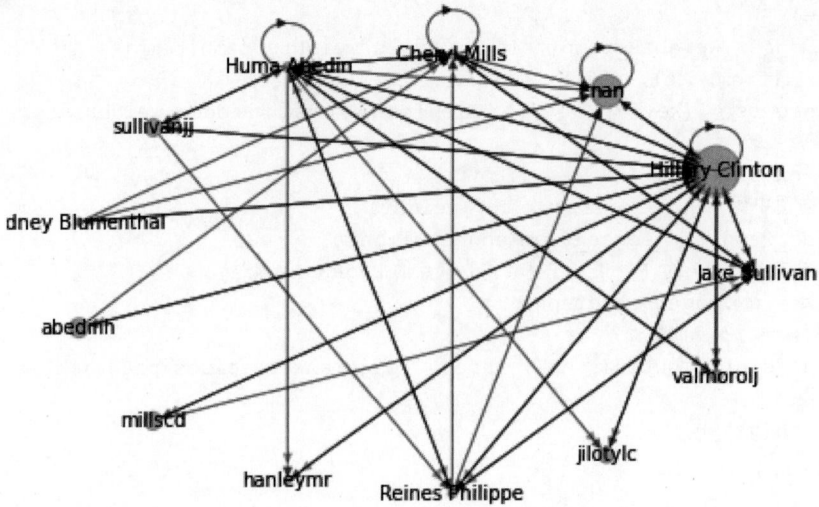

小　　结

本章首先详细介绍了 PageRank 算法及其在 Python 中的实现。该算法的核心是有越多的链接到某个节点，说明这个节点越重要，节点对应的 PR 值越大。若 PR 值大的节点链接到某个节点，则说明该节点也很重要。目前该算法由最初仅被用于网页排名逐渐被广泛应用到社会的各个领域。

然后结合"机场排名"案例介绍了 PageRank 算法在机场重要性排名中的应用，结合"邮件集人物关系"案例介绍了 PageRank 算法在人物关系重要性排名中的应用。

课后习题

1．简述 PageRank 算法的原理。

2．简述 PageRank 算法的应用领域。

3．从 SNAP 网站下载欧盟电子邮件通信网络数据集，采用 PageRank 算法计算每个人物的 PR 值，并可视化。

4．从 SNAP 网站下载美国专利引用网络数据集信息，采用 PageRank 算法计算每个专利的 PR 值，并可视化。

5．从 SNAP 网站下载商品购买数据集信息，采用 PageRank 算法计算每个商品的 PR 值，并可视化。

第 **15** 章 人工神经网络

1943 年，神经生理学家沃伦·麦卡洛克和数学家沃尔特·皮茨提出了神经元基本模型，首次将神经网络的概念引入计算机领域。1957 年，美国学者 Frank Rosenblatt 提出了感知机，它是神经网络和支持向量机的基础，使得人工神经网络短期内得以快速发展，但热潮过后神经网络的发展又进入漫长的低谷期。20 世纪 80 年代，新的架构以及新的训练技术的出现，特别是反向传播技术的提出又重新激起了人们的兴趣，但进展缓慢。20 世纪 90 年代，其他机器学习算法的出现，如支持向量机，取得了比神经网络更好的结果以及更坚实的理论基础，神经网络的发展又进入了低谷。

21 世纪，随着大规模高质量标注数据集的出现以及计算能力的提升，特别是 GPU（图形处理器）的出现、更好的非线性激活函数的使用、更多优秀的网络结构的提出、更多稳健的优化算法的出现以及深度学习开发平台的发展，人工神经网络得到快速的发展。

目前，人工神经网络在语音识别、机器翻译、图像识别、人工智能（AI）等领域得到广泛的应用，吸引大量资金的投入，人工神经网络的发展进入良性循环。

学习目标

（1）了解神经网络的发展历史。

（2）了解感知机。

（3）了解常用的人工神经网络结构。

（4）了解常用的激活函数。

（5）了解常用的损失函数。

（6）了解神经网络模型的构建方法。

（7）了解神经网络模型在回归与分类中的应用。

15.1 感知机

感知机是受到生物学上的启发而诞生的，动物大脑是一个生物神经网络，其中最小单元就是一个神经元（Neuron），这些神经元连接起来形成一个错综复杂的网络，称为神经网络。神经网络中树突组织接收信号，产生一些微弱的生物电，就形成刺激，在细胞核里面对这些接收的刺激进行综合处理，当信号强度达到一定的阈值之后，神经元（细胞）就会被激活，产生一个输出。

15.1.1 单层感知机

1943 年，美国科学家麦卡洛克和皮茨提出一种人工神经元模型，该模型将神经元当作一种二值阈值逻辑元件，不含激活函数。1957 年美国学者弗兰克·罗森布拉特提出的感知机是由硬件构成的单个神经元机器，是现代人工神经网络和支持向量机的基础。单层感知机结构如图 15-1 所示。

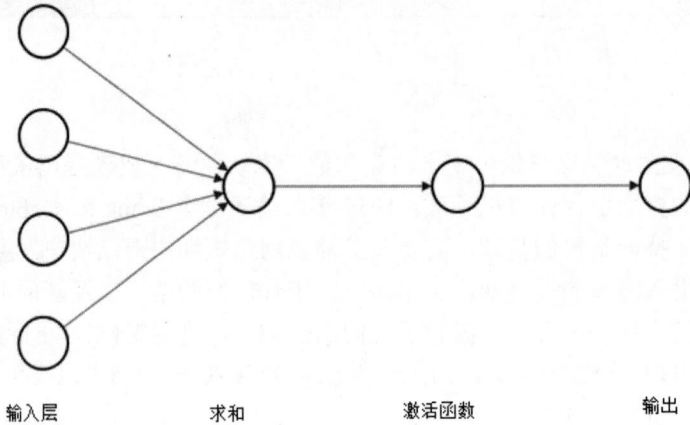

输入层　　　　　　　　求和　　　　　　激活函数　　　　　输出

图 15-1　单层感知机结构

感知机是非常简单的人工神经网络架构之一，输入空间到输出空间的计算可用式（15-1）、式（15-2）表示。

$$y = \sigma(z) \tag{15-1}$$

$$z = x^{\mathrm{T}}w + b \tag{15-2}$$

其中，x 为输入，w 为输入对应的权重，b 为偏差，y 为输出，σ 为阶跃函数，感知机中常用的为 Heaviside 阶跃函数，通常也使用符号函数 Sign 代替。

$$\mathrm{Heaviside}(z) = \begin{cases} 0, z < 0, \\ 1, z \geq 0 \end{cases} \tag{15-3}$$

$$\mathrm{Sign}(z) = \begin{cases} -1, z < 0, \\ 0, z = 0, \\ 1, z > 0 \end{cases} \tag{15-4}$$

由式（15-2）可以看出，z 与 x 之间为线性关系，不论多少层，每层多少节点，输入与输出之间始终为线性关系。

感知机学习的目标是求得一个能够将训练集的正例和负例完全分开的分离超平面。

$$wx + b = 0 \tag{15-5}$$

为了求得分离超平面，需要构建一个损失函数，并通过极小化此损失函数来求得模型参数 w 和 b。感知机的损失函数为所有误分类点到超平面的距离之和。

$$L(w,b) = -\sum_{x \in M} y_i(wx_i + b) \tag{15-6}$$

单层感知机可以很好地解决线性可分问题，但对于线性不可分问题（如异或问题），单层感知机无法解决。

15.1.2 多层感知机

多层感知机（Multilayer Perceptron，MLP）包含一个输入层（直通层），一个输出层，以及一个或多个隐含层，此时又称其为深度神经网络（DNN）。输入层不含偏差，层间的神经元相互连接。包含一个隐含层的多层感知机如图 15-2 所示。

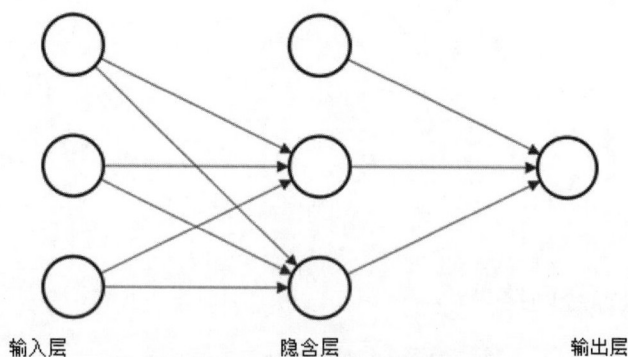

图 15-2　包含一个隐含层的多层感知机

模型的参数为网络中边的权重和神经元中的偏差，分别记为 w、b。模型的优化目标是获取最优的权重 w 和偏差 b，最小化误差 E。寻找最优参数的过程就是训练神经网络模型的过程。

多层感知机的出现很好地解决了线性不可分等问题，但参数优化困难。直到 20 世纪 80 年代，反向传播（Back Propagation）算法提出，才很好地解决了多层感知机的参数优化问题，阶跃函数也被其他连续可导的激活函数替代，如 sigmoid 函数、ReLU 函数等。多层感知机不仅被用于解决分类问题，还被用于解决回归等问题。早期由硬件实现的感知机现在也可由软件在通用计算机上实现，也就是目前常用的人工神经网络。

15.2　常用的人工神经网络

15.2.1　全连接前馈神经网络

前馈神经网络如图 15-3 所示，是一种简单的人工神经网络，各神经元分层排列，每个神经元与前一层的神经元相连，接收前一层的输出，与下一层的神经元相连并输出给下一层的神经元，各层间没有反馈，是应用最广泛、发展最迅速的人工神经网络之一。20 世纪 60 年代开始至今，其理论研究和实际应用达到了很高的水平。

在此种人工神经网络中，第 0 层叫作输入层，最后一层叫作输出层，其他中间层叫作隐藏层，隐藏层可以仅有一层，也可以有多层。当层间神经元节点全连接时，称为全连接前馈神经网络。当输入特征较多或者各层神经元节点较多时，全连接前馈神经网络要解算的参数过多，容易导致参数爆炸。

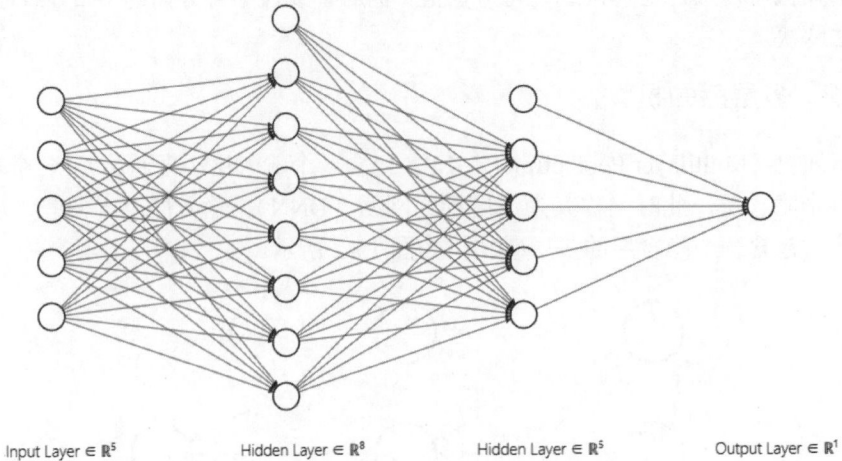

图 15-3　前馈神经网络

15.2.2　卷积神经网络

卷积神经网络（CNN）也是一种前馈神经网络，如图 15-4 所示，与全连接前馈神经网络相比，其层间连接不是全连接，这样大大减少了参数的个数。

在进行图像处理时由于像素多，采用全连接前馈神经网络容易导致参数爆炸。如图像大小为 1024×1024（单位为像素），输入层的神经元有 1024×1024 个，第 1 层即全连接层（通常输入层与全连接层间还有一个 Flatten 层，将输入层数据变为一维数据）有 512 个神经元，那么这一层解算的 W 参数数量达到 1024×1024×512 个，故全连接前馈神经网络并不适用于图像的处理。

卷积神经网络层间的神经元只有部分相互连接，即稀疏连接。同一个模型的不同模块中使用相同的参数，实现参数共享，使得卷积层具有平移等变性。卷积神经网络适用于处理网格型数据，在物体识别、图片分类等计算机视觉领域获得巨大成功。

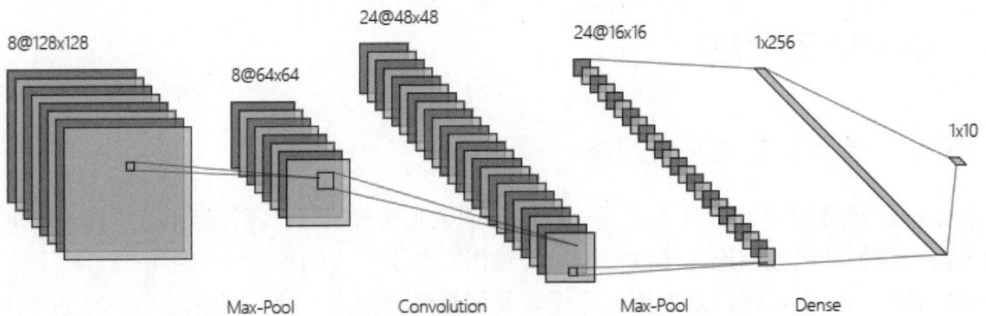

图 15-4　卷积神经网络

全连接前馈神经网络与稀疏连接神经网络的对比如图 15-5 所示（上面表示稀疏连接神经网络，下面表示全连接前馈神经网络），全连接前馈神经网络第 n 层的 x_3 神经元与第(n+1)层的所有神经元相连，而稀疏连接神经网络的第 n 层的 x_3 只与第(n+1)层的 s_2、s_3、s_4 相连。

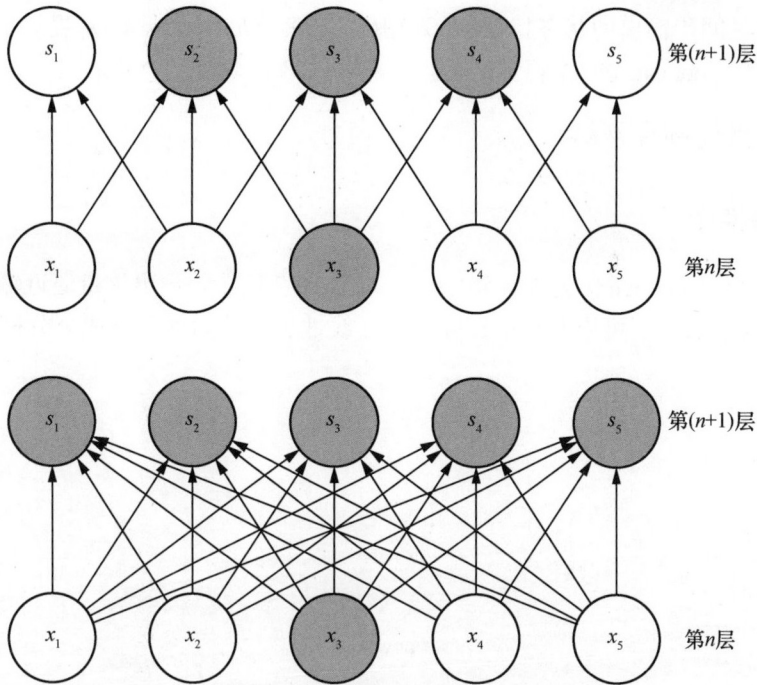

图 15-5　全连接前馈神经网络与稀疏连接神经网络的对比

15.2.3　循环神经网络

在自然语言处理、时间序列分析等领域，不仅需要考虑当前 t 时刻的输入，还要考虑 $(t-i)(i=1-n)$ 时刻的输入。循环神经网络（Recurrent Neural Network，RNN）在这方面得到成功应用，如机器翻译、词性标注、词向量、语音识别、图像描述生成、时间序列分析等。应用最成功的模型为长短期记忆模型（Long-Short Term Memory，LSTM）。

基本的循环神经网络如图 15-6 所示。

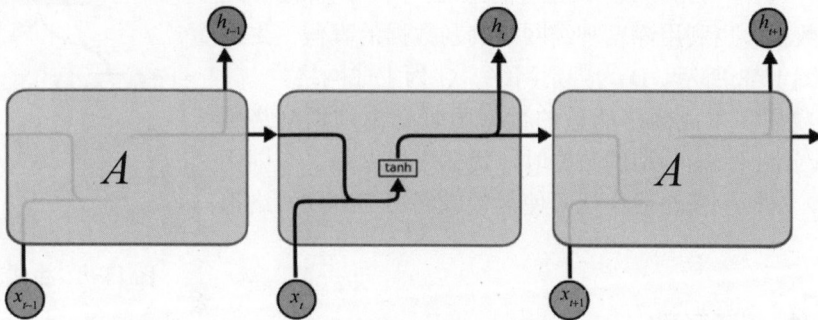

图 15-6　基本的循环神经网络

$$h_t = \tanh(A \cdot \text{concat}(h_{t-1}, x_t))$$

其中，h_{t-1} 是上一个时间步输出的状态特征；x_t 是当前时间步的输入向量。A 是权重参数，需要经过训练学习得到。tanh 是双曲正切函数，可以将输入转化为一个取值范围为 $-1 \sim 1$ 的输出。h_t 是当前时间步输出的状态特征。h_t 为输出，依赖于 h_{t-1}、A 和 x_t，h_t 提取了 $x_t, x_{t-1}, \cdots, x_0$ 所有输入的特征。concat 是一个拼接函数，可将 h_{t-1} 和 x_t 拼接。

15.2.4 其他神经网络

1. 自编码器

自编码器（Autoencoder）为无监督学习，如图 15-7 所示，输出尽量逼近输入，隐藏层的节点通常比输入层的少，可用于特征提取，其非线性表达能力优于主成分分析的。

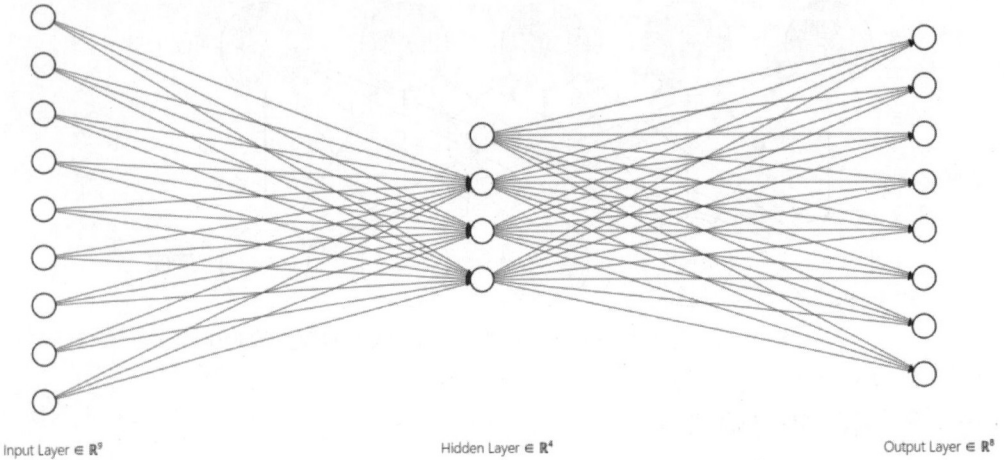

图 15-7 自编码器

2. 生成对抗网络

生成对抗网络（Generative AdversarialNetwork，GAN）被评价为 20 年来机器学习领域"最酷"的想法，其利用深度神经网络生成假数据，也利用深度神经网络判别数据的真假。生成对抗网络如图 15-8 所示，D 为判别网络，G 为生成网络。

将真实数据和生成网络伪造的数据同时交由判别网络判别。当判别网络识别出伪造的数据时，优化生成网络，否则优化判别网络，这样反复迭代优化，使得生成网络与判别网络都得到优化。

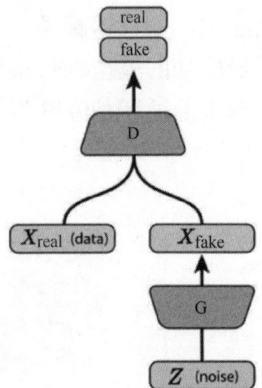

图 15-8 生成对抗网络

15.3 常用的激活函数

在多层神经网络中，上层节点的输出和下层节点的输入之间具有函数关系，这个函数被称为激活函数。通过激活函数，可将节点的线性组合变成非线性组合，使得多层神经网络表达能力更加强大，当层数和节点数达到一定程度时，人工神经网络可以逼近任意函数，这被称为万能逼近定理。

15.3.1　sigmoid 函数

sigmoid 函数又称为 Logistic 函数，如图 15-9 所示，可用于隐藏层神经元输出，取值范围为(0,1)，通常也用于二分类的输出。

sigmoid 函数表达式：

$$f(x) = \frac{1}{1 + e^{-x}} \tag{15-7}$$

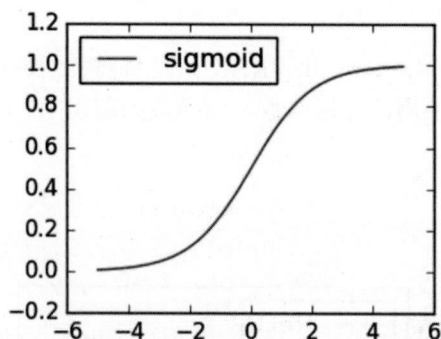

图 15-9　sigmoid 函数

sigmoid 函数的输出在(0,1)内，输出范围有限，可以用作二分类的输出层。该函数单调连续，容易求导。

但当变量取绝对值非常大的正值或负值时会出现饱和现象，函数曲线会变得很平缓，对输入的微小改变变得不敏感。在反向传播时，若梯度接近于 0，权重基本不会更新，很容易就会出现梯度消失的情况，从而无法完成深层神经网络的训练。输出不以 0 为中心，会导致后层的神经元的输入是非 0 均值的信号，这会对梯度产生影响。

15.3.2　tanh 函数

tanh 函数也称为双曲正切函数，取值范围为[−1,1]，如图 15-10 所示。

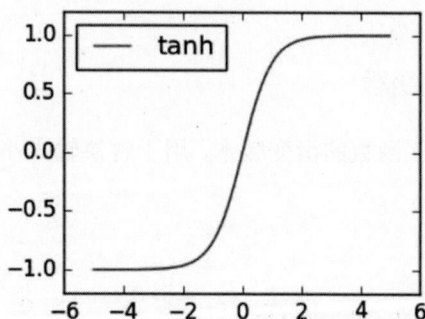

图 15-10　tanh 函数

tanh 函数定义如下：

$$f(x) = \frac{1 - e^{-2x}}{1 + e^{-2x}} \qquad （15-8）$$

tanh 函数是 sigmoid 函数的变形：

$$\tanh(x) = 2\text{sigmoid}(x) - 1 \qquad （15-9）$$

tanh 函数与 sigmoid 函数类似，只是其均值为 0，但是仍然存在梯度饱和与参数计算复杂的问题。

15.3.3 ReLU 函数

整流线性单元（Rectified Linear Unit，ReLU）是目前神经网络中最常用的激活函数，也是大多数前馈神经网络默认使用的激活函数。该函数如图 15-11 所示。

ReLU 函数定义如下：

$$f(x) = \max(0, x) \qquad （15-10）$$

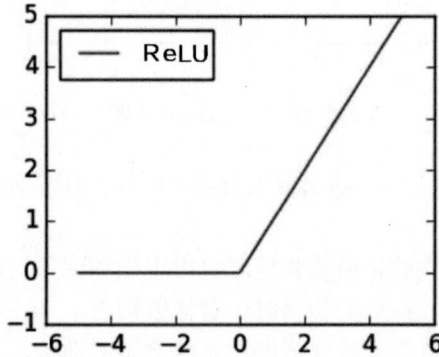

图 15-11　ReLu 函数

使用 ReLU 函数的随机梯度下降（Stochastic Gradient Desent，SGD）算法的收敛速度比使用 sigmoid 和 tanh 函数的快。在 $x>0$ 区域，不会出现梯度饱和、梯度消失的问题，计算复杂度低，不需要进行指数运算，只要一个阈值就可以得到激活值。但当输入小于 0 时，训练参数将无法更新。

15.3.4 Leaky ReLU 函数

Leaky ReLU 函数是 ReLU 函数的衍变版本，用于解决输入小于 0 时，训练参数将无法更新的问题。

该函数定义如下：

$$f(x) = \begin{cases} x, & x \geqslant 0, \\ ax, & x < 0 \end{cases} \qquad （15-11）$$

如图 15-12 所示，在输入小于 0 时，虽然输出值很小但是不为 0。

Leaky ReLU 函数的一个缺点就是它有近似线性，会导致在复杂分类中效果不好。

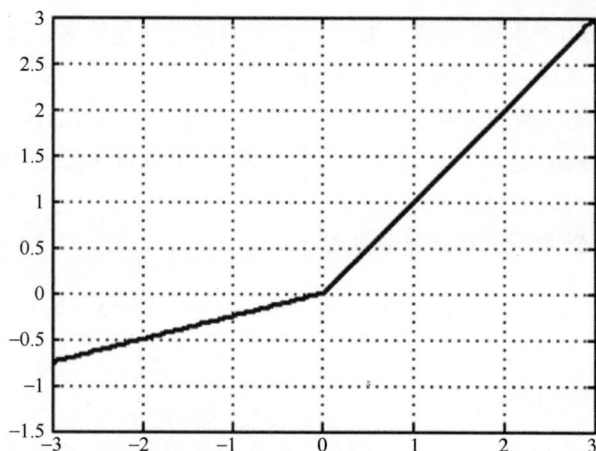

图 15-12　Leaky ReLU 函数

15.3.5　ELU 函数

指数线性单元（Exponential Linear Unit，ELU）函数具有 ReLU 函数的优势，没有 Dead ReLU 函数的问题，输出均值接近 0，和 Leaky ReLU 函数类似。ELU 函数有负数饱和区域，从而对噪声有一些鲁棒性。可以将其看作介于 ReLU 函数和 Leaky ReLU 函数之间的一个函数。这个函数也需要做 exp 计算，计算量更大一些。该函数如图 15-13 所示。

该函数定义如下：

$$f(x) = \begin{cases} x , x \geqslant 0, \\ a(\mathrm{e}^x - 1), x < 0 \end{cases} \tag{15-12}$$

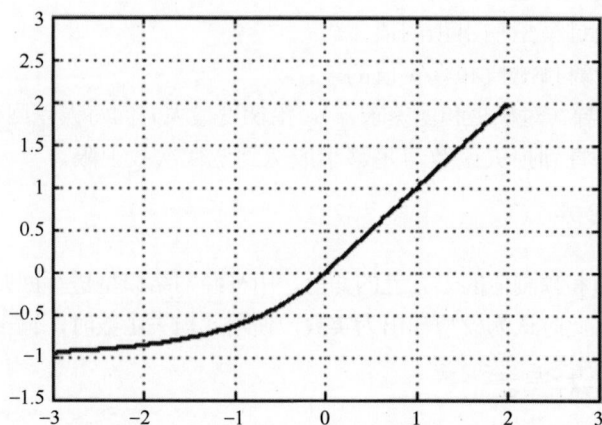

图 15-13　ELU 函数

15.3.6　Maxout 函数

Maxout 函数与 sigmoid、ReLU、tanh 等函数不同，它没有一个固定的函数方程，而是一个可学习的激活函数，其参数是变化的。

对于一个标准的 MLP 网络来说，如果隐含层的神经元足够多，那么理论上是可以逼近任意函数的。类似的，Maxout 网络也是一个函数逼近器。

Maxout 通过分段线性函数来拟合所有可能的凸函数来作为激活函数，但是由于线性函数是可学习的，所以 Maxout 是可学习的激活函数。采用 Maxout 函数会使得参数大量增加，计算复杂度随之提高。

Maxout 隐藏层每个神经元的计算公式如下：

$$f(x) = \text{Maxout}(\boldsymbol{w}_1^\text{T}\boldsymbol{x} + b_1, \boldsymbol{w}_2^\text{T}\boldsymbol{x} + b_2, \cdots, \boldsymbol{w}_n^\text{T}\boldsymbol{x} + b_n) \tag{15-13}$$

15.3.7 Softmax 函数

Softmax 函数将多个神经元输出 z_i 映射到 $(0, 1)$，常用于解决多分类问题。

$$\text{Softmax}(z_i) = \frac{\text{e}^{z_i}}{\sum_{i=1}^{N}\text{e}^{z_i}} \tag{15-14}$$

其中，z_i 为第 i 个节点的输出值，N 为输出节点的个数，即分类的类别数。通过 Softmax 函数就可以将多分类输出值的范围转换为 $[0, 1]$，表示属于每个类别的可能性。

15.4 常用的损失函数

损失函数就是神经网络每次迭代的前向计算表达式与真实值的差，是神经网络优化的基础，神经网络模型据此调整权重和偏差，使得神经网络模型的输出值向真实值靠近。

神经网络的优化算法如下：

① 用随机值初始化权重和偏差；

② 输入样本，通过模型输出预测值；

③ 用损失函数计算预测值和真实值的差；

④ 对损失函数求导（对权重和偏差求导），沿梯度最大方向将误差回传，修正权重与偏差；

⑤ 返回第①步，直到损失函数值足够小或达到迭代次数上限。

15.4.1 均方误差

均方误差为真实值和预测值的平方差的均值。用神经网络模型进行回归任务时，通常选择均方误差作为损失函数，此时认为模型输出为实数，使用此损失函数时，输出层不使用激活函数。

15.4.2 平均绝对误差

平均绝对误差是真实值和预测值的差的绝对值的平均值。用神经网络进行回归任务时，除了可以选择均方误差作为损失函数，也可以使用平均绝对误差，此时认为模型输出为实数，使用此损失函数时，输出层也不使用激活函数。

15.4.3 二元交叉熵

将神经网络用于完成二元分类任务时，输出层包含一个节点，输出通常使用 sigmoid 激活函数，输出范围为(0,1)，表示样本属于 0、1 类别的概率，此时可使用二元交叉熵作为损失函数。

例如，利用神经网络对猫狗图像进行分类，设定正类为猫，负类为狗。如果输出大于 0.5，则神经网络将其分类为猫；如果输出小于 0.5，则神经网络将其分类为狗。即概率得分值越大，分类为猫的机会越大。

在二分类的情况下，模型最后需要预测的结果只有两种情况，对于每个类别的预测得到的概率为 p_i 和 $(1-p_i)$，此时二元交叉熵计算公式为

$$\frac{1}{n}\sum_{i=1}^{n}(-y_i \cdot \ln p_i - (1-y_i) \cdot \ln(1-p_i)) \qquad (15\text{-}15)$$

其中，y_i 表示样本 i 的标签，正类为 1，负类为 0；p_i 表示预测样本 i 为正类的概率。

15.4.4　多分类交叉熵

对于多分类任务，可以选择多分类交叉熵作为损失函数。使用此损失函数时，输出节点的数量必须与类别的数量相同。最后一层的输出应该通过 Softmax 激活函数，以使每个节点输出范围为(0,1)的概率值，所有输出节点的概率之和为 1，概率最大的输出对应的类别为该样本的类别。对样本的标签进行独热编码。

例如，一个多分类神经网络读取图像并将其分类为 T 恤、背心、鞋子、裙子、裤子等，如果鞋子的输出节点具有最高概率得分，则将图像分类为鞋子。

多分类交叉熵计算公式为

$$L = -\frac{1}{n}\sum_{i=1}^{n}\sum_{j=1}^{k}y_{ij}\log p_{ij} \qquad (15\text{-}16)$$

其中，n 为样本数，k 为类别数，p_{ij} 为预测第 i 个样本为第 k 个类别的概率。

$$y_{ij} = \begin{cases} 1, y_i \text{为} j \text{类}, \\ 0, y_i \text{不为} j \text{类} \end{cases}$$

15.4.5　稀疏多分类交叉熵

稀疏多分类交叉熵与多分类交叉熵作为损失函数时基本相同，区别在于使用稀疏多分类交叉熵作为损失函数时，不需要对数据集标签进行独热编码，使用标签编码即可。其模型输出和多分类交叉熵的一样，有多少类别就对应多少输出节点。其激活函数使用 Softmax 函数。

15.5　神经网络模型实现

15.5.1　构建神经网络模型

本书使用 TensorFlow 2.x 的架构，构建神经网络模型，首先需要安装 TensorFlow 模块，可以采用 pip install tensorflow 命令进行安装。

例 15-1　构建神经网络模型。

1. 导入包

```
import tensorflow as tf  #导入包
```

2. 构建神经网络

```
model=tf.keras.models.Sequential()  #创建 Sequential 模型
model.add(tf.keras.layers.Flatten(input_shape=(x,)))  #添加第一层（Flatten 层），将
```
输入数据转化为一维数据。在全连接神经网络的全连接层（Dense）需要输入的数据为一维数据。input_shape
用于指定每一个样本的维度
```
model.add(tf.keras.layers.Dense(128,activation="relu"))  #增加第一个具有 128 个神经
```
元的 Dense 隐含层（全连接），激活函数为 ReLU，该层的输出为 128
```
model.add(tf.keras.layers.Dense(512,activation="relu"))  #增加第二个具有 512 个神经
```
元的 Dense 隐含层，激活函数为 ReLU，该层的输出为 512
```
#可以按需增加隐含层
model.add(tf.keras.layers.Dense(1))  #增加具有 1 个神经元的输出层，无激活函数。通过神经
```
网络解决回归问题时通常采用没有激活函数的输出层

顺序 API 构建神经网络时也可以直接把各层作为参数传递给 tf.keras.models. Sequential()。如：

```
model=tf.keras.models.Sequential([
    tf.keras.layers.Flatten(input_shape=(x,)),   #(x,)表示输入数据的形状
    tf.keras.layers.Dense(128,activation="relu"),
    tf.keras.layers.Dense(512,activation="relu"),
    tf.keras.layers.Dense(1)
])
```

3. 查看模型结构

```
model.summary()
```

4. 查看各层列表

```
model.layers    #查看所有层
model.layers[:-1] #查看模型的各层（不含最后一层）
```

15.5.2　编译神经网络模型

编译模型就是用 compile()方法指定损失函数、优化函数以及训练过程中需要计算的评价指标等。

例 15-2　编译模型。
```
model.compile(loss="mae",   #指定损失函数
        optimizer="adam",   #指定优化函数
        metrics=["mse"])    #指定评价指标
```
其中，Loss 用于指定损失函数为平均绝对误差；optimizer 用于指定优化函数为 adam，等同 tf.keras.optimizers.Adam()；metrics 用于指定训练过程中要计算的评价指标为均方误差。

15.5.3　训练神经网络模型

构建、编译神经网络模型后就可以使用 fit()方法训练集的数据训练神经网络模型。训练

模型需要指定训练数据、验证数据（由 validation_data 指定）、训练的轮次（用全部数据集重复训练的次数 epochs）、每轮训练过程的批次大小（每轮训练中，每次使用的样本数 batch_sizes）等。

例 15-3 训练模型。

```
model.fit(X_train,y_train,epochs=20,batch_sizes=32,validation_data=(X_validation,
y_valid))
```

15.5.4 评价模型

当模型训练完成后，可以采用 evaluation()方法评价模型，其中，X_test 为测试集，y_test 测试集标签。

例 15-4 评价模型。

```
model.evaluation(X_test,y_test)
```

15.5.5 用模型进行预测

当模型训练完成后，可以采用 predict()方法进行预测，其中，X 为数据，预测结果为 X 对应的标签。

例 15-5 预测。

```
model.predict(X)
```

15.6 案例：保险费用预测

一、目标

基于保险费用数据集，构建全连接前馈神经网络模型，根据用户特征预测保险费用。

二、数据集介绍

保险费用数据集（可从 kaggle 网站下载）包含以往 1338 个客户的保险费用信息，其中包含年龄、性别、BMI（Body Mass Index，身体质量指数）、子女数量、是否吸烟、居住区域等特征，保险费用为标签。

三、实现代码

本例使用保险费用数据集建模，实现对保险费用的预测。

1. 导入包

```
import tensorflow as tf
import pandas as pd
import numpy as np
import matplotlib.pyplot as plt
%matplotlib inline
```

2．读取数据

```
data=pd.read_csv("d:/datasets/insurance.csv")
```

3．查看数据集

```
data.info()
```
输出结果如下：
```
RangeIndex: 1338 entries, 0 to 1337
Data  columns (total 7 columns):
 #   Column    Non-Null Count   Dtype
---  ------    --------------   -----
 0   age       1338 non-null    int64
 1   sex       1338 non-null    object
 2   bmi       1338 non-null    float64
 3   children  1338 non-null    int64
 4   smoker    1338 non-null    object
 5   region    1338 non-null    object
 6   charges   1338 non-null    float64
dtypes: float64(2), int64(2), object(3)
memory usage: 73.3+ KB
```
其中，0～5 为特征，6 为标签，共 1338 个样本。

4．非数值型数据编码

```
data_=pd.get_dummies(data,columns=["sex","smoker","region"])
```

5．分离特征与标签，划分训练集与测试集

```
x = data_.drop("charges",axis=1)
y = data_["charges"]
from sklearn.model_selection import train_test_split
train_x,test_x,train_y,test_y=train_test_split(x,y,train_size=0.8)
```

6．标准化

```
from sklearn.preprocessing import StandardScaler
Sta=StandardScaler()
train_x=Sta.fit_transform(train_x)
test_x=Sta.transform(test_x)
```

7．构建模型

根据需要可以构建单个隐藏层，也可以构建多个隐藏层，本例构建多个隐藏层。
```
model = tf.keras.Sequential()
model.add(tf.keras.layers.Dense(32,input_shape=(11,),activation="relu"))
model.add(tf.keras.layers.Dense(128,activation="relu"))
model.add(tf.keras.layers.Dense(256,activation="relu"))
model.add(tf.keras.layers.Dense(128,activation="relu"))
model.add(tf.keras.layers.Dense(1))  #最后一层，解决回归问题时不用激活函数
```

8. 查看模型

```
model.summary()
```
输出模型如下：
```
Model: "sequential"
```

Layer (type)	Output Shape	Param #
dense (Dense)	(None, 32)	384
dense_1 (Dense)	(None, 128)	4224
dense_2 (Dense)	(None, 256)	33024
dense_3 (Dense)	(None, 128)	32896
dense_4 (Dense)	(None, 1)	129

```
Total params: 70,657
Trainable params: 70,657
Non-trainable params: 0
```

9. 编译模型

```
model.compile(optimizer='adam',
        loss='mse',
)
```

10. 训练模型

```
his=model.fit(train_x,
        train_y,
        batch_size=128,
        epochs=500,
        validation_data=(test_x,test_y))
```
epochs：样本集被重复用于训练的次数（轮数）。
batch_size：每次训练使用的样本数。
完成一轮需要训练的次数为：int 型数据（样本总数/batch_size）。
训练过程如下：
```
Epoch 1/500
9/9 [==============================] - 1s 22ms/step - loss: 326791872.0000 - val_loss:
305841824.0000
Epoch 2/500
9/9 [==============================] - 0s 5ms/step - loss: 326615360.0000 - val_loss:
305502368.0000
Epoch 3/500
9/9 [==============================] - 0s 6ms/step - loss: 325997280.0000 - val_loss:
304418624.0000
Epoch 4/500
```

```
…
Epoch 498/500
9/9 [==============================] - 0s 6ms/step - loss: 18884066.0000 - val_loss:
22273378.0000
Epoch 499/500
9/9 [==============================] - 0s 5ms/step - loss: 18956394.0000 - val_loss:
22795972.0000
Epoch 500/500
9/9 [==============================] - 0s 6ms/step - loss: 18965978.0000 - val_loss:
22163578.0000
```

11. 可视化训练过程

```python
plt.figure(figsize=(14,5))
plt.plot(his.epoch,his.history.get("loss"),label="loss")
plt.plot(his.epoch,his.history.get("val_loss"),label="val_loss")
plt.legend()
```

输出结果如下：

12. 评价模型

```python
y_pre=model.predict(test_x)
y_pre_=[x for i in y_pre for x in i]
from sklearn.metrics import r2_score
print(r2_score(test_y.values,y_pre_))   #评价
```

输出评价结果：0.8401106220007353。

13. 输出权重与偏差

```python
print(model.weights)
```

权重与偏差如下：

```
[<tf.Variable 'dense/kernel:0' shape=(11, 32) dtype=float32, numpy=
array([[0.07113086, 0.1601962, 0.3680305, 0.09262775, -0.03961448,
        0.3369479, 0.4232585, 0.1865699, -0.30361328, 0.01866484,
        -0.6164312, 0.8791376, 0.09956736, -0.2924165, 0.00913914,
        0.43466315, 0.4644501, -0.13091126, 0.7181949, 0.03779024,
        0.17440556, 0.14411895, 0.22967114, 0.00643011, -0.13187264,
        0.40491664, 0.44079706, -0.25994894, 0.59435034, -0.37837204,
        0.6786429, 0.5074315 ],
        …
```

15.7 案例：手写数字识别

一、目标

基于手写数据集，通过神经网络实现分类任务。

二、数据集介绍

该数据集有 10 类，包含 0～9 的手写数字的 28×28（单位为像素）的图片，共 60000 个实例用于训练，10000 个实例用于测试。

三、实现代码

1. 导入包

```
import tensorflow as tf
import matplotlib.pyplot as plt
%matplotlib inline
```

2. 加载 TensorFlow 自带的数据集

```
(X_train,y_train),(X_test,y_test)=tf.keras.datasets.mnist.load_data()
```

3. 查看数据集

```
print(X_train.shape,y_train.shape,X_test.shape,y_test.shape)
```
 (60000, 28, 28) (60000,) (10000, 28, 28) (10000,) #训练集包含 60000 张 28×28（单位为像素）的图片#测试集包含 10000 张 28×28（单位为像素）的图片

4. 随机选取一张图片输出

```
i=np.random.randint(60000)
plt.imshow(X_train[i],cmap="gray")
plt.show()
print("label:",y_train[i])
```
输出结果如下：

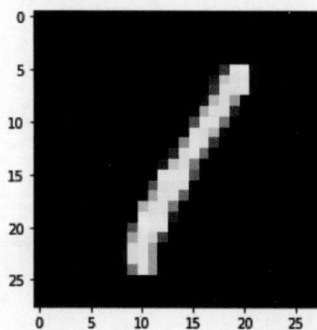

label: 1

5．建立神经网络模型

```
model = tf.keras.Sequential()  #实例化
model.add(tf.keras.layers.Flatten(input_shape=(28,28)))  #将数据变为一维
model.add(tf.keras.layers.Dense(32,activation="relu"))#增加一层 32 节点，使用 ReLU
激活函数
model.add(tf.keras.layers.Dense(32,activation="relu"))#增加一层 32 节点
#可以根据需要增加隐含层
model.add(tf.keras.layers.Dense(10,activation="softmax"))  #10 分类问题，输出层有
10 个节点，使用 Softmax 激活函数
```

神经网络结构如下：

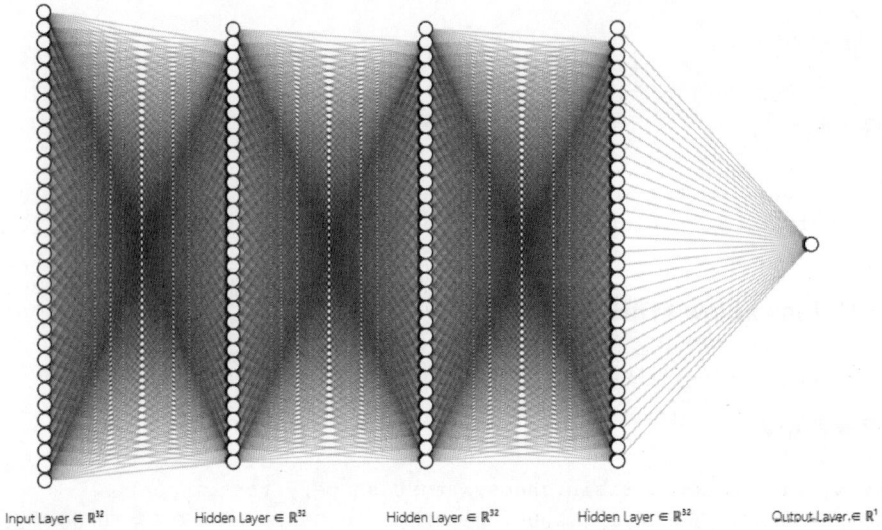

Input Layer ∈ ℝ³²   Hidden Layer ∈ ℝ³²   Hidden Layer ∈ ℝ³²   Hidden Layer ∈ ℝ³²   Output Layer ∈ ℝ¹

6．查看模型

```
model.summary()  #查看模型
```
输出结果如下：
```
Model: "sequential"
```

Layer (type)	Output Shape	Param #
flatten (Flatten)	(None, 784)	0
dense (Dense)	(None, 32)	25120
dense_1 (Dense)	(None, 32)	1056
dense_2 (Dense)	(None, 10)	330

```
Total params: 26,506
Trainable params: 26,506
Non-trainable params: 0
```

7. 编译模型

```
model.compile(loss=tf.keras.losses.sparse_categorical_crossentropy,  #使用交叉
熵计算多分类的损失
         metrics=["acc"],  #输出精度
         optimizer=tf.keras.optimizers.Adam(learning_rate=1e-3))  #指定优化算法
```

8. 训练模型

```
his=model.fit(X_train,y_train,
         epochs=80,
         validation_split=0.2
     )
```

训练过程如下：

```
Epoch 1/80
1500/1500 [==============================] - 3s 2ms/step - loss: 1.8060 - acc:
0.6042 - val_loss: 0.8050 - val_acc: 0.7458
Epoch 2/80
1500/1500 [==============================] - 2s 1ms/step - loss: 0.6157 - acc:
0.8132 - val_loss: 0.4555 - val_acc: 0.8591
…
Epoch 78/80
1500/1500 [==============================] - 2s 1ms/step - loss: 0.0561 - acc:
0.9844 - val_loss: 0.3923 - val_acc: 0.9504
Epoch 79/80
1500/1500 [==============================] - 2s 1ms/step - loss: 0.0654 - acc:
0.9822 - val_loss: 0.3578 - val_acc: 0.9566
Epoch 80/80
1500/1500 [==============================] - 2s 2ms/step - loss: 0.0579 - acc:
0.9836 - val_loss: 0.3757 - val_acc: 0.9557
```

9. 训练过程可视化

```
plt.figure(figsize=(12,5))
plt.plot(his.epoch,his.history.get("loss"),label="loss")
plt.plot(his.epoch,his.history.get("val_loss"),label="val_loss")
plt.plot(his.epoch,his.history.get("acc"),label="acc")
plt.plot(his.epoch,his.history.get("val_acc"),label="val_acc")
plt.legend()
```

训练过程如下：

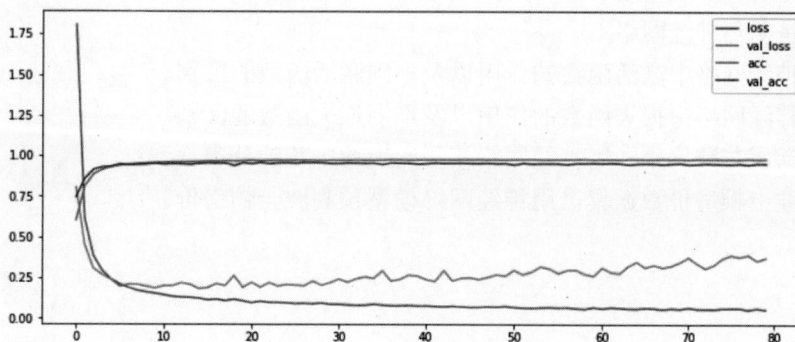

10. 预测

```
y_pre=model.predict(X_test)
pred=np.argmax(y_pre,axis=1)    #将预测概率转化为标签结果评价
print(classification_report(y_test,pred))
```

输出分类报告如下：

	precision	recall	f1-score	support
0	0.97	0.98	0.98	980
1	0.99	0.98	0.99	1135
2	0.94	0.95	0.94	1032
3	0.94	0.94	0.94	1010
4	0.97	0.94	0.95	982
5	0.97	0.90	0.93	892
6	0.97	0.97	0.97	958
7	0.93	0.97	0.95	1028
8	0.93	0.94	0.94	974
9	0.92	0.94	0.93	1009
accuracy			0.95	10000
macro avg	0.95	0.95	0.95	10000
weighted avg	0.95	0.95	0.95	10000

小　　结

本章首先介绍了神经网络发展历史，从单层感知机到多层感知机；然后介绍了目前常用的神经网络，即全连接前馈神经网络、卷积神经网络、循环神经网络以及自编码器和生成对抗网络等；最后介绍了使用 TensorFlow 框架实现神经网络模型的构建、训练、评价以及预测的方法。

本章还结合"保险费用预测""手写数字识别"两个案例介绍全连接前馈神经网络在回归以及分类中的实现。

课后习题

1. 什么是感知机？
2. 什么是全连接前馈神经网络？
3. 什么是卷积神经网络？
4. 什么是循环神经网络？
5. 简述神经网络中激活函数的作用以及不同激活函数的区别。
6. 简述神经网络中损失函数的作用以及不同损失函数的区别。
7. 基于鸢尾花数据集，用神经网络模型实现鸢尾花的分类。
8. 基于波士顿房价数据集，用神经网络模型预测波士顿房价。